ひとがひとをわかるということ

間主観性と相互主体性

鯨岡 峻 著

ミネルヴァ書房

ひとがひとをわかるということ
間主観性と相互主

目 次

(1)　諸概念の展開図の説明　*45*
　(2)　これまでの主要著作・主要論文の位置づけ　*48*

第8節　方法論的態度の問題 …………………………………… 49

　(1)　方法論的戦略としての間主観性　*50*
　(2)　フィールド体験と間主観性概念　*51*
　(3)　観察の方法論を磨く　*52*
　(4)　現場との対話を繰り返す　*54*
　(5)　妻との対話から学ぶ　*55*
　(6)　第7節と第8節の議論を振り返るための概念図　*56*

第1章　主体という概念を再考する—「主体としての育ち」を考えるために

第1節　「主体的に」「主体として」ということばの使われ方から見えてくること ………………………… 58

　(1)　子どもが主体的に見えるのはどのようなときか　*58*
　(2)　子どものどのような姿を大人は「主体的でない」と受け止めるか　*62*
　(3)　「主体として」ということばの意味するもの　*63*
　(4)　上記のことばの使われ方から見えてくること　*65*

第2節　私が「私は一個の主体である」というときの主体概念 ……… 68

　(1)　私を周囲から切り分けて主題化し，私のいまのあるがままを肯定する意味　*68*
　(2)　私という主体は他の主体との関係において成り立つ　*71*
　(3)　私という主体は「である」と「なる」の交叉するところに成り立つ　*74*
　(4)　「なる」ことの逆説と危機　*77*

第3節　主体は世代間関係のなかに立ち現れる ………………………… 79

　(1)　「あるがまま」の私から「なる」私への端緒　*79*
　(2)　「なる」を急がせ過ぎることの問題　*81*
　(3)　「なる」に向けての大人の対応　*86*
　(4)　世代間伝達と「主体としての育ち」　*87*
　(5)　主体としての育ちの危機　*89*

第4節　主体とは一つの両義性である …………………………… 90
　(1)　「私」という主体は他者（「あなた」）への絶対の依存のなかから
　　　立ち現れる　91
　(2)　主体内部の「押し出す」動きと「受け止める」動きの両義性　93
　(3)　「私は私」と「私は私たち」の両義性　94
　(4)　「私」という主体は「あなた」を主体として受け止める　101
　(5)　主体は「である」のなかに「なる」への萌芽をもつ　103

第5節　相互主体性という概念の射程 …………………………… 105
　(1)　「子ども―養育者」関係を相互主体的な関係として見ることの意義　106
　(2)　「育てる」営みの中心は，相互主体的な関係の展開のなかにある　107
　(3)　相互主体性の観点から危機的状況を乗り越える必要　108
　(4)　相互主体的な関係という観点を養育・保育・教育の場面分析に
　　　役立てる　109
　(5)　呼びかけに応える人がいてこそ，子どもは主体として立てる　114

第2章　相互主体性の観点から間主観性の問題を考える

第1節　間主観性の意味での intersubjectivity …………………… 116
　(1)　間主観性という用語はどのような事態を指して用いられてきたか　116
　(2)　間主観性を議論するようになった経緯　118
　(3)　人が人を「分かる」ということの問題　122

第2節　共同主観性の意味での intersubjectivity …………………… 127
　(1)　共同主観性の意味　127
　(2)　人間存在の両義性と共同主観性　128
　(3)　子育て問題や保育・教育と共同主観性　131

第3節　相互主体性という意味での intersubjectivity ……………… 132
　(1)　子どもと大人の非対等性　133
　(2)　相互主体的な関係のなかに現れる間主観的に「分かる」という事態　135
　(3)　間主観的に「分かる」ということの歴史性　144
　(4)　子どもの側も間主観的に「分かる」のだという議論　138
　(5)　間主観的に「しっかり分からない」局面　139

(6)　これまでの議論を振り返って　*141*

第4節　離乳食エピソード再考 ……………………………………… *141*
　(1)　エピソード例：離乳食はもういらない（Y児：6カ月）　*142*
　(2)　このエピソードに付された考察　*143*
　(3)　離乳食エピソードとその考察を再考する　*144*
　(4)　観察者もまた一個の主体としてその場に臨んで
　　　「受け止める」構えの下にある　*153*

第5節　離乳食エピソードの登場人物が
　　　　「主体である」とはどういうことか ……………………… *155*
　(1)　Yくんが「主体である」とはどういうことか　*155*
　(2)　お母さんが一個の「主体である」とはどういうことか　*157*
　(3)　主体であることの「厚み」の違い　*159*

第6節　相互主体性の見地から「育てる」という問題を考える ……… *162*
　(1)　「映し返し」再考　*163*
　(2)　なぜ「させる」では駄目なのか　*165*
　(3)　「なる」の芽を摘まない　*167*
　(4)　なぜ「ほどよさ」が必要なのか　*168*
　(5)　養育者による「情動調律」という問題　*171*
　(6)　子どもは徐々にしか主体になっていけない　*175*

第7節　間主観性の概念の射程 ……………………………………… *176*
　(1)　似非「受け手効果」について　*176*
　(2)　子どもが大人の気持ちを間主観的に受け止めるという事態　*180*
　(3)　間主観的に分かってほしくないという青年たちの主体のありよう　*182*

第3章　乳幼児期における相互主体的な関係

第1節　子どもに主体としての二面性が育っていく経緯
　　　　（理論的概観） ………………………………………………… *184*
　(1)　子どもが主体であることの意味　*184*
　(2)　子どもを主体として尊重する理由　*186*

(3)　子どもが両面を備えた一個の主体となる経緯　*188*

第2節　1歳前から1歳半にかけての相互主体的な関係 …………*190*
　(1)　主体としての輪郭が際立ちはじめる　*190*
　　　エピソード1　「家の中で不満が爆発」（Y：9カ月21日）
　(2)　養育者による禁止や制止の始まり　*194*
　　　エピソード2　「どうして，そうするの！」（Y：1歳0カ月29日）
　(3)　せめぎあいの始まり　*198*
　　　エピソード3　「ゼリーをどうしても自分で食べたいんだ」
　　　　　　　　　　（Y：1歳1カ月22日）
　(4)　友達への誘いかけの始まり　*202*
　　　エピソード4　「Hちゃんも一緒においで」（Y：1歳3カ月8日）
　(5)　一緒に遊ぶことの意味　*205*
　　　エピソード5　「一緒にくるくる回ろうよ」（Y：1歳5カ月10日）
　(6)　取り引きの始まり　*207*
　　　エピソード6　「おせんべいがほしい」（Y：1歳5カ月24日）
　(7)　養育者による気持ちの調整　*212*
　　　エピソード7　「べちゃべちゃして遊びたい！」（Y：1歳6カ月10日）

第3節　1歳半から2歳ころの相互主体的な関係 …………………*215*
　(1)　大人の願いと子どもの思いがずれる場面　*216*
　　　エピソード8　「バッタさん，かわいそう」（Y：1歳7カ月）
　(2)　主体としてのありようと重要な他者の現前の有無　*218*
　　　エピソード9　「おばちゃんとお留守番」（Y：1歳8カ月）
　(3)　子どもの方からの「お返し」　*221*
　　　エピソード10　「お母さんにもあげる」（Y：1歳9カ月）
　(4)　この時期にも大切な養育者の広義の情動調律　*223*
　　　エピソード11　「わざと自動車を墜落させる」（Y：1歳9カ月）
　(5)　都合の悪い場面をどのように切り抜けるか　*225*
　　　エピソード12　「おモチを焼かないで食べる」（Y：1歳9カ月）
　(6)　1歳代後半のまとめ　*227*

第4節　2歳代前半の相互主体的な関係 ……………………………*229*
　(1)　主体としてのありようを支える依存の意味　*229*

エピソード13　「何かあったらお母さん」（Y：2歳0カ月）
　(2)　どうしても子どもの言い分に応じられない場合もある　*233*
エピソード14　「もっと一緒に遊びたい」（Y：2歳1カ月）
　(3)　誰かの役割を取ることの意味　*237*
エピソード15　「事故遊びから治療遊びへ」（Y：2歳1カ月）
　(4)　自己主張ややんちゃの様子　*239*
エピソード16　「いやだの連発」（Y：2歳3カ月）
　(5)　思うようにいかないことは見てほしくない　*241*
エピソード17　「ゴミ収集車ごっこ」（Y：2歳3カ月）
　(6)　自分に都合のいい約束　*244*
エピソード18　「外にいきたいもん」（2歳4カ月）
　(7)　2歳前半のまとめ　*247*

第5節　2歳半から3歳過ぎにかけての相互主体的な関係 …………… *249*
　(1)　イメージの世界と役割取得　*249*
エピソード19　「薬を飲ませる病院の先生になって」（Y：2歳6カ月）
　(2)　気持ちを収めるための交換条件　*251*
エピソード20　「テロロを一回したら」（Y：2歳7カ月）
　(3)　大人の振る舞いを取り込む　*253*
エピソード21　「お父さんになって」（Y：2歳7カ月）
　(4)　切り札となる交換条件　*255*
エピソード22　「サンタさんが来ないのはいやだ」（Y：2歳8カ月）
　(5)　自分で統制できない相手への対応　*257*
エピソード23　「Mちゃん，抱いて」（Y：2歳8カ月）
　(6)　自分をコントロールする外部からのことば　*259*
エピソード24　「お母さん，ダメって言って」（Y：3歳0カ月）
　(7)　2歳半から3歳のまとめ　*262*

終章　相互主体的に生きることの難しさ

第1節　保育の場の気になる子どもの一例から ………………………… *266*
　(1)　主訴の概要：夜に眠れずに，保育園で元気のないRくん　*267*
　(2)　この事例の考察　*271*

第2節　軽度発達障碍と診断された子どもの学校生活……………… *275*
　　⑴　アスペルガー障碍と診断されたＳくん（小学3年生）の学校生活　*276*
　　⑵　メタ観察　*280*
　　⑶　この事例の考察　*281*

第3節　まとめに代えて ……………………………………………… *285*

参考文献　*288*

私の研究業績リスト　*295*

あとがき　*300*

序章　相互主体性の概念に至るまで
――私の研究史を振り返る――

第1節　本書執筆の意図

　これまで私は，養育や保育や教育のフィールドに臨み，人々の多様な生き様に接するなかで，そこに生まれてくる諸問題を取り上げ，考察しようとしてきました。その生の営みの機微を描き出す上で，この10年間，間主観性，原初的コミュニケーション，両義性，関係発達，等々の少々堅苦しい（難解そうな）概念や用語を使い，その生き様に何とか迫りたいと思って何冊かの著書を世に送り出してきましたが，それでも何かが欠けているという思いを拭い去ることができませんでした。それらの諸概念がかたちづくる円環に何か欠けている部分（missing ring）があるという感じだったのです。

　この見失われた部分（missing ring）に気づいたのは，『両義性の発達心理学』を書いた後の新しい世紀に入った頃だったでしょうか。妻と『保育を支える発達心理学』を準備しているときに，妻との対話のなかでそれがはっきりと形をとるようになりました（これについては後に述べます）。それが「相互主体的な関係」という視点であり，それを一言で言い表そうとしたのが「相互主体性」という概念でした。私はこれまで，子どもと養育者の関係，子どもと保育者の関係など，主に子どもと大人の「共に生きる」関係を取り上げようとしてきたわけですが，それはお互いに主体である者同士が関わり合う関係，お互いが相手を主体として受け止め合う関係なのだという認識にようやく辿り着いたのです。

　辿り着いてみれば至極当たり前の単純な視点ですが，しかし，このお互いが主体なのだという視点に立って初めて，子どもを育てることの意味も，また子

どもが育つことの意味も，それゆえ，発達の意味，保育の意味，教育の意味も明らかになってくるという確かな手応えがありました。その作業を保育や教育の実践に沿って全面的に推し進めるのはこれからの私の課題であり，本書はそれにほんの少し先鞭をつけるに過ぎません。しかし，この概念に辿り着いてみて来し方を振り返ってみると，これまで自分がやってきたのはどういうことだったのか，またこれまで紡ぎだしてきた諸概念はどのような連関の内にあったのかが少し自分自身に見えてきた感じがありました。

そこで本書では，この「相互主体的な関係」という視点を鍛え上げてゆく手始めとして，まずは主体概念を再考し（第1章），次に，相互主体的な関係の中で間主観的に相手を受け止める（分かる）という対人関係のポイントの部分を，これまでの著作を振り返って再整理し（第2章），さらに乳幼児期の「子ども―養育者」関係の観察事実を，相互主体的な関係という視点からかなり詳しく考察して，この視点の有効性を確かめる作業の一端を提示し（第3章），最後に，今後，保育や障碍児教育の実践にこの「相互主体的な関係」という観点を生かす方向性を示唆する（終章）という流れを考えました。そしてこの序章では，この相互主体性の視点から見えてきた諸概念間の連関性を明らかにするかたちで，これまでの自分の研究を振り返ってみようと考えました。こうして成り立ったのが本書です。

以下，この序章では，これまでの自分の研究を振り返り，自分がその時々にぶつかっていた問題を切り開くために導いてきた諸概念を，相互主体性という概念に辿り着くまでの過程に立ち現れてきたものとして整理してみようと思います。

第2節　私の研究史前史

この序章で取り上げる概念群の出所となった私の本格的な研究は，私がフィールドに出かけるようになってからのものだといってよかろうと思います。ですから，私の研究史についての振り返りはそこから始めてもよかったのですが，

フィールドに出始めるのが遅かった私の場合には，当然ながらその前史があります。この節では，大学に職を得てからフィールドに本格的に出始めるまでのおよそ10年間を前史として取り上げてみます。この時期は後にさまざまな概念の出所になる現象学や精神分析学を学び，そこからさまざまな気づきやヒントを得て，発達心理学を組み直す構想が練られていた時期だといえます。

(1) ウェルナー発達理論との出会い

　私は学部学生や大学院生のあいだ，あれこれ迷って心理学を専攻したにもかかわらず，当時の行動科学のものの考え方に馴染めずに，ずっと違和感を抱き続けていました。そのような状況のなかでも，興味を引かれたのは恩師が講義のなかで紹介されたウェルナーの発達理論でした。ウェルナーの理論がどういうものであるかについては，15年前に書き上げて，つい最近（2005年）出版の運びとなった『心理学群像2』の第37節「ウェルナー――比較発達論的全体心理学を目指して――」に詳しく述べていますので，それをご参看願いたいと思います。ウェルナーは1920年代からナチス台頭直前の1930年代にドイツで展開された広義のゲシュタルト運動の流れを汲み，要素論的なものの見方を排し，全体論的有機体論的な見方に立って人間を考えるという，極めて豊穣な思想の下に発達研究に取り組んだ人です。

　大学に職を得てまもなく，現奈良女子大学の浜田寿美男さんと一緒に翻訳した『シンボルの形成』(1963/1974)と『発達心理学入門』(1948/1976)は，そのウェルナーの思想を深く学ぶ上に大いに役立ちました。私がとにもかくにも発達の領域に接近したのは，このウェルナーとの出会いがあったからだといっても過言ではありません。もちろん，完成態を措定し，そこに向かう定向変化を「発達」と考えて，今日の発達心理学の基礎を築いた一人がウェルナーです。そこには私が批判することになった個体能力論も含まれていますが，しかしそれを超えて，有機体論的，全体論的な見方はその後の私の関係論的な見方にも相通じるところがあり，またその階層論的な見方も後の私の物の考え方に大きな影響を及ぼしました。その意味では，私はウェルネリアンの一人だといって

も間違いではありません。

(2) メルロ＝ポンティの「ソルボンヌ講義録」との出会い

　私がまだ学生や大学院生で，行動科学に違和感を覚え続けて暗中模索を繰り返していた当時，そこに一条の光を投げかけてくれたのが，メルロ＝ポンティの『行動の構造』(1942/1964) や『知覚の現象学』(1945/1967～1974) でした。この二つの著書には，興味深いことに先のウェルナーの引用も何カ所かなされていて，ウェルナーへの興味とメルロ＝ポンティへの興味がお互いに円環をなすかたちで増幅されていったところがありました。

　しかしながら何と言っても，その後の私に強い影響力をもったのはメルロ＝ポンティのソルボンヌ講義録でした。その講義の一部（「幼児の対人関係」と「人間の科学と現象学」の一部）は，亡くなる直前に書かれたエッセーの邦訳である『眼と精神』(1953，1964/1966) に邦訳収録されていましたから，それらはすでに大学院生の頃に読んでいました。そして私がこれまで歩んできた道は，偶然かもしれませんが，振り返ってみればこの二つの講義が交叉するところ，つまり，「現象学の精神を生かしながら子どもの発達の問題を対人関係の中で考える」というところにあったといえるかもしれません。いま偶然と書きましたが，結果から見て偶然だったといえるのか，それともそれほど深くこの講義の影響を受けたということなのか，今の時点では何ともいえませんが，この二つの講義が漠然とではあれ自分の進むべき道を道案内してくれたことだけは確かです。

　そして決定的だったのは，1964年に出版された『ソルボンヌ講義録』の元本のコピーを偶然手に入れたことでした。今とは違い，検索すれば本の所在が分かり，たちまちコピーを手に入れることのできる時代ではありません。口コミや偶然が本との出会いを作ってくれる時代でした。いまも手元にある元本のコピーはいわゆる青焼きで，いまや判読するのが精一杯という代物ですが，とにかくそれに取り憑かれたように，一心不乱に読み進めました。これまでの私の著作のなかでもソルボンヌ講義録の成立事情はおおよそ伝えていますが，その

講義録はメルロ＝ポンティが3年間にわたって行った9本の講義を受講生がノートを整理するかたちでまとめ，プリントしたものでした（1964年発刊の講義録には9本の講義のうちの1本の「他者経験」は含まれていませんでしたが，1988年にシナラ社から発刊された版にはこれも収録されています）。

　講義録全体は，メルロ＝ポンティ自身が手を入れて別仕立てで出版した「幼児の対人関係」と「人間の科学と現象学」（邦訳『眼と精神』に収録されているもの）とは違って，それほど整理されていませんし，いろいろな人の学説の紹介にすぎないと思われる部分も少なくありません。そういう次第で，メルロ＝ポンティのオリジナルな思考を追い求める哲学者には高い評価を得ていないらしいのですが，しかし，当時の私にはいろいろなヒントが得られる宝庫のように思えました。原稿用紙で2000枚近い分量の翻訳を1年ほどでやり遂げるなかで，私はそれまでに読み進めてきた現象学関係の著作からの学びと併せて，関係論的なものの考え方を自分なりに身につけ，また私にとっての現象学理解を次第に固めることができたように思います。

　その間の事情は，哲学の木田元先生との共訳で出版された『意識と言語の獲得』（1993）のあとがきのなかでかなり詳しく述べていますのでそれをご参看願いたいと思いますが，講義録を読み進めるなかで，はっとさせられるような文言に多数出会いました。いまでも即座に「大人は目の前の子どものなかにかつての自分を生き直すのです」「同一化は相互的なもので，大人も子どもに同一化を向けるのです」「子どもと大人は向かい合わせに置かれた鏡のようにお互いを無限に映し合うのです」「子どもは多形性を持つ存在で，成長は一種の貧困化なのです」「子どもは大人の文化のなかに着生するのです」等々の，文言が思い浮かびます。これらの文言は，まさに私の関係論的な対人関係理解や発達理解の土台をかたちづくることに繋がるものでした。

　また，現象学の中心概念である「現象学的還元」についても，この講義録を読みながらあれこれと考えを巡らしました。例えば，講義「人間の科学と現象学」のなかで，フッサールがレヴィ＝ブリュールの研究に出会ったときに受けた一種のカルチャー・ショックの話に触れながら，メルロ＝ポンティが「完全

な還元はありえないといわんばかりなのです」と述べていることをヒントに，人間科学にとっての現象学的還元とはいったい何なのかを考えたものでした。そのなかで，人との出会いのなかで「目から鱗が落ちる」というような経験をすることが，現象学でいうところの「現象学的還元」に近いのではないかという考えに到達しました。これは後にブランケンブルクの『自明性の喪失』(1971/1978) と出会うなかで自分なりの考えとして固まり，そのような経験こそ人間科学にとっての現象学的還元の意味だと考えて，私の処女作となる『心理の現象学』(1986) の第 2 章では，これを「生きられる還元」と名づけることになりました。この考えは『関係発達論の構築』(1999) のなかでも重要な位置を占めるものです。

　それはともあれ，講義録を読み進めていた当時は，事象のあるがままに迫ること，つまり，物事を捉えるときには常に自分の立ち位置や価値観や理論的背景が絡んでいることを踏まえ，そのことを対自化して，そういう背景の上の図として常に捉え直すことが必要だという現象学の精神が，自分なりにようやく摑めてきた頃だったといえます。

⑶　精神分析学からの影響

　ウェルナーの二つの翻訳とソルボンヌ講義録の翻訳を終えたのが今から30年ほど前の1977年頃だったでしょうか。メルロ＝ポンティはソルボンヌ講義においてラカンをはじめ多くの精神分析学関係の人の議論を講義のなかで引用しています。それに触発されて，不承不承（というのも，学部生の頃にフロイトの著作に挑戦したときには，その決定論的な思考に辟易して，何度挑戦しても跳ね返された苦い経験がありましたので），フロイトの著作に取り組み始めました。当時人文書院から出版されたばかりのフロイト著作集を読み，メラニー・クラインを読み，ウィニコットやフェアバーンを読み……なかなか理解できないところが数多くあって，どうにもすっきりはしなかったのですが，それでもこの学びを通して，人間を欲望を抱く存在として見る視点が切り開かれてきました。私の考え方や概念にいろいろなかたちで精神分析学の影響が現れているのはその

ためです。この学びを動機づけたのも，繰り返すようですが，ソルボンヌ講義録だったのです。

(4) フィールドへの動機づけ

地方の大学に籍を置き，発達心理学を教えている人だというふれこみがあると，当時の私のような人間にも幼稚園や保育園から声がかかり，保育をどのように展開するべきかを問われたり，子どもの発達をどのように考えるべきかを問われたりすることが度重なってきます。しかし，当時の私はいまだフィールド経験がなく，せいぜい，デスクワークから得られた発達に関する諸知識と，ウェルナーの翻訳と，ソルボンヌ講義録の読解と，精神分析学から学んだ知見しかありません。そういう状況下で，いやおうなく私は保育の場に立たされることになりました（自分から進んでというのではなく，最初のうちはまったくの受身の姿勢でした）。

おずおずとフィールドの片隅に立って，保育を傍観することから私のフィールド経験は始まったといえます。求められる講演などでも，たいていは子育て経験のある妻からヒントをもらって，辻褄合わせをしていたように思います。しかし，フィールドというところは，観察者を単なる観察者の位置にとどめ置かない力をもっています。私はいつのまにかその場に巻き込まれるようになり，サリヴァンのいう「関与しながらの観察」に向かって自然に誘われていきました。そして，そこから振り返ったときに，自分のそれまでの客観主義的な（外部観察的な）捉え方がいかに貧困であるかをしたたかに思い知らされることにもなりました。『原初的コミュニケーションの諸相』(1997) の冒頭に記した部分はその間の事情を示しています。

そして，障碍の子どもの療育や指導に関わる場も，保育の場と同様に，自ら求めて飛び込んだ場ではなく，フィールドの側から引っ張り出されるかたちで出かけるようになった場でした。当時の私にとって，この場は本当に肩身の狭い居心地の悪い場でした。とにかく情況の重さがひしひしと迫り，まさにこれがフィールドなのだと実感しながらも，しかし発達研究の立場から自分に言え

ることは何もないというのは実に息苦しいもので，自分の立場の脆弱さを思い知らされました。そのなかで，現行の発達心理学の知見からは，目の前の子どもを理解することも，その子への対応を考えることもできないのだということが痛感され，ソルボンヌ講義録を梃にして何とか発達心理学を組み直さなければならないという思いがますます強まりました。

　ところが現場の多くは，個体能力発達論から導かれた発達の物差しを使って，療育の効果を述べたり，療育の方針を合理化したりという具合になっているのです。そのことへの違和感も，発達心理学を組み替えなければという気持ちに拍車をかけたといえます。この間の事情は，なかなか今の学生や院生に理解を求めることが難しいように思います。私が個体能力発達論と切り結ぶなかで辿り着いた関係論の立場や関係発達論の立場と，すでにその立場から現場を見るようになった学生たちとのあいだには，何か決定的な違いがありそうなのです。私の理論構築の背景には，フィールドに入り込むなかで，行動科学を土台にした従来の発達心理学と対決し，闘い，その挙句は多勢に無勢という状況からもたらされる「いつも敗北」というルサンチマンが深く息づいています。それを共有できないままに，もっぱら理論の次元で組み立てられた概念として理解しようとする学生たちには，私の理論はなかなか入っていかないのかもしれません。その逆に，現場で苦労していて，私の抱えるルサンチマンとは同じでないにせよ，何かしら現状に飽き足らなさを感じている人たちには，比較的よく理解されるようでもあります。

　それはともあれ，フィールドに入っていくことによって見えてきたこと，分かってきたことが多々あり，理屈だけではどうにもならないことをつくづく思い知らされていたのがその頃でした。こうした思いが，次第に私に今の研究姿勢を準備させ，本格的なフィールド研究に取り組むことへと押し出したのでした。

第3節 「子ども―養育者」関係への定位と間主観性という概念

(1) 最初の研究らしい研究のスタートと当時の諸学説

　1980年に私は地方の某乳児院より研究の依頼を受け，妻と共にこの研究を引き受けることになりました。大学に若くして職を得て10年が経過し，年齢も30代半ばになっていた頃です。乳児院の子どもたちは発達検査の結果では正常範囲内なのだけれども，どうも家庭育ちの子どもに較べて何かがおかしい。その何かが分からないので，それを明確にして乳児院保育の内容を充実させたいというのがその乳児院からの研究依頼の主旨でした。

　精神分析学を学ぶなかで，フロイトの娘のアンナ・フロイトの『家庭無き乳幼児』(1943)や『ハムステッド研究』(1969)をはじめ，フロイトの影響を受けたスピッツやボウルビィの施設児研究などをすでに読み進めていましたから，愛着や信頼・不信といった概念を鍵に，乳児院の子どもたちの様子を観察することが始まりました。観察に入った当時，当該乳児院では個別対応のかたちの保育体制を取っておらず，職員全体で子どもの保育をする体制にありました。観察に入った当初の印象は，すべての子どもがそうだというわけではないけれども，泣いてもすぐに諦めて泣き止んだり，表情が硬くて要求が乏しく，存在感が希薄だったりする子どもたちが多数いることが目に付きました。そして，そういう子どもほど職員の対応が少ないことにも気づかされました。

　そこで，家庭ではどういう養育をしているのか，家庭での養育の実態と乳児院保育の実態とを対比して，子どもの何が違うのかを明らかにしようということになりました。当時の私はまだ今のように関与観察とエピソード記述という方法論を構えていませんでしたから，研究方法としては，某研究所の友人が開発したコミュニケーション・チェックリスト（親子間のコミュニケーションの基盤がどの程度整っているかを，主に愛着関係の形成の観点から調査する60項目からなる質問紙）を一部修正して調査用紙を作成し，乳児院の職員には自分の保育を振り返って調査用紙に記入してもらい，また子育て中の家庭の保護者には自

分の子育てを振り返って調査用紙に記入してもらうという方法を採りました。

その結果から，子どもに向ける気持ちのところで，乳児院の保育と家庭の養育では大きく違うこと，そこから子どもの愛着の様子が違ってくることが明らかになりました。ある意味では，アンナ・フロイトがすでに明らかにしたことを，私たちは改めて自分たちのデータで再確認したことになります。

これをきっかけに，妻が嘱託として乳児院に入って保育の観察を継続するとともに，家庭に協力を得て家庭での養育の様子をビデオに記録して，両方での関わりの違いを明らかにする試みが始まりました。当時の乳児院の院長の話によれば，個別対応が必要であることは分かっていたけれども，しかし乳児院から児童養護施設に措置変更されるときの，担当職員と子どもとの別れが大変に辛く，担当職員がすぐには他の子どもへと気持ちを切り替えられないので，職員全体で子どもを見る体制をとっていた，ということでした。しかし結果から見れば，個別対応を取らないことによって乳児院の子どもたちは不安を覚え，他者に信頼を寄せる働きが弱くなり，それを基盤に培われる自己肯定感が十分ではなくなって，子どもたちの存在感の希薄さに繋がっているようなのでした。

実際，離乳食場面を撮った一般家庭のビデオと乳児院のビデオを比較してみると，子どもの気持ちを丁寧に受け止めて対応する家庭と，複数の子どもに一緒に食べさせる乳児院の対応には歴然とした違いがありました。そこで乳児院で試みに個別の対応をしてもらうと，ほとんど家庭での対応と違わなくなることが分かり，やはり乳児院でも個別の対応が必要なのだという結論になりました。

この一連の乳児院研究は1982年に妻が乳児院に対して報告書を書くことで一区切りをつけましたが（鯨岡和子，1982），この研究を通して，私たちは初めてビデオ記録に基づく「子ども―養育者」関係の研究に取り組んだことになります。家庭でのビデオ観察は乳児院研究が終了した後にもしばらく妻が継続し，そのときのビデオ記録は後に間身体的，間主観的な「子ども―養育者」関係の研究に向かうことに繋がりました。

この頃は，ボウルビィの愛着研究がエインズワースの「新奇場面」を用いた

愛着パターンの研究によって，一挙に世界中に広まった頃でした。似たようなことをやりながら，しかし私は，もとはと言えば精神分析学の影響を受けたボウルビィが，愛着行動という生態学の概念を駆使して議論を展開することに納得がいきませんでした。むしろスピッツの不安や信頼といった子どもの心に定位した議論の方が理解しやすく，この評価は現在でも変わっていません。

　この頃はまた，H. ドイチェの『女性心理学Ⅰ，Ⅱ』(1944) という大著を読み，若い娘時代，妊娠，母親の時代，年老いた母親の時代というような女性の生涯過程の各ステージに，どのような精神病理が表れるかを学んだ頃でもありました。その一方で，発達心理学の領域では母子間相互作用という観点からの研究が増え，「行動の同期性」というような行動のことばで子どもと養育者のあいだの関係が語られていくことに，妻と共々，何か釈然としないものを感じていました。その釈然としない何かとは，煎じ詰めれば心の問題を避けているということに尽きます。ここに，間主観性という概念が登場してくる理由があります。

(2) 間主観性という概念の登場

　乳児院研究の後，私は近隣の「ことばの教室」に足繁く通い，子どもと指導する教員とその保護者の関わりをその場に居合わせて観察する一方，保護者（母親）との個別面接を引き受けて，発達相談や教育相談に携わる機会が増えてきました。そして保育所や幼稚園での保育観察も少しずつ回数を増やしていた時期でした。

　そのなかで次第に「子ども―養育者」関係の機微に目が向くようになり，臨床場面で子どもとの関係がうまく築けないのはどのような要因によっているのかという問いを立てるようになっていました。当時の紀要論文などにはそのことが色濃く現れています。

　1983年度の紀要論文のなかでは，発達臨床場面の「子ども―養育者」関係を取り上げ，そのなかで，「子どもの気持ちが分かるということ」という節を設けています。子どもが何かを摑もうと意図したときの，その志向性を養育者が

感じ取れるかどうか，それが関わりのありようを決めていっているけれども，そのことを客観主義の立場で捉えることができるだろうかというような議論をしています。ですから内容の上ではほとんど「間主観性」の問題に行き着いていますし，文献にもトレヴァーセンの間主観性に関する論文（1978）を引用しているのですが，まだこの時点では自分の文章のなかでこの概念に触れていません。

　2，3年の助走期間の後，「間主観性」という概念が私の書くもののなかで本格的に使われ始めるのは，1986年の「心理学評論」の論文「初期母子関係と間主観性の問題」においてです。そしてこの論文は，振りかえってみれば，私が客観主義的な行動科学心理学の立場と対峙して自らの進むべき道を指し示した戦略的な論文であったといまさらながら思います。少し長くなりますが，引用文献や人名を少し省略して，ほぼ原文のままでその一部を抜粋してみましょう。

　　このintersubjectivityという概念は，間主観性，相互主観性，共同主観性，間主体性，相互主体性などと，多様に訳出されていることからも分かるように，多面多肢的な―ある意味では曖昧な―概念である。ちなみに筆者の理解では，この概念は少なくとも次の5つの次元に沿って裁断してみることができるように思われる。（1）二者の身体が意識することなく呼応し，そこに相互的，相補的な関係が成立するという間身体的な関係（メルロ＝ポンティ）の次元，（2）相手の意図が分かる―こちらの意図が相手に通じるという相互意図性（トレヴァーセン）の次元，（3）相手の情態（嬉しい，悔しい，くたびれた等の広義の情動）が分かる―こちらの情態が相手に通じるという相互情動性（スターン）の次元，（4）相手の語ることが共感的に理解できる―こちらの話が相手に分かってもらえたと実感できるという相互理解の次元，そして最後に（5）我々に自らの主体性や主観性と捉えられているものが，実際には最初から他者の主体性や主観性によって媒介されているという，相互主体性ないしは共同主観性の次元。これら5つの次元は互いに重なり合い，あるいは互いに他を規定しあっており，研究者の関心の焦点としてさしあたり区別することができるにすぎない。

　　ここで他者の主観性に関して何がしかのことが「わかる」というのは，当事主

体にとっては意識的に分かろうとして分かるというより，むしろ相手の意図や情態が「おのずからわかる」とでもいうような，一種独特の感じとして得られるものである。これはフッサールが「対の現象」と呼び，メルロ＝ポンティがフッサールを引いて「志向の越境（侵犯）」と呼んだ，他者理解に関する古来からの問題性を孕んだ主題に他ならない。

　それはともあれ，この場合，当事主体に感じ取られたものは決して当事主体の恣意によるものではない。あるいはリップスがいうような，自己の経験を他者に投入するという意味での感情移入でもない。むしろそれとは逆に，相手と自分のあいだが通底して，相手の主観的なものがこちらへと滲み出てきたというのが的を射ていよう。しかしだからといって，それは常に完全に客観化しうるというものでもない。したがって，そこには誤解や錯認が入り込みうる。にもかかわらず，当事主体の行動は結局のところ相手についてそのように間主観的に感じ取られたことを基にして展開される。（中略）

　いまからちょうど20年前のこの論文は，行動だけを取り上げて議論する行動科学のパラダイムを根幹から揺るがすことを意図した論文だったといえます。間主観性の問題は対人関係の機微に触れようとすれば必ず行き着く問題であることは，抜粋文の末尾にもよく現れていますが，しかし，よくぞこのような内容の論文が「心理学評論」誌に掲載されたものだと当時は思ったものでした。というのも，相手の主観的なものを（気持ちや意図や感情など）を私において把握するという間主観性の問題は，単に対人関係の機微に入り込むというだけでなく，心理学全体のパラダイムを揺るがす，方法論的，認識論的な問題を含んでいるからです。これについては『関係発達論の構築』（1999）に詳しいのでそれをご覧いただきたいのですが，そのような問題を孕んでいるにもかかわらず，この論文が掲載されることになったのは，どうやら，いまここに掲げた間主観性に関する議論よりも，その後に提示した「最初の離乳食エピソード」の間身体的な描写，つまり，子どもに口をあけてほしいと思って，子どもの口元を見ているうちに，思わず養育者の方が口をあけてしまい，それを見ていた観察者の私も引きずられて口をあきかけるという間身体的な関係の描写が，「成り込み」という概念と相俟って，ある意味で査読者を説得したからかもしれま

せん。

　この論文を補い，間主観的に「分かる」ということをもう少し詳しく論じたのが『母と子のあいだ』(1989) という編著に寄せた論文でした。これは第1次，第2次間主観性を論じたトレヴァーセンの論文や，初期の母子間コミュニケーションを取り上げた論文など，10本の外国論文の翻訳に，私自身の間主観性の理解を論じた論文を付け加えたものです。この論文集はいまでは絶版のようですが，一部の人たちには比較的好評だったようです。

(3) 間主観性概念の導入から切り開かれてきたもの

　間主観性の概念を巡る議論は第2章で詳しくするつもりなので，ここでは他の概念との繋がりが分かるように，この概念から私の研究がどのように広がっていくことになったのかを簡単にスケッチしておくにとどめたいと思います。

　まず，この概念は，子どもと養育者という関係にとどまらず，別個の主体間の関係の営みの機微を記述する際に不可欠のものだと思われます。別個の主体のあいだで，一方の情態が他方に通じる・分かるという出来事が両者の関係を動かしていきます。ところが，この通じる・分かるという出来事は，これまでは相手の思いや情態について自分が行う単なる解釈や感情移入であるという考えによって理解されるにとどまってきました。そして解釈なのだから恣意的なものだと曲解されて，行動科学の枠組みからはずされてきたのでした。結局，他者の心の動きや意図や情動などを私において「摑む」ということが如何に可能かを考えるときに，この概念がどうしても必要になると思われたのです。しかも，この概念は単に二者間の関係にとどまらず，例えば，室内楽の演奏家たちが相互のあいだで一つの間や呼吸を合わせる場合のように，複数の人間同士のあいだで，場全体の雰囲気や情態の動きを摑む，あるいは相互に通じる・分かるという事態にも当てはめて考えることができるはずです。そしてそのような事態も，外部観察に徹する行動科学には単なる行動上の同期性というかたちでしか捉えられなかったのでした。この概念が行動科学と対決するための戦略的概念だというのは一つはその意味です。

次に，二者間で情動が通底する，あるいは二者間で情動や意図が共有されるというような，初期の「子ども―養育者」関係にしばしば見られる間情動的，間意図的な関係は，初期段階の二者間コミュニケーションの基礎となるものだという理解が生まれ，発達初期のコミュニケーション研究へと，さらには障碍の子どものコミュニケーション研究へと広がっていきました。コミュニケーションの障碍というのは，本来は二人のあいだでコミュニケーションすることが難しいというように，二者間の関係の問題のはずです。ところが，障碍児教育ではすぐさまこれを「障碍の子どものコミュニケーション能力の育成」というふうに考え，情報や記号をやりとりする能力が乏しいからコミュニケーションが難しくなるのだと，もっぱら子どもの側の問題に置き換えてしまっています。しかし，原初段階のコミュニケーションはむしろ情動の共有，つまり通じ合えた喜びを梃に動いていくもののはずです。そこから私は，障碍の子どもに働きかけてコミュニケーション能力を高めようとする前に，関わる大人側が子どもの情動の動きを受け止めて，そこに通じ合う関係を築くことが先決ではないかと考えるようになり，この考えが広く養護学校をはじめ，障碍の子どもたちの療育現場に浸透していくようになりました。

　要するに，コミュニケーションを単なる意味の伝達・交換にしてしまうのではなく，二人のあいだで情動や気持ちが共有されることが，コミュニケーションの基底的な意味ではないのかというように，間主観性の問題からコミュニケーション論へと大きく展開していったということです。

　とはいえ，もともと「子ども―養育者」という二者の関係を考え，その繋がり（疎通性）を論じようとして導かれたのが間主観性という概念だったのですから，間主観性の問題からコミュニケーションへと広がったのか，コミュニケーションの問題から間主観性の問題へ向かったのかはまったく微妙なところで，どちらのルートを取っても，一方から他方に行き着いたはずだと考えてよいのではないかと思っています。

　コミュニケーション研究への流れとも重なりますが，間主観性の概念に辿り着くまでには，まずは「子ども―養育者」関係に定位し，子どもを育てる営み

を観察することを実際に行ってみることがどうしても必要でした。これが乳児院研究を出発点に切り開かれたルートであることはすでに言及しました。そして，初期の「子ども―養育者」関係の研究を通して私は，従来の発達心理学には「育てる」という視点が含まれていないことに改めて気づかされました。子どもは育てられてこそ育つ存在であるはずなのに，まるで子どもが一人で育つかのように，子どもを遠くに置いて外部から眺め，何歳にはこれができる，この機能はこのように完成するというように，個体の能力発達に関心を限局してきたのがこれまでの発達心理学だったのです。

　その「育てる―育てられる」という営みに注目してみると，そこではお互いの欲望の動きを基礎に，間主観的に繋がったり繋がらなかったりする局面が無数に現れ，それがそれぞれの記憶に書き込まれるなかで，双方の心，つまり信頼や安心や自信，不信や不安といった心に繋がっていくことが分かってきます。要するに，育てる営みにおける間主観的な関係は，心の成り立ちへと通じる道なのです。ですから，「育てる」営みを発達心理学に組み込むことは，心の育ち，あるいは主体としての育ちという視点を導き入れ，これまでの「できる」「できない」の能力発達の枠組みを超えることを意味します。ここにも，間主観性という概念の導入が戦略的な意味をもつと述べた理由の一端が表れています。そして，心の成り立ちという問題が視野に入ってくることによって，前節でも述べたメルロ＝ポンティのソルボンヌ講義録の一節一節が改めて重みをもって思い起こされてきました。そこに，ドイチェやエリクソンの生涯発達論的な見方が重なって，私の思考はいよいよ個体能力発達論の批判から関係発達論へと一歩踏み出していったように思います。

　しかしながら，ここですでに育てるという営みのなかで間主観性の問題を考えようとしていたにもかかわらず，これを相互主体的な関係における間主観性の問題として捉え直すことは，少なくとも，『原初的コミュニケーションの諸相』(1997)や『関係発達論の構築』(1999)を書いた時点ではできていませんでした。そこに至るには，私の場合，どうしても人間存在の根源的両義性という概念を潜らなければなりませんでした。

第4節　両義性という概念の登場

　間主観性からコミュニケーションへ，間主観性から関係発達論へという二つの流れのなかで登場してくるのが両義性という概念です。いうまでもなく，両義性という概念そのものはメルロ＝ポンティの著作や講義録から学んだ概念で，能動であって受動，受動であって能動というような，二つの項の一方がいつのまにか他方に転じてしまうような事態，あるいは「あちらたてればこちらがたたず」というような二律背反的な事態，あるいはAであると言ったとたんに，Aではないと言わねばならないような自己矛盾する事態を広く覆う概念だと，さしあたりは言っておきましょう。

⑴　人はなぜコミュニケーションするのかという問い

　先に簡単に触れたように，私は初期の「子ども―養育者」関係のありようを観察研究するなかで，「育てる―育てられる」という関係の営みが基本的に両者のあいだのコミュニケーションなのだと考え，さしあたりはコミュニケーションの原初的形態を明らかにして，そこからコミュニケーションの発達を考えてみようと思うようになりました。1989年に出版した『母と子のあいだ』はまさにこの原初的コミュニケーションに関連した論文集だったといえます。この編著の出版の影響なのか，折しも私は当時の文部省の重点領域研究（国立特殊教育総合研究所が中心になった研究）に誘われ，一つの分野を担当することになりました。この分野には「コミュニケーション障碍の構造と指導」といういかめしい主題がついていましたが，要するに原初的コミュニケーションの考えを障碍の子どもの教育，特に障碍の重い子どもの教育に役立てられないかという主旨のお誘いだったと思います。

　研究費をもらって研究を行うのは初めてでしたが，これによって，研究協力をしていただける家庭に入らせてもらえることになり，誕生まもなくからの縦断観察の機会を与えられたことは，私と妻の研究の展開にとってとても大きな

意味をもちました。この縦断観察研究は1989年に始まって私が京都大学に戻る前の年の1994年まで続きました。このとき得られたデータとそれに基づくエピソード記述が，これまでの私の一連の著作の基礎資料になっています。

　この重点領域研究の成果は毎年度の報告集のかたちでまとめられていきましたが，この研究を通して，私はそれまでの障碍児教育のあり方にかなり強い疑問を抱くようになり，それをさまざまな機会に表明するようになりました。特に「コミュニケーション能力の育成」という観点から，子どもにどのようにシンボルや記号を教えるのかと発想するこれまでの障碍児教育のあり方に対して，私は教師がまず子どもとどのように情動を共有するのかがコミュニケーションの出発点だという考えを対置し，これまで黒衣の位置におかれていた教師の対応のありかたに着目するという，新しい障碍児教育の動きを示唆するようになりました。ここには子どもが主体であるだけでなく，教師も主体なのだという考えが潜在していますが，この時点ではそこまで考察は及んでいません。

　そうした一連の研究を通して，コミュニケーションの原初形態を追い求めるなかで，私は次第に「人はなぜコミュニケーションするのか」という問いに引き寄せられていきました。養育者は単に養育行動を義務的に取っているのではないはずです。子どもの笑顔と出会うとき，相好を崩して養育者も笑顔になるのはなぜなのか，なぜ乳児は養育者が傍にいるときに，それだけで機嫌のよい笑顔をみせるのか，等々。原初段階の「子ども―養育者」の関係は人が人と関わることの基底層を露わにしてくれますが，それを関与観察していると，そもそもなぜそこに繋がりが生まれてくるのか，またなぜそこで二人は繋がりを求めようとするのかを問わずにはおれません。そしてそれを明らかにすることがコミュニケーションの本質の理解にも関わると思い始めていました。つまり，それまでの記号を通して情報の授受を行う「伝達」に重きを置いたコミュニケーション理解から，情動の共有あるいは情動の通底から生まれる通じ合える喜びをコミュニケーションの本質と考える考え方への転換です。

　乳児は何を求め，何を喜んでいるのか，また養育者は何を目指しているのか，そういう一連の問いが観察する際の大きな枠組みとなり，そこにそれまで学ん

できた精神分析学の欲望論が重なり，またソルボンヌ講義録の内容が重なって，いまから思えば大それた考え方ですが，「人間存在の根源的両義性」という考えに自然に導かれていきました。

(2) 人間存在の根源的両義性

　保育の方々からは「このことばを聞いただけで頭が痛くなる」と冗談交じりに言われることがあります。確かに硬いことばですが，しかし，それほど難しいことをいっているわけでありません。要は，人間が相矛盾する欲望を抱え，それゆえに内部矛盾を抱えている存在だということを言いたかったのです。その根源的な欲望を私は「自己充実欲求」と「繋合希求性」と名づけましたが，前者は「人はみずからの欲望を貫いて自己充実を目指す存在だ」ということをいい，後者は「人は常に誰かと繋がれて安心を得たい存在だ」ということをいうものです。つまり，人は「どこまでも自分を貫きたい」のに「一人では生きていけない」存在なのです。いうまでもなく，前者は精神分析学のいう「エス」を，後者は対象関係学派の「対象希求性」を換骨奪胎したものです。

　この間の事情は『両義性の発達心理学』(1998)の内容そのものなので，詳しくはそれをご参看願うとして，この根源的両義性の考えは，一方では乳児の観察を通して導かれたものですが，他方では私自身の欲望の動きを反省的に捉えるなかで導かれたものでもありました。私自身，学生の頃から，自分という人間を取り押さえるのが難しいと思い続けてきました。そして乳児の様子の観察から乳児という存在そのものの自己矛盾性に行き着いたとき，反照的に自分の内部の自己矛盾性に思い至り，それを煮詰めてたどり着いたのがこの概念だったといえます。私こそ，先に述べたように，「どこまでも自分を貫きたいのに，一人では生きていけない」存在なのです。この根源的両義性の考えを図示したのが図1です。

　この図は，二つの欲望の背反性を示すには好都合ですが，二つの欲望が常に背反するかといえば必ずしもそうとはいえない場合も出てきます。例えば自己充実欲求についていえば，一人で自己充実できる場合はともかく，相手を自己

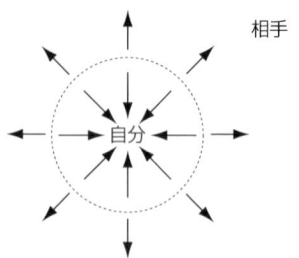

図1　根源的両義性の概念図

充実のために当てにせざるを得ないような事態を考えれば，これは単に自己の中心に向かうベクトルだけでは表現できず，中心に向かったベクトルがこの紙の裏側に回って他者の側に向かうことも考えなければなりません。つまり，他者からの配慮を当て込んだような自己充実の目指し方があるということです。また繋合希求性も単に他者に向かうのではなく，その充足満足は最終的には自己充実に繋がるのですから，このベクトルも紙の裏で反転して円の中心部に回帰してくると考えなければならないでしょう。例えば，呑み込む愛に見られるように，一見したところの愛他の動きが，実は自分自身の自己充実のためのものであることが分かるという場合などがこれに当たります。いずれにしても，図の表現はなかなかすべての事態を包含できないものだと，自分の図の作り方の拙さを思い知らされます。

　さて，乳児に限らず養育者も同じ根源的両義性を抱えた存在だと考え始めて，ようやく私はドイチェの『女性心理学Ⅰ，Ⅱ』(1944)に記載されている母親たちの精神病理が納得でき，また虐待や育児ノイローゼ等々の子育てを巡る負の事象が生起してくる理由が理解できるようになりました。そして精神分析学において「ヤマアラシジレンマ」と表現されているように，若い男女の関係や夫婦の関係がなぜお互いに幸せを目指しているのに対立や摩擦を避けられないのか，なぜ人生は常に喜怒哀楽を伴い，幸せだけで展開できないかも納得できるようになりました。

　またそのように考えて初めて，なぜ「子ども―養育者」関係が行動的な相互

作用という見地では捉えきれないのか，なぜそこで間主観的に相手の気持ちを摑もうとするのか，等々，さまざまな問いへの答えが見えてきて，この概念に依拠すれば必ずや対人関係の機微に迫ることができると確信を抱くに至りました。

　この両義性の概念から直ちにソルボンヌ講義録の「子どもと大人は向かい合わせに置かれた二枚の鏡のように，お互いを映し合うのです」という一文が思い起こされました。そして映し合いがつねに幸せな映し合いばかりではなく，反目や対立や時には怒りも生み出すものだということが納得できるようになりました。

　ここで，映し返しが文字通り鏡のような映し返しでなく，映し返す主体のもろもろの思いを背景になされるものだということに気づいているということは，養育者を単なる養育行動を取る人と捉えるのではなく，養育者も一個の主体だと理解するところまであと一歩のところまで来ているのですが，この時点ではまだそこまで辿り着けていません。

(3) 自と他，個と多の両義性

　ともあれ，両義性の概念は私のものの考え方を大きく切り開きました。人の生きる局面がさまざまな両義性に貫かれていることにようやく気づかされたのです。

　例えば，「私」と「あなた」（ブーバーの『我と汝』［1923/1967］のいう意味での私とあなた）という自他の関係が両義的であることです。「私」がこの「私」であるのは，「あなた」という他者がいて，「私」をこういう人間だと映し返してくれるからこそです。「私」に自信があるとすれば，それは「私」が一人でかたちづくれるものではなく，「あなた」が「私」の存在を認め，「私」を肯定的に評価してくれるからです（鏡の機能）。しかも，「私」の考えには「あなた」をはじめ他の人々の考えが流れ込み，どこまでが私のオリジナルな考えなのか簡単には切り分けられません。「私」はあくまでも「私」なのに，「私」という存在は「あなた」を鏡にし，「あなた」を取り込み，「あなた」を当てにし

てしか生きていけません。繋合希求性はそれの充足が「私」に喜びをもたらすという意味で「あなた」を必要とするものだったのですが，道具的な意味でも「あなた」という他者は「私」の存在に欠かせません。「私」が「私」であるためには，「あなた」が「私」に手を貸し，「私」に配慮を示し，「私」の期待通りに動いてくれるのでなければなりません。しかし，同じことが「あなた」にもいえるはずです。その「あなた」から見れば，「私」は「あなた」に手を貸し，「あなた」に配慮を示し，「あなた」の期待に沿って動く人でなければなりません。

　要するに，「私」にとって「あなた」はもう一人の「私」（「他我（alter ego）」）であり，また「あなた」にとって「私」はあなたの「他我」でもあるということです。ここにはお互いに相手に対して「私」にとっての「他我」であってほしいという面（私の欲望をかなえるために）と，「私」の絶対の私性をいうためには安易に「私」の「他我」であってほしくない面とが同居し，ここにも両義性を認めなければならないでしょう。ブーバー流にいえば，「私」と「あなた」の関係は常に幸せな「我と汝」の関係ではありえず，「我とそれ」の関係に零落する危険に常に晒されているといってもよいかもしれません。

　もう一つ，社会のなかで生きることを余儀なくされている人間は，「私は私」であるだけでは十分でなく，常に「私はみんなのなかの一人」「私は私たちのなかの一人」であることが視野に入っていなければなりません。ここには「個人と社会」あるいは「個と多」の問題が絡んでいますが，しかし単に個人と社会の相克性が問題なのではありません。個人のなかに社会が深く入り込み，その個人の集合によって社会が成り立つという入れ子の関係が問題なのです。つまり，個は個であって社会であるというように，個人の内部に個と社会が二重化されているところが問題なのです。それを私は「私は私」と「私はみんなのなかの一人＝私たちの一人」というふうに表現してきましたが，この両面もまた，あちらたてればこちらがたたずの関係にあります。私はあくまでも自分の思いを貫きたいけれども，集団で生活するなかでは，集団の一員として振る舞うことが求められ，それがときに私を貫くことを阻害するという場合もありま

す。逆に，私が自分の思いを一方的に貫くあまり，集団との関係を難しくするという場合もあるでしょう。この面での両義性は私たちの日常生活にもっとも頻繁に見出されるものだといってよいものです。

　ここにはさらに，一人の人間の発達の問題が絡んできます。つまり「私は私」と「私は私たちの一人」はどのようにして形成されてくるのかという問題です。いうまでもなく，ここに保育や教育など，子どもを未来の大人として「陶冶」する立場の大きな課題が現れてきています。つまり，保育も教育も，子ども一人ひとりが「私は私」と言えるような核をもちながら，しかも「私は私たちの一人」とも言える感覚を身につけて生きていくことを目標に掲げざるをえません。この両面がどのように育てられて育ってくるのかは，一人の子どもの発達の本質的な面だといえます。ここにも従来の「できる，できない」の発達の見方ではまったく不十分だと主張する理由があります。

(4) 子どもという存在，大人という存在の両義性

　メルロ＝ポンティの影響を受けるなかで導かれた両義性の概念は，私を再びメルロ＝ポンティのソルボンヌ講義録へと引き戻しました。「大人から見た子ども」という講義の題目に示されているように，そこでは子どもと大人の屈折した関係がさりげなく，しかし極めて興味深く述べられています。先にも引用したように，「子どもは未来の大人として先取り的に大人の振る舞いを取り込みます」「大人は目の前の子どものなかにおのれの子ども時代を生き直すのです」「同一化は相互的なものです。子どもが大人に同一化するように，大人も子どもに同一化するのです」といった講義録に残されている文言が，この両義性の概念によって甦り，子どもという存在，大人という存在自体が内部に自己矛盾を抱えた両義的な存在なのだということに気づかされたのでした。

　実際，大人と子どものあいだに明確な線引きをして両者を切り分けようとしてみると，たちまちそれが極めて難しいことであることが分かります。というのも，子どもはもっぱら子どもであるようでいて，実際には未来の大人として，大人の振る舞いをいろいろに先取りしてみせる存在だからであり，大人も，も

っぱら大人として振る舞っているようでいて，誰しもかつては子どもであり，子どもの記憶をとどめ，子どもらしさを温存しているからです。

　子どもは子どもであって未来の大人であるというこの二重の規定によって，「子どもである」ということ自体が両義性を孕まずにはおれなくなります。なぜなら，「子どもである」ということは，一方では子どものままでよいというように肯定される面と，他方では子どものままであってはならず，大人に向かって突き進んでいかねばならないというように現状の止揚を目指すように促される面との，逆向きの二重の規定を内に含むからです。成長する存在としての子どもは，今のあるがままを「この子はいま～である」と受け止め肯定されることを求めながら，未来の大人として「～になる」ことを求められてもいるのです。この「である」と「なる」の狭間で子どもは引き裂かれます。子どもは自らの子ども性を内側から壊すかたちでしか，大人に接近してゆけないと言い換えることもできるかもしれません（これについては次章でもう一度詳しく触れます）。

　子ども自身，子どもとして可愛がられることを喜びながら，未来の大人として背伸びをしようとし，大人として扱われることを誇りに思わずにはおれません。しかし，もう大きいのだから自分でしなさいと自立を促され，社会化の働きを強く身に被ると，まだ子どもなのだからと依存のなかに逃げ込もうとします。だからといってむやみに子ども扱いすると，幼児でもプライドを傷つけられたとばかりに反撥してきます。

　これは目の前の子どもたちを見ていえることであると同時に，私自身の過去を振り返って，自分の子ども時代にぴったり当てはまることだとも感じています。その意味で子どもという存在は不思議な存在だといわねばなりません。

　ところで，大人の存在様式も両義的です。養育者は一方では子どものあるがままを受け止め，未熟な面を含めて，子どもが子どもらしくあることを可愛いと思い，その存在を喜びながら，他方では子どもが成長することを喜び，何でも自分でできるようになることを期待し，社会性を身につけ，大人に近づくことを期待します。つまり，前項の議論を受け継げば，「である」を受け止めつ

つ，子どもが「なる」に向けて変容することを願うところに，子どもを目の前にしたときの大人の存在様式の両義性が浮かび上がります。

　そこから，我が子が一人の主体として力強く意欲的に生きること，つまり自己主張のしっかりできる個性的で意欲的な主体に育つことを願う（「私は私」の面が育つことを願う）一方で，周囲を思い遣り，集団の規範やルールに従うことも願う（「私は私たち」の面が育つことを願う）というように，子どもを前にしたときの大人の対応は，微妙に捩れることにならざるを得ません。しかし，そのような両義的な願いと対応のなかで，子どもは「である」自分がしっかり受け止めてもらえることを背景に，「なる」の芽が子どもの内部から芽吹いていくことになるのです。

　それに，最初から大人だった人は一人としてなく，養育者はみなかつては子どもでした。ですから，メルロ＝ポンティの言うとおり，養育者は目の前の子どもの姿にかつてのおのれの姿を見ずにはおれません。そこに，養育者の「育てる」働きが常に何らかの揺らぎを抱えてしまう理由があります。強く出ればしぼんでしまい，甘くすれば膨らむ我が子の姿は，幼かった頃のおのれの姿でもあり，そこで強く出たり，甘くしたりする自分は，かつて自分を養育してくれたおのれの親の姿でもあるわけでしょう。ここに，育てる側の養育者は，一方では目の前の子どもをかつての自分として生き直し，他方ではかつて自分を育ててくれた自分の親に自分自身を重ね合わせずにはおれません。こうして，「育てる」ことの最中にある養育者は，同一化を挟んで子どもの側と自分の親の側に二重に引き裂かれることになります。ここにも育てる者としての大人の両義性が露わになっています。

　実際，我が子がルールや規範を身につけて周囲とうまく折り合って生きてくれることを願う親としての今の自分の姿は，かつて自分の親が子どもだった頃の私に求めたものとほとんど変わらないことに気づかされます。言うことを聞かないといって我が子を叱るとき，それはかつて自分が言うことを聞かずに親から叱られた場面とダブらざるを得ません。我が子は養育者である自分から見ればまさに「もう一人の私」としての「他我」であると同時に，しかし決して

私という養育者の思い通りにはならない「絶対の主体」「絶対の他性」としてあることをも認めざるを得ません。また私の固有性において養育しているつもりでいても、そこには一つ前の親の世代の養育のありようがいつのまにか被さってきて、私の養育のありようを揺さぶります。こうして「大人であること＝養育者であること」は両義的にならざるを得ないのです。

　これまで、子どもという存在が抱える両義性と、大人＝養育者という存在が抱える両義性を切り分けて考察してきましたが、実際には「育てる─育てられる」という関係のなかで、両者の両義性は響き合います。だからこそ、子どもと養育者のあいだの「育てる─育てられる」という関係は複雑な両義性を孕まざるを得ず、そこに喜怒哀楽の感情が渦巻く結果になるのです。

(5)　「育てる─育てられる」という関係に孕まれる両義性

　いま、「育てる─育てられる」という関係のなかで子どもと養育者それぞれの両義性が響き合うといいましたが、特に「働きかける─働きかけられる」というような両者のあいだの関係は実に微妙な両義性に支配されているのを見ないわけには行きません。例えば、養育や保育の場に見られる「認める」という働き一つを取り上げてみても、手放しで「認める」場面ばかりでなく、ことばでは認めながら顔では「してほしくない」気持ちを表していたり、他の子どもに手をとられるなかで、あなたのことを認めているよと目で告げたりと、その働きは実に微妙です。「叱る」も同様です。あなたのしていることは認められないけれども、あなたの存在は認めているよと伝えていくことが求められます。子どもの存在を認めることとその行為を叱ることとが微妙に交叉しているのでなければ、養育や保育は決してうまく展開しません。それは子どもの様子を捉え、子どもの「思い」や情動の動きを間主観的に摑めるからこそ可能になる働きです。

　あるいは抱っこするときでも、単に抱き上げればよいというものではなく、子どもの抱かれ具合に合わせていくことが求められます。抱く能動は抱かれる側の受動と結びつき、子どもの抱かれ具合に合わせようとする抱く側の受動は、

抱かれる側の子どもの抱かれようという能動と結びつくというように,「抱っこする—される」という一見単純な二者関係にさえ,実に複雑な両義的な働きかけが孕まれているのが分かります。私はこの間の事情をメルロ＝ポンティの間身体性の概念に導かれて,「能動と受動の交叉」という概念で理解してきました。子どもと養育者の関係にとどまらず,身体を媒介した二者間の働きかけ合いには,この意味での両義性が深く浸透しているとみなければなりません。

　さて,間主観性から両義性へという研究関心の広がりを見てきました。すでに読者もお気づきのように,これまでの議論のなかに関係発達論の構図が透かし彫りに見え,またここに「主体」という概念が入ってくれば,相互主体性の議論まではほんの一歩であることが分かります。

第5節　関係発達論の構築に向けて

　初期の「子ども—養育者」関係に定位することから間主観性の戦略的概念に行き着いた私は,前節にみたコミュニケーションの流れから両義性へというルートばかりでなく,初期のコミュニケーション研究から個体能力発達論批判を経由し,そこから関係発達論の構築へと向かうルートをも辿ることになりました。ここではこのルートを少し整理しておきたいと思います。

(1)　私の生涯過程を説明する発達理論の構築を

　先にも述べたように,私の学問は行動主義心理学への違和感を出発点に,メルロ＝ポンティの著作に出会って現象学に目を開かれ,ソルボンヌ講義録に出会って発達の問題を再考することを促されました。それはある意味では私自身の自分史を振り返る作業であったといってもよいかもしれません。私自身,1943年に生まれてこの方,さまざまな意味で成長しながら人生を送ってきました。能力や機能の完成が私という人間の完成を意味するものでなかったことは言うまでもありません。その意味で,これまでの発達心理学はこの私を自分で納得できるように説明できるものではありませんでした。もしも発達心理学を

作り直すなら，少なくともこの何十年間を生き抜いてきたこの私の存在をきちんと説明できる発達理論でなければ意味がないと思われました。

前節で見た「両義性」という概念も，観察された乳児の様子に基づきながらも，同時に私自身を反省し，私自身の自己矛盾性を見つめ直すなかで生まれたものでした。同じように，組み直された新しい発達理論は，家庭訪問で観察された事象を説明できるとともに，自分が辿ってきた人生をも併せて説明できるものでなければならないと思われたのです。他の発達研究者たち（あるいは心理学者たち）が自分の研究関心をすべて向こう側の「対象」の問題に絞り込み，対象について語るのみという姿勢を崩さないのが私には不思議でした。というのも私自身が人間であり，発達・変容する存在である以上，導かれた理論は必ずや自分自身に降りかかってくるはずだからです。私の構築した理論は少なくとも私自身を説明するものでなければなりません。

私は1943年に生まれ，乳児期，幼児期，学童期，思春期，青年期を経て大人になりました。そこまでは発達心理学の教科書どおりですが，それぞれの時期にどのような生の営みがあったのか，何が私の人生の節目で，どのように私は自己形成したのか，その私の成り立ちを説明するには，私を取り巻く家族や社会の動向，保育や教育のありよう，等々が大きく関わっています。そして家庭の場で観察されるもろもろの出来事は，まさに「育てる―育てられる」という関係の営みのなかから紡ぎ出されてくるもので，おそらく私自身もそのような「育てる―育てられる」という関係の営みのなかで，このような自己性をかたちづくってきたのでしょう。私にいつのまにか宿ることになった人への信頼感や自分への自己肯定感（自信）も，私を映し返す周囲との複雑な関係によって規定されたもので，それは目の前の子どもの育てられる様子と無関係ではなく，まさにメルロ＝ポンティがいうように，「目の前の子どもの様子にかつての自分を生き直す」意味合いをもつものでした。

(2) 個体能力発達論批判

行動科学批判を旗印に自分の立場を宣言したのが，ちょうど間主観性の論文

（1986）と同じ年に発刊した『心理の現象学』という私にとっては初めての単著でした。これは従来の行動科学の立場を現象学の観点から批判しつつ，しかし返す刀で哲学的現象学の思弁性，つまりフッサールやメルロ＝ポンティの注釈や読解ばかりにとどまって，一向に人の生き様に迫ろうとしない哲学の思弁的な立場を切り捨てようという，いかにも若気の至りという内容の著作です。この時点ですでに私は従来の発達心理学に対する批判を相当にやっているのですが，しかしこの時点ではまだフィールド経験が乏しく，保育や教育の世界に従来の個体能力発達論がいかに深く浸透しているか，ましてや保護者のあいだにこの考えが深く浸透して，養育のあり方がすっかりそれによって染め上げられているというような問題にはまだ十分に気づいていなかった，いやある程度は気づいていても，それほどに深刻に受け止めていなかったといわなければなりません。

　しかしながら，障碍の子どもの教育の場に出かけてみると，まさにそこは発達促進，能力向上を追い求める世界だったのです（今でも多分にそうですが）。まるで子どもには心などないかのように，ひたすら「できること」を追い求め，ひたすら「させる」働きかけをして発達促進を目指すというのがほとんどの障碍児教育臨床現場の営みでした。

　あるいは保育の場においても，就学のためにこれができるように，名前が漢字で書けて，45分間椅子に座っておれて，先生の目を見て話が聞けるように，と目標が掲げられる有様です。こういう事情になるのは，何といっても従来の発達心理学が導いた平均的な子どもについての能力発達図式，つまり一般的な発達曲線で描かれる「できること」の里程標です。それに照らして，発達の「早い」「遅い」が語られ，障碍の子どもの場合には「遅れ」が語られて，その「遅れ」を取り戻すための働きかけがその子の発達を保障するものだと考えられていくことになるのです。

　しかしながら，このような考え方は常に子どもを遠くに置いて，対象として眺めているからこそ言えることです。もしも子ども一人ひとりを間近にみれば，子どもは単なる能力の束の太さで測られる存在ではなく，いろいろな思いを抱

き，心を動かして生きている存在であることが分かるはずです。自閉症の子どもを，あれこれの変わった行動や対人関係の難しさをもった子どもであると見る前に，彼らも一人の主体として生きていて，彼らにも思いがあると認めるところから出発するのが当然だと私には思われましたが，なぜこの当然が理解されないかといえば，「能力を高めてこそ発達だ」という考えが人々のあいだから抜けないからです。

　保育の場，障碍の子どもの教育の場に足を運べば運ぶほど，この個体能力発達の考え方は抜き難くその場に染み込んでいるのを見ずにはおれませんでした。しかも，保護者も療育者たちも，その発達促進こそ子どものためと信じて疑わないのですから，それに疑問を呈する私に対しては，考え方が一風変わっていて，必要な訓練もしないでただ子どもと遊んでいるだけではないか，何もしないでよいのかと疑問を抱くだけのようでした。

　要するに，現場に出かけるなかで現実の個体能力発達論の力を思い知らされたということですが，そこから，関係論の立場からの単なる理論的批判ではなく，この個体能力発達論を実践に繋がるかたちで論駁し，「育てる」ということが決して大人の描いたイメージ通りに子どもに何かを「させる」ことではないことを理論的に明示する必要があると考えるようになりました。ここにも新たに関係発達論を構築することに向かう必然性があったといえます。

(3) 心の育ちを組み込めるような発達論の構築を

　個体能力発達論への批判は，決して能力発達が無意味であるということをいうものではありません。人間の個体の能力がほぼこのような里程標に沿って展開されてくるというこれまでの知見は十分に活用できるものです。問題はそれだけを発達と見るところにあって，ピアジェの理論が間違っているということではないのです。むしろピアジェは自分の関心を限局し，その限局された領域に通用する理論を構築したといってもよいでしょう。問題は人々がいつのまにかそのような知能の発達理論を子どもの発達全般の理論と取り違えたことにあります。

これまでにも述べてきたように，子どもは単に能力を高めて成長するだけの存在ではありません。養育者や保育者に育てられることによって，子どもはさまざまな心を「育み―育まれて」成長していきます。能力的には問題がなくても，虐待などによって心に深い傷を負い，本来信頼を寄せるはずの人に信頼を寄せられないという状況が子どもをどれほど不安な状態に陥れるかを考えれば，今日の状況に対して世の中の人はもっと深刻に憂慮すべきなのです。単に心のケアをすれば何とかなるといえるほど事は単純ではありません。というのも，虐待の記憶は心のケアによって消し去ることのできるようなものではないからです。障碍の子どもも同様で，障碍によるハンディキャップは，単に能力面にだけ現れるのではなく，必ず心の面にも現れてきます。それは「育てる―育てられる」という営みが単に身体面のケアに尽きるものではなく，養育する人の「思い」を潜り抜けた映し返しを伴い，自分の存在を養育者が喜んでくれるかどうかに大きく影響されるものだからです。障碍があることによって，周囲との関係に難しい局面が多数現れ，そのために，子どもの側には何かを一緒にして楽しい気持ちを共有できたという経験がどうしても乏しくなります。そしてそれが心の育ちに跳ね返り，何事にも意欲的になれない，表情が輝かないというふうにして，心が育っていきにくいのです。

　そしていま，青少年の犯罪や非行の問題を考えるとき，それらは単に大人の規制が緩いから，あるいは規範を身につけさせる指導がなされていないから生じるのではありません。それらの問題を引き起こす青年の大半は，むしろ自己肯定感に乏しく，自分が何者かも分からないほど自分という存在に自信をもてない子どもや青年たちなのです。そのことを考えれば，心の育ちの問題は発達の基軸だといわねばなりません。このような状況に対して，「心の教育」を声高に議論する向きもありますが，心の問題も教えて何とかなると考えるところに，「育てる」ことの意味を理解していないことが露呈されているようにみえます。

　その意味でも，心の育ちを視野に入れた（ということは「育てる」という営みをも視野に入れた）発達論の構築がどうしても求められることになります。

⑷　生涯過程全体を見通せるような発達論の構築を

　「育てる」営みが主題化されないまま，子どもの能力面の成長変化だけが外部観察的に取り上げられてきたと述べてきましたが，それは養育する人を常に黒衣にして発達理論に組み込んでいないということでもあります。しかし，実際に家庭に入り込んで観察をしてみると，養育者が子どもの気持ちをどのように摑んで関わるかに大きな個人差があり，しかも養育者は単に「子育て」をする人なのではなく，自分も一人の主体として生き，自分の生涯過程を進行中の人でもあることが分かります。初めての子どもを緊張のなかで育てる人，3人目の子どもを余裕をもって育てる人，その違いの大きさにも気づかされます。

　そして，障碍が発見された当時には大変に混乱し，そのショックを訓練に邁進することで抑えてきた一人の養育者が，子どもが大きくなった後に，「この子を授かったおかげで私はしっかりした人生を送れた」と述懐する場面に立ち会ってみると，養育者自身が楽しいことも辛いこともある「育てる」という営みを通して，人格的に大きく成長していくことが実感されます。

　障碍の子どもの発達臨床や乳児の縦断観察を通して，「育てる―育てられる」という関係の営みを間近に見ることによって，いつしか私は「〈育てられる者〉が〈育てる者〉になる」と考えることが，「子どもから大人へ」というこれまでの能力発達図式を再考する手がかりになるのではないかと考えるようになりました。そのような考えが浮かぶ背景には，前節でみた子どもという存在の両義性，大人という存在の両義性の考えがありました。つまり，子どもは未来の大人，大人はかつての子どもという考えです。そしてそれは本節の冒頭にみた，私自身のこれまでの生涯過程を説明したいという動機とも合流します。

　実際，自分の生涯過程を振り返ってみれば，長い〈育てられる者〉の時代を経て，子どもの誕生を機に〈育てる者〉へと転換するところが難しかったといわねばなりません。人それぞれかもしれませんが，特に子育ての世代間伝達が難しくなって核家族で子育てをするようになったとき，新米の母親や父親はどのように育てるのかが分からず，ときに悩むことになってしまうのはやむを得ません。子育て支援が求められている理由も本当はこの転換の難しさを支援す

るところにあるのではないでしょうか。

　それはともあれ，その立場の転換を生き抜いて，子どもを交えた家族の生活へと切り替わらねばなりません。その立場の転換は男性にとっても女性にとっても難しく，産む性と産んでもらう性の違いが表面化しやすい局面でもあります。私の場合は妻が母に変身するのを横目で見て，見よう見まねで〈育てる者〉になろうとしてきましたから，その転換は常に妻に遅れを取ることになり，妻にはそれが不満だったに違いありません。

　〈育てられる者〉から〈育てる者〉への移行というテーマについては，私の場合，もう一つそれを実感する場面がありました。個人的な話になりますが，私は26歳で京都大学を離れ，地方の国立大学に赴任しました。そして25年後に再び京都大学に戻ってきました。京都大学を離れるときの年齢と，戻ってくるまでの年数とがほぼ同じだったからでしょうか，私はかつて自分が学んだ教室で，しかし今度は教壇の上から学生たちを見る立場になりました。講義を聞く学部の若い学生の表情は，まさに「かつての自分を生き直す」かのようであり，大学院のゼミで行き詰って悩む院生の姿は，まさに25年前の自分の姿のように思われました。そしてそのとき，現在の私はかつての恩師の位置にいることをも思わずにはいられませんでした。

　この経験もあって，「〈育てられる者〉から〈育てる者〉へ」という図式がすんなり自分のなかに入ってきたのだと思います。この考えを図式化したのが以下の図2でした。

　これは『関係発達論の構築』や他の論文に組み込んだ図なので，すでにご覧になった方も多いことと思いますが，初めての人のために簡単に説明しておきましょう。

　この図2は，各世代の生涯過程が相前後する世代の生涯過程と「育てる―育てられる」という関係において結びつきながら同時進行する事情（図の楕円が時間軸を動く事情）を掬い取るものです。これはさらに以下の3つの視点から整理することができます。

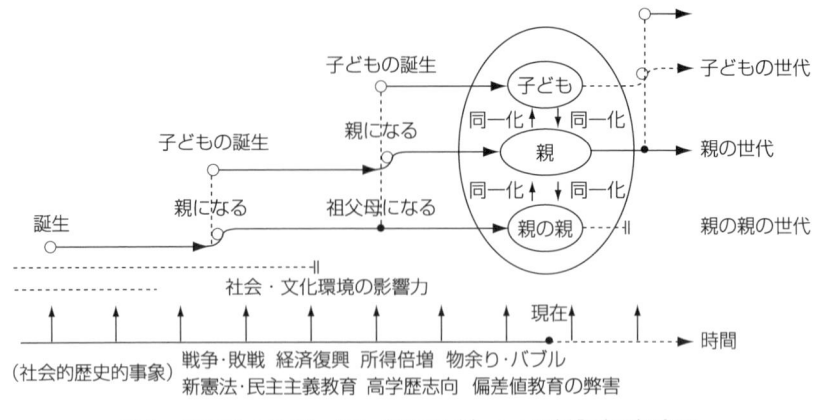

図2 〈育てられる者〉から〈育てる者〉へ：関係発達の概念図

1）命が世代から世代へと伝えられていく

　図2は，子ども，親，親の親という3世代が関わり合いながら，それぞれにその生涯過程を同時進行させていっている事情を示しています。同時にそれは，前の世代から命を引き継いで誕生した個が次世代に命をバトンタッチするということの反復，つまり命が世代から世代へと伝えられていく事情を描き出してもいます。

2）「育てられる者→育てる者→看取る者→看取られる者」という個の生涯に見られる変容の構造が世代から世代へと順送りに送られていく

　図2は，誕生後，〈育てられる者〉として成長を遂げた個が，次には〈育てる者〉として次世代の子どもを育てる側にまわり，（ここからは図に描きこまれていませんが）親の世代を看取って，最期には次世代の子どもに看取られて死を迎えるというように，一人の人間の生涯過程を貫く一般的な変容の構造が世代から世代へと申し送られていく事情を示しています。このような構造的変容を含む人間の生涯過程は，これまでのような「子どもから大人へ」という定式化ではなく，むしろ「育てられる者から育てる者へ」という形で定式化すべきものだというのが，あえて「関係発達」という表現をする理由でもあります。

3）文化が世代から世代へと申し送られていく

「育てる」ことの本質は，自分が育てられてきたことを次世代に移入するという文化伝達にあるといえます。親が自分の意のままに勝手気ままにやるものではありません。保育や教育の営みも基本的にはそうです。それが世代から世代へと申し送られていくというのも図2の言わんとするところです。

以上が本節の第1項から第5項までを含みこんだ新しい発達論の概要だということになります。関係論の立場に立ち，人の生涯過程を見据え，「育てる」を主題化し，心の育ちを視野に含むことのできる発達論，これが関係発達論に他なりません。これは，間主観性の戦略的な概念の提出に始まり，両義性の概念を経由し，「子ども―養育者」関係の関与観察と保育や障碍の子どもの教育の現場の関与観察を繰り返すなかで，自分の人生を振り返りながら導かれてきたものです。そして，ここまでの議論はほとんどこれまでの著作に書き表してきたことでした。

ここに，関係発達論という新しい発達論を提示することによって，ようやく自分の懸案が一つ達成されたという気分，あるいはこれまでの自分の研究をまとめたつもりの気分が私のなかにあったのは確かです。しかしながら，この序章の冒頭で述べたように，何かが欠けているという感じ，子どもとそれに関わる大人の関係のありようにまだしっかり届いていないという感じも漠然とあったのです。そのもやもやした感じを煮詰めていった先に辿り着いたのは，両義性の考えを下敷きに，子どもや養育者や保育者を両義性を抱えた主体として捉え直す必要があるという考えでした。もちろん，主体という用語そのものは，これまで書いてきたもののなかでも散発的に使われていましたが，この主体概念を両義性の観点から捉え直す観点が十分でなかったのです。そして，そこから振り返ってみると，冒頭でも述べたように，私の概念的な枠組みのなかにいわば「見失われた環＝missing ring」があったことになります。それが「相互主体性」という概念でした。相互主体的な関係がどういう様相を取って現れるかについては第3章で詳しく述べますから，ここではこれまでの概念との繋がりを考える上での簡単なスケッチにとどめておきたいと思います。

第6節　主体および相互主体性という概念の必要

(1) 相互主体性を議論するようになるターニングポイント

　間主観性だけを議論していたところから相互主体性を議論するようになるターニングポイントは，今から振り返れば，「私が一個の主体として生きつつ，相手を一個の主体として受け止める」ということが私の内部で真に納得できるようになったとき（「育てる」ということの意味が摑めるようになったとき）だったと思います。それはまた，「主体である」ということの理解が，単に自分の思いを前に押し出すだけでなく，相手を主体として受け止めてこそ主体だという認識に到達したことと重なります（これは次章で詳しく述べます）。このことは，いったん気がついてみれば当然のことのように思われますが，「主体であることの二面性」の考え方に至るまで，私自身の内部で乗り越えられなければならない何かがあったのです。

　そのターニングポイントになったのは，妻との議論でした。「主体として受け止める」ということがどういうことなのかを議論するなかで，妻は「むずかって泣いている赤ちゃんを一個の主体として受け止めるときに母親（養育者）にできることは，『おお，よしよし』なのよ，泣き止ませようとすることではないのよ」と言ったのです。この妻の一言に，私ははっと気づかせられました。むずかりを鎮めたいという養育者の主体としての思いが先行すれば，何とか「泣き止ませよう」と強く働きかけてしまいます。養育者も一個の欲望の主体ですから，養育者にも自分のペースで事を進めたい気持ちがあるはずです。しかし，その思いがありながら，なおむずかっている我が子を主体として受け止めようとするとき，養育者は自然に「おお，よしよし，いい子だからね」と受け止めるというのです。しかもそれは必死に抱え続けるというような悲壮感漂う「おお，よしよし」ではなく，むしろ養育者の側がゆったり落ち着いて，まさに自分もそこに主体としておりながらの「おお，よしよし」であり，「赤ちゃんにも泣きたい気持ちがあるのだ」と鷹揚に受け止める態度だとも妻は言い

ます。まさに相互が主体であって，なおかつそこに主体と主体のかかわりが生まれ，そこに「共にある」という状態が成り立ち，そこから二人の関係が動いていく……。

　これまでの間主観的に「分かる」ということを中心にした議論のなかでは，「分かる」から次なる行動が生まれるのだ，「分からなければ途方にくれてしまう」のだというような議論をして，だから間主観的に「分かる」ことが大事なのだという言い方をしてきていました。しかし，それだけでは不十分だったのです。たとえ，「分からない」場合であっても，相手を一個の主体として尊重し，受け止めようとするとき，自らも一個の主体である養育者は，「分からない」から関わりを放棄するのではなく，それでもそこで何らかの対応を紡ぎ出してそこに共にあろうとするのです。これはある意味で合理的なものの考え方の対極にあるものでしょう。若い養育者が赤ちゃんのむずかる泣きに耐えられなくなって，泣いている我が子をそっちのけに，子育て110番に電話を入れ，「どうすれば泣き止むか」と尋ねるという今日の合理的な子育て事情は，いまの「主体として受け止める」養育者の態度とは対極の位置にあります。そこのところをどのように考えるかに，おそらく「育てる」ということの本質的な問題が孕まれているのです。

　このことへの気づきは，私の頭のなかで相互主体性の考えが輪郭を取った瞬間だったといえるかもしれません。つまり，「お互いに主体である者同士が関わり合うとき，そこに繋がりが生まれるときもあれば，繋がり得ないときもある。それでもお互いが相手を主体として受け止め合えれば，そこに共に生きる条件が整う。それが相互主体的な関係なのだ」という考えが私のなかにようやく根付いたときだったのです。

　そこから翻って考えれば，これまでは余りに間主観的に「分かる」ことを強調しすぎ，また繋がれる局面ばかりを取り上げていて，「分からない」こと，「繋がらない」ことの積極的な意味を十分に考えてきていなかったことに思い至ります。関わり合う二人が本当にお互いが主体であるということをわきまえれば，繋がらないことがむしろしばしばで，そこに繋がれる局面が折々に生ま

れると考えるべきなのでした。

　この妻との議論が交わされたのは，ちょうど『保育を支える発達心理学』(2001) を書いていた頃だったと記憶します。ちなみに，この本で妻が分担した第2章の末尾の部分は，いまの議論にもまたこれからの議論にも通じる部分なので，少し長くなりますが引用しておきましょう。

　　よく考えてみると，年齢にかかわらず，大人でも子どもでも，人と人が一緒にやってゆくとき，それが仕事であれ，遊びであれ，生活であれ，そこには必ず一緒にすることが楽しい面と，それぞれの思いがぶつかり合って軋轢が生じる面との両面があるはずです。それだからこそ，人間関係だと言えるし，そこに人間関係の面白さもあるのではないでしょうか。
　　この反抗期と呼ばれる幼児期のあり方は，もしも大人が，一人の人間になってゆく子どものとても人間的な面として受け止めてゆくなら，そこでの人間関係を楽しむことのできる時でもあります。子どもの自己主張，やんちゃや我が儘は，大人に受け止めてもらえることを半ば前提に出てくるものだからこそ，ストレートで力いっぱいのものなのです。その気持ちを正面から受け止めて対応してゆくことは，幼児に接する機会をもった大人だけがもてる特権的な時でもあります。
　　ここで挙げたY君とお母さんの観察例は，何もこれが模範的な子どもと大人の関係であるという思いで出してきたのではありません。子どもの出方によって大人の側の出方も違ってきます。そして何より，その人の人柄や人格のありようによって，子どもに対する対応の仕方も違ってきます。要は，そこで子どもの気持ちをしっかり受け止めながら大人の側の思いを伝えようとすると，それがだんだん子どもに分かってきて，「お母さんはボクの気持ちを分かってくれるんだけど，できないんだ」というふうに，子どもが自分で納得してゆくようになるということなのです。
　　言い換えれば，この時期，大人の側（養育者や保育者）は，子どもを欲望の主体として受け止め支えてゆく面と，子どもが人と共にあることを喜び，人を受け入れてゆけるように，子どもの心を育てる面の両面を踏まえて対応しなければなりません。そしてこの両面が育つためには，人間として未熟な子どもを可愛いと思い，その今をありのまま受け止めてゆく大人の存在，そして子どもが自分の思いを素直に伝えてゆけるような大人の存在が欠かせません。つまり，子どもの側からすれば，そのような大切な大人に受け止めてもらっているという強い信頼感

を基に，自分の気持ちを周囲にぶつけ，自分にとって大切な人の気持ちや，自分と違う周囲の人たちの気持ちに気づき，そしてそれらの人たちの気持ちを子ども自身，受け止めてゆけるようになるのです。

　再度，Y君の観察例にたち返ると，Y君のお母さんは日頃，人とのつき合いを大切にして，Y君が一緒に遊ぶ友達が得られるように配慮を働かせていました。また相手のHちゃんのお母さんも，いつもY君のお母さんとつき合い，お母さん方で仲良くすることを大切にしていました。そして戸外に出ると，そこで顔を合わせるお母さん方は，みなでなごやかにおしゃべりしたり，みなで子どもをゆったり見守ったりというように，地域社会の小さな繋がりを上手に作り出していました。子どもたちを取り巻く大人たちがこのように仲良くしている姿を，徐々にY君たちは取り込んで，人とのつき合いの基本を身につけてゆくのです。

　このように考えると，主体としての自分を支えてくれるお母さんと，自分を諫め自分に「だめ」を言ってくれるお母さんがY君に取り込まれていくのを支えているのは，このような周りの人たちの生き方，つまり，協力しあい，仲良く生きていく大人たちの生き方を子どもがじかに感じることだといえるでしょう。

　この節の冒頭にみたように，子育てというと子どもにどう対応するかとまず考えられてしまいますが，それだけではなく，子どもを取り巻いて生きている人たちが，人としての生き方を子どもたちに見せていて，それを子どもたちが知らずしらず取り込んでいるという点をもっと考える必要があります。子どもだけに社会化を迫るのではなく，家庭が周囲に開かれ，大人たちもまた真の意味で社会化されることが必要です。人の気持ちを受け入れなければならない，社会的規範がこうだから人にはこう対応しなければならない，と教え込むのではなく，周囲の大人たちが，人と助け合い仲良くすることは大切だという共通の思い（共同主観性）をもっていて，子どもたちがそれを自然に取り込むということが大切なのです。

　すでにこの一文のなかに，主体として受け止められて主体として育つという相互主体性に関する本書の基本テーマが顔を出しているのが分かります。そして養育者の受け止める姿勢が周囲の人たちとの「共に生きる」生活のなかから生まれていることも示唆されています。これなどは，相互主体的な関係の問題が，単に子どもと養育者の二者関係ではすまず，それを取り巻く地域社会との関係にまで広がる問題でもあるという考えに通じるものです。

それにしても，妻の書いた文章とはいえ，子どもを「育てる」という営みに直接携わった者でなければ迫れないその営みの機微が描きだされています。この視点から，先の「おお，よしよし」の議論が出てきたのでした。

(2) 一個の主体であることの両面性（両義性）

　一個の主体であるということをどのように考えるかは次章の課題なので，詳しくは次章で議論することにします。ここではこの序章の第4節で述べた人間存在の根源的両義性という考えに依拠して，それを主体であることの本質と考えておきたいと思います。つまり，主体であるとは，根源的両義性の考えそのままに，一方ではどこまでも自分の思いを貫こうとする面（自己充実欲求）と，他方では周囲の人たちと共に生きることを喜びとする面（繋合希求性）の両面をもち，その両面を何とかバランスさせて生きることだということです。ただし，根源的両義性の考えからしても，この両面はときに両立しがたいことがあり，そのことが主体を常に不安定な状態に陥れています。そのような主体と主体が関わり合うとき，そこには関わり合うからこそ喜びや幸せが生まれる一方で，関わり合うからこそ対立や摩擦が避けられないという，葛藤状況が常にまつわりついてきます。つまり，お互いが主体として生きようとするからこそ，喜怒哀楽が生まれるということです。

　この相互主体的な関係を「私とあなた」という身近な二者関係で説明してみましょう。「私」と「あなた」が関わり合うとき，自分の思いを「あなた」に尊重してもらえるならば，「私」は嬉しい気持ちになります。それが繰り返されるとき，「あなた」は「私」にとって「よい人」になります。その「よい人」である「あなた」の思いが「私」に摑めるとき，「私」もまた「あなた」の思いを尊重してあげようという気持ちに自然になれるはずです。そして「よい人」である「あなた」がそれを喜んでくれるなら，それは「私」の喜びでもあるでしょう。

　これは一種の互恵性の原則ですが，これがなければ対人関係は我欲と我欲のぶつかり合いに堕し，相克する関係に陥ってしまいます。ここに，主体として

生きるということが，単に自分を貫くというだけではなく，関わる相手を主体として受け止め尊重することをも主体のあり方として含むという捩れが露わになります。つまり主体という概念そのものがそもそも両義性を孕んでいるのです。そのような主体と主体が関わり合うとき，相手の思いを尊重して相手が満足することが自分の喜びになる場合もありますが，時には相手の思いを尊重することが自分の思いを貫くことと相容れない場合が生まれてきます。そこに，関わり合うからこそお互いに幸せになれるという面と，関わり合うからこそそこに摩擦や対立が生じるという面の両方が，「共に生きる」というなかに常に同居する理由があります。そしてそうなってしまうのは，「自分が主体として生きること」と「相手を主体として尊重すること」とが，同じ一個の主体としての生き方の両側面だから，つまり，その両面がしばしば「あちらたてればこちらたたず」の自己矛盾する面をもっているからだと考えるしかありません。そして同じことがあなたの側にも言えるということなのです。

　要するに，私が一個の主体であるように，あなたも一個の主体であるということを，私たちは「共に生きる」なかでお互いに認め合うことができなければなりません。このように考えて初めて，子どもと養育者の関わり合いをはじめ，子ども同士の関わり合いがよりよく理解できるようになります。そして身近な人間同士のあいだで関わり合うという場合にも，お互いがそれぞれに主体でありながら，同時に相手を主体として尊重し合わなければ，「共に生きる」ことが実現できないという事情が理解できるはずです。これが相互主体的な関係，

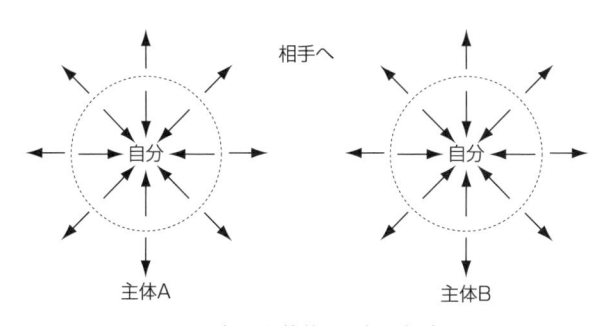

図3　相互主体的な関係の概念図

つまり相互主体性なのです。それぞれの主体が両義性を抱えている事情が図1で表されるとすると，この相互主体的な関係は図3で表されます。

　この図3は残念ながら左右対称になっていて，子どもと大人の非対等的な関係をうまく表現できていませんが，両者のあいだに喜怒哀楽が生まれる事情はこの図から理解できるはずです。そしてこれは若い男女関係のヤマアラシジレンマを説明する図としても使えるでしょう。

(3) 子どもは一個の主体として受け止められて，一個の主体として育つことができる

　子どもも養育者もそれぞれに主体であると述べてきました。その関係のなかに喜怒哀楽の感情が立ち現れてくるのは，それぞれの主体内部で自己矛盾する心の動きがある一方で，それを摺り合わせたときに主体間に矛盾する動きがさまざまに立ち現れるからだと考えることができます。しかしながら，子どもと養育者は対等の関係にはありません。そこではまず，一個の主体として成長を遂げた養育者が子どもを懐深く一個の主体として受け止め，子どもが一個の主体として育つのを支え，待つということが不可欠です。それというのも，子どもの心の育ちは養育者の受け止める懐の深さ，そこでの映し返しのありように大きく依存し，それに深く規定されているからです。

　例えば，子どもが自己充実を目指して積極的に何かをしようとするとき，それは一面では養育者の願う姿でもありますから，多くの場合，養育者はそれを受け止め，認め，支える対応になります。しかし子どものその行為が度を越せばさまざまな支障が生活のなかに生まれてきます。そのようなとき，養育者は子どもを一個の主体として受け止めながら，自らも一個の主体として「それをしてほしくない」という自分の思いを子どもに伝えていくことが必要になります。

　他方で，子どもが養育者を求めて繋がろうとするとき，養育者に余裕があるときには，子どものその気持ちをしっかり受け止め，それによってそこに肯定的な感情の共有が生まれ，両者とも繋がることの幸せを感じることができるで

しょう。あるいは子どもが負の状態にあるときに，養育者がそれを子どものいまのありようだとして懐深く抱えることができるならば，子どもはそこで安心感を得て，養育者への信頼や，立ち直ることのできた自分への自信といった前向きの心の育ちに繋がっていくと考えられます。そして養育者もまた我が子のそのような心の動きを感じ取ることを通して，子どもを育てる自信を得ることができるのです。

しかしながら，「育てる―育てられる」という関係は常にそのように肯定的に動いていくとは限りません。養育者に子どもを抱える心の余裕がないとき，子どもの「いま，ここ」での様子はときに養育者を苛立たせ，その負の受け止めが子どもに負のかたちで映し返されることになって，子どもの心に負の感情が根付くこともあり得ます。しかし逆に，負の映し返しによって子どもが小さく縮こまるとき，養育者はそれに気づいて自分の対応を修正していくこともできるのです。

ともあれ，子どもも養育者も一個の主体として生きています。そしてその「育てる―育てられる」という関係を通して，子どもは一方では自信をもって自分の思いを前面に押し出したり，相手の思いを受け止めたり，相手と何かをすることに喜びを見出したり，物事に意欲的に取り組んだりといった肯定的な心を育てていくことができます。しかしその反面，不安になったり，自信をなくしたりといった否定的な心が醸成されることもあります。またそれに端を発して，他の子どもに乱暴になったり，自分勝手に流れたりといった否定的な行動が生まれてしまうこともあり得ます。

このように，一人の人間が一個の主体として育つとは，両面の欲望（自己充実欲求と繋合希求性）のバランスを取ることが求められるなかで，そのように肯定的，否定的な両面の心の動きを経験し，それを「自分の心」として纏め上げていくということでしょう。つまり，「自分の心」は，「関係の中で生きる」経験が「個」に回収されたものだともいえます。こうした子どもの「自分の心」のありようは，養育者の扱いや養育者の心の動きに翻弄されるなかで，逆にまた養育者を自分の振る舞いや心の動きによって翻弄するなかで，変容を遂

げていきます。同じことが養育者の側にもいえます。要するに、〈育てる者〉が〈育てられる者〉を育てながら、同時に、〈育てる者〉は〈育てられる者〉によって育てられるということです。それが「育てる―育てられる」という関係の内実なのです。

(4) 諸概念の結節点としての相互主体性

　前項の議論にうかがえるように、相互主体性の考えに行き着くことによって、私はようやく「育てる」ことの本質に行き着いたと感じるようになりました。それは本節の第1項でも少し触れたことですが、間主観的に繋がること自体が育てることの目的なのではなく、子どもが一個の主体として育つことが育てることの目的なのだと考えるようになったということです。それには養育する側が一足先に主体として育ってきていて、次世代の子どもが主体として育つのを支え（それが子どもを一個の主体として受け止めるということの意味です）、そのなかで子どもが一個の主体として育っていく……そうして育った子どもが次には次世代の子どもを主体として受け止めて……というように世代間の循環がなされるところに、「〈育てられる者〉から〈育てる者〉へ」という関係発達の根幹があることになります。つまり、相互主体的な関係とは、関係発達の具体的な様相でもあるわけです。

　しかも、主体という概念には両義性の考えが深く入り込み、そのような主体間の関係は取り押さえるのが難しいほどの多様な喜怒哀楽を含む両義的な生の営みを生み出さずにはおきません。そして、相互主体的な関係が営まれていく上で、両者のあいだを繋ぐ局面が重要であることはいうまでもありませんが、その繋ぐ局面こそ、一方の側からすれば相手の気持ちが間主観的に分かるという事態だったのです。

　第2章で詳しく見ることになりますが、これまで私は、例えば養育者にとって子どもの気持ちが間主観的に把握されるのはどのような条件のときかと問い、「いつもすでに気持ちを子どもの方にもちだしているとき」「情動の舌を子どもの下に伸ばしているとき」などと述べてきました。しかし、それはいままでの

議論を踏まえれば，「養育者が子どもを一個の主体として受け止めようとしているとき」と言い換える必要があります。「いつもすでに気持ちをもちだしている」という表現は，子どもと養育者の関係の持続性を念頭においていたものですが，特に何をしなくても，すでに子どもを一個の主体として受け止める態勢にあることが関係の持続性を保障しています。そしてそのような背景的な条件があるときに，ふと気持ちの繋がる局面（間主観的に「分かる」局面）が訪れるということなのです。

このように見てくれば，この相互主体性という概念が間主観性，両義性，関係発達という私の研究の大きな柱の結節点，そしてこれまでなかなかそこに辿り着けなかった「見失われた環＝missing ring」であったことに思い至ります。

第7節　諸概念の展開図

さて，これまでの議論をまとめる意味で，47頁に示すような諸概念の展開図を描いてみました。この図4に従ってこれまでの議論を辿り直して見ましょう。

(1) 諸概念の展開図の説明

この図4では，間主観性の概念を出発点に，関係発達という概念に連なる流れと，両義性の概念に連なる流れがあることが示されています。そして両義性から相互主体性へ，さらには関係発達から相互主体性へ流れるルートと，間主観性から対角線上を相互主体性に向かうルートがあることが示されています。この序章での議論はおおよそそういう流れではなかったかと思うのですが，これは議論の展開上そうなったという面も否めません。

実際，間主観性の概念が切り出される以前から，私は新しい発達理論の組み直しを目指していました。そのルートの延長線上に関係発達論の構築がなされるのだともいえますから，間主観性の概念から関係発達の概念へという筋書きはいささか乱暴な気もします。しかし，フィールドに出かけ，初期の「子ども―養育者」関係の実際を目の当たりにし，そこから間主観性の概念を切り出し

て初めて，それまでの単なる個体能力発達論批判を超えて，あるべき新しい発達心理学の姿が見えてきたのも事実ですから，やはりこの流れで説明するのが妥当だと思われました。

次に，間主観性から両義性へのルートに関して付言すれば，これも実際の「子ども―養育者」関係の観察を通して原初的コミュニケーションという研究テーマが生まれ，そこから障碍の子どもの保育や教育の領野に開かれていくなかで，コミュニケーションの本質を考えるようになる流れがあったのだということを強調しておかねばなりません。つまり，間主観性の概念の吟味からダイレクトに両義性の概念に辿り着いたというわけではなく，むしろコミュニケーションの研究を媒介して初めて行き着いたことを指摘しておきたいと思います。

相互主体性の概念に辿り着くには，間主観性や関係発達という概念からの影響が皆無だったとは思いませんが，何といっても両義性の概念を経由しなければならなかったと思います。「一個の主体として受け止める」という文言そのものは，（妻からの影響もあって）養育や保育の場面を記述する際に何となく使ってきていましたが，それの本当の意味に気づくには，従来の主体という概念を換骨奪胎して，それ自体が両義的であると理解することが私にとってはどうしても必要でした。この点については先にも少し触れましたし，次の第1章で詳しく述べます。

そして，両義性の概念から関係発達の構図が透かし彫りに見えてきたとき，子どもと養育者の関係が主体と主体の関係，つまり相互主体的な関係であることが自然に導き出されたのでした。さらに，間主観性から相互主体性へのルートについていえば，先にも触れたように，『母と子のあいだ』に収録された論文や『原初的コミュニケーションの諸相』のなかで議論した間主観性の概念が，一部の読者に誤読された経緯があり，なぜそうなったかを考えたときに，この間主観性の概念を相互主体的な関係のなかにしっかり位置づけていなかったからだという反省がありました。これについては第2章で詳しく述べることにします。ともあれこうして図4に沿ってこれまでの議論を辿り直してみると，改めて，両義性の概念の位置付けの重さが分かります。これまでの私の研究はこ

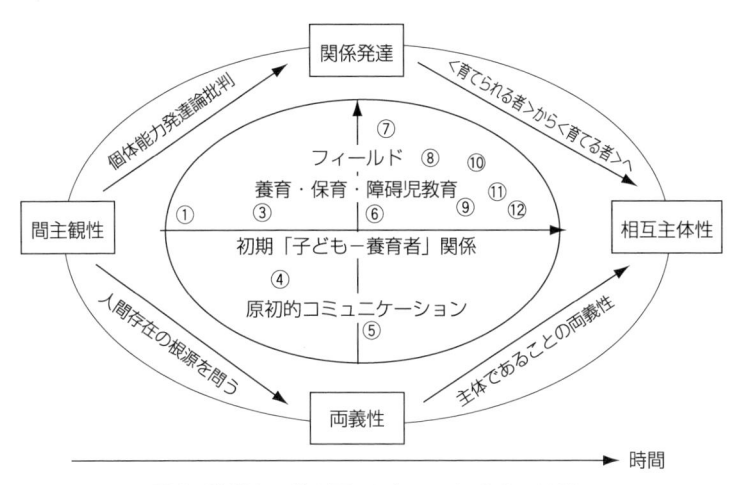

```
                    関係発達
         ┌─────────────────────────┐
         │個体能力発達論批判  〈育てられる者〉から〈育てる者〉へ│
    ┌────┐    ①   フィールド  ⑧  ⑩         ┌──────┐
    │間主観性│       養育・保育・障碍児教育 ⑪        │相互主体性│
    │    │────③──────⑥──⑨──⑫────│      │
    └────┘    初期「子ども－養育者」関係          └──────┘
         │    ④                       │
         │      原初的コミュニケーション              │
         │         ⑤                  │
         │人間存在の根源を問う    主体であることの両義性      │
         └─────────────────────────┘
                     両義性
                                  ──────▶ 時間
```

図4　諸概念の発展図（数字は48頁の著作に対応）

の両義性の概念を中心に組み立てられているといってもよいのです。

さて，円環の4点に配置された各概念は，それを基点にして，他の3つを考えることができるというかたちになっています。いま見たように，両義性の概念を基点にして間主観性，相互主体性，関係発達を議論することもできます。他方，今回そうしたように，間主観性の概念を基点に他の3つを議論することもできます。そして，関係発達論という私の立場は，間主観性，両義性，相互主体性を議論して初めて可能になるものだといえるのです。

これまで相互主体性の概念が「見失われた環＝missing ring」だと述べてきました。このことは図4を眺めながらこれまでの議論を振り返ってもらえればある程度理解できるのではないでしょうか。この相互主体性の概念から他の3つの概念を振り返ってみたときに，他の各概念の真意がさらによりよく見えてくるように思います。

それに，相互主体性の概念に辿り着いたといっても，私の研究が完成したという意味ではまったくありません。むしろ紆余曲折を経て，ようやく本格的な研究の端緒についたといえるに過ぎません。現に，相互主体的関係という観点から関係発達の各ステージを詳細に記述する試みは，本書の第3章で乳幼児期

に関して少しは試みてみるものの，幼児期後期以降についてはほとんど手つかずのままです。学童期，思春期，青年期，成人前期，等々を取り上げながらその関係の具体相を記述する試みは，残念ながらこれからの課題だといわねばなりません。

⑵　これまでの主要著作・主要論文の位置づけ
　蛇足かも分かりませんが，今からちょうど20年前の1986年の論文（①）と著作（②）を皮切りに，20年のあいだに公刊した主要著作をこの円環図に位置づけてみました。
　著作の番号は発行年順になっています。それを示すと以下のようになります（なお，出版年の末尾に示したアルファベット記号は，第1章でその著書を引用する際に用いる記号です）。
①初期母子関係と間主観性の問題（心理学評論，1986年）
②心理の現象学（世界書院，1986年）
③母と子のあいだ（ミネルヴァ書房，1989年）
④原初的コミュニケーションの諸相（ミネルヴァ書房，1997年）（P）
⑤両義性の発達心理学（ミネルヴァ書房，1998年）（A）
⑥関係発達論の構築（ミネルヴァ書房，1999年a）（C）
⑦関係発達論の展開（ミネルヴァ書房，1999年b）（D）
⑧養護学校は，いま（ミネルヴァ書房，2000年）
⑨保育を支える発達心理学（ミネルヴァ書房，2001年）（S）
⑩〈育てられる者〉から〈育てる者〉へ（NHKブックス，2002年a）
⑪〈共に生きる場〉の発達臨床（ミネルヴァ書房，2002年b）
⑫よくわかる保育心理学（ミネルヴァ書房，2004年）
⑬エピソード記述入門（東京大学出版会，2005年）
　一つの著作がいくつもの概念に絡んでいますから，位置づけは正確とはいえないかもしれませんが，その著作や論文の発行年とおおよその内容からその位置に置いてみました。全体として間主観性と相互主体性を結ぶ線に沿うかたち

で，上下に広がりながら分布しているのが分かります。1997年から1999年にかけての著作（④～⑦）までのところで間主観性，両義性，関係発達の概念は出揃っています。そしてそれ以降，保育や障碍児教育の現場のみなさんとの共著が増えていることにも気づきます。そのことのうちに，相互主体性を語る地盤が準備され，2001年頃にはほぼ相互主体性の考えに行き着いていたということがいえるでしょう。

　実際，新しい世紀に入った頃から現場に招かれることが増え，その分，単なる理論談義では済まされず，現場の問題に何とか応える必要が生まれてきました。実際に人の生きる場は，単に「～である」と記述して済ませられる世界ではありません。むしろ「～になる」というように，人がそこで変容する場でもあります。だからこそ，関わる自分がどのように相手を理解し，どのように関わりを紡ぎだすかということが実践上の課題にもなるわけです。そのような現場の重い課題と切り結ぶとき，相互主体的な関係に踏み込まずに済ますことなどできるはずがありません。

　その意味では，相互主体性の概念を基軸にこれまでの諸概念を振り返ることによって，現場の問題により密着した議論ができるのではないかと思っています。

第8節　方法的態度の問題

　私が切り出してきた一群の概念間の関係を交通整理するという目的のために，これまで私自身の研究史を振り返って見てきましたが，研究の歴史そのものからいえば，もう一つ，方法論ないしは方法的態度の問題にも触れておかねばなりません。というのも，元はといえば，従来の行動科学の枠組みに対抗する目的で，いわば戦略的な概念として間主観性の概念を提示したのですから，その背景には方法論を刷新する意図，さらにいえば心理学のパラダイムそのものを変更する意図があったからです。

(1) 方法論的戦略概念としての間主観性

　1969年当時，社会や大学の既存の秩序に抗して反体制の旗を掲げた者の一人だった私は，その後，学生の当時から抱いてきた心理学の方法論への違和感をずっと煮詰め続けてきました。そして長い雌伏の年月を経て，ようやく自分の発達の見方，自分の方法論についての考えをまとめ，それを公表できるところまでやってきました。図4で示した4つの概念も，単に私の理論上の辻褄合わせのものだったのではなく，従来の行動科学のパラダイムと対決するためのものだったことは間違いありません。

　その意味では，上に見た4つの概念は，本来は私の方法論あるいは方法的態度と切り離せないものです。その意味でも間主観性という概念は私にとって重要な意味をもち，何度も繰り返すように，「戦略的な概念」だったのです。

　実際，客観主義の公準を守ろうとする限り，「間主観的に感じ取る」と記述される事態は決して容認できるものではありません。例えば，ある母親が子どもが嫌がっているのを間主観的に感じ取って「ああ，イヤになってきたね」というとき，これまでは母親は子どもの様子からそのように解釈したのだと考えられてきました。それはちょうど同一人物の多様な表情を写した何枚もの写真から，その人の情動状態を推論させる課題と同じだというわけです。このような「行動から推論へ」という客観主義のパラダイムを乗り越え，その母親には子どもの内部で動いている情動の動きが染み込むように入ってきて，だからそのように掴める（分かる）のだというのが「間主観的に感じ取る」という表現の意味です。しかも，母親がそのように掴んだとなぜ観察者である私に言えるかといえば，私自身にも子どもの嫌がっている気持ちが通じてくるからです。もしも，私には何も感じられず，ただ母親の「ああ，イヤになってきたね」ということばを拾うだけだったら，それはまさに解釈としか言いようがないでしょう。

　そうしてみると，間主観的に感じ取る（分かる）という事態は，私という観察者にもその事態が開かれているからこそ，そのようにいえるのだということになります。つまり，私という観察者は，客観主義の立場が主張するように，

観察者を黒衣の位置において，ただ傍観する人のように扱うのとは異なり，観察者自身がある考えをもち，生きた身体を携えてさまざまなことを感受する一人の人間だということです。この単純極まりない事実に立ち返ることが，実は心理学のパラダイムの転換に繋がるものであり，そのことを示す際に，間主観性という概念が必要不可欠の戦略的概念になってきたのです。

(2) フィールド体験と間主観性概念

『原初的コミュニケーションの諸相』(1997)の冒頭に，私はなぜ保育者には子どもの気持ちがあんなにも摑めるのだろうかと，そのように摑めない自分を嘆く箇所があります。間主観性の概念がパラダイム転換のための戦略的概念だったと言ったばかりですが，実は私が実践の場で子どもの気持ちがすっと間主観的に摑めなかったから，このことが私にとって主題になったという一面も確かにありました。つまり，行動科学と対峙するためと，自分自身が乗り越えなければならない課題という二重の意味で，間主観性の概念をもち出す必要があったということになります。その点からすれば，この概念は決して理論の平面だけのものではなく，私が一人の人間として生きる上に必要なもの，そして多くの人が他の人と共に生きる場面に必要なものを記述する概念だったといわねばなりません。

同様に，両義性にしても関係発達にしてもあるいは相互主体性にしても，それらの概念は理論を構築しそれを整除してゆく上に必要だったというにとどまらず，自分の生のありようから（それゆえ人一般の生のありようから）切り離せない概念としてあることを強調しておかねばなりません。

「子どもを一個の主体として受け止める」という言説は，「～である」という認識の言説である前に，人が人と共に生きる際の「あるべきかたち」として理解されるのでなければなりません。私の考えが単なる発達心理学の理論を示すものでなく，養育や保育や教育の実践と直結しているのは，用いられる概念が人の生き様から導かれ，またそこに投げ返される性質のものだからです。

そこから考えれば，メルロ＝ポンティのソルボンヌ講義録の意義がどれほど

大きかろうとも、そこから得られた概念や考え方はいったん生活の場や実践の場に投げ返され、そこで生き生きしたエネルギーを得てくるまでは、その本当の意味が摑めなかったといっても過言ではありません。まずはフィールドに出て、子どもや保育者や保護者や教員と交わり、自分が一人の人間として人との交わりに必要な態度や配慮を身につけ、さらには家族とそれなりの生活を営めるようにならなければなりませんでした。その意味でも、雌伏の長い年月は（私の怠惰を差し引いても）、やはり必要だったといわねばなりません。間主観性の概念は、遠くから子どもを見るだけの観察を乗り越えて、子どもと遊べるようになり、妻や子どもの気持ちを摑めるようになってはじめて、生きた概念になったといえるのです。

　私は学生の前では冗談半分に「ウルトラ体験主義だ」と公言していますが、概念を理論上の辻褄合わせのためでなく、生きた概念として提示するためには、何よりも自分の体験に根ざし、少なくとも自分の場合はこうだというふうに、自分を参照点にしていくことが求められると考えてきました。フィールドでの自分の体験こそ出発点なのです。人はすぐ、「そこからどのように一般化できるのですか？」という問いを向けてきます。これに答えようとするときはいつもやりきれない思いに駆られるのですが、むきにならずに、「いや、まずはこれを出発点にして、一般化はそれから考えることです」とこれまでは言って来ました。しかし、どうもそうとばかりは言っておれません。最近出版された『エピソード記述入門』(2005)ではこの点に少し踏み込んで議論していますから、この問題に関心のある方はこの著書をご参看願えればと思います。

(3)　観察の方法論を磨く

　これまでは生活に根ざすなかで、また現場に根ざすなかで、人として生きる態度を身につけるという議論をしてきました。このことは、実際に観察研究に臨む際に大きな意味をもってきます。特に現場に臨んで、そこにいる子どもたちや職員の方々に関わりながら何かを観察するというとき、「観察すること」と「関与すること」の二つを同時にやり遂げることはなかなか難しいといわね

ばなりません。しかも，観察はただ観察対象の言ったこと，したことを拾い上げるだけでは，その場で起こっていることを「あるがまま」に捉えたという実感が湧いてきません。そこに，生き生きとした現場の息吹を捉え，観察者に感じ取られるその「生き生き感」をもその場面を描き出すことに盛り込もうとするとき，それが如何に従来の研究枠組みと鋭くぶつかるかは，いうまでもありません。

そのような状況の下で，間主観性の概念を生きた概念として研究の出発点に据えるとき，そこにはまさにパラダイム転換と呼んでもおかしくない，これまでの研究法との大きな違いが明らかになってきます。その観察法を磨き上げる過程は，まさに現象学で学んだこと，つまり，事象のあるがままに肉薄する精神と，自分に捉えられるものは常に捉える自分との相関項なのだという視点から，自分の立場を反省し，捉えられるものを常に何ものかを背景とする図として捉え直す作業を自分に課すという精神を，自分のものとして身につける過程だったといえます。この意味での方法論と方法的態度については『関係発達論の構築』(1999)にかなり詳しく述べていますから，それをご参看願えれば幸いです。

なぜ方法論ではなく方法的態度というのかという点について一言触れておきたいと思います。これまでの方法論は一つの手続きを踏めばあるデータが得られるという性質のものです。そこから，厳密な方法論に従えば直ちに一般化可能な言説が導かれると考えられてきました。これに対して，私の提唱する方法論は手続きに還元されることはできません。人の前にどのように立つか，どのようにことばをかけるのかは，一般性や普遍性の認識のための手続きではなく，人の生き様に関わるものです。そしてそれはその研究者の態度と密接に結びついています。尊大な態度のまま人前に立つなら，研究協力者はそっぽをむいてしまうことでしょう。フィールドでの立ち位置の取り方，接し方を含め，何かを感じ取ろうとする態度，相手への深い配慮，等々，人間としてのさまざまな態度が求められます。「一個の主体として受け止める」のは養育者ばかりではありません。研究者こそ，研究協力者を「一個の主体として受け止める」こと

ができなければならず，相互主体的な関係を明らかにする研究者は，相互主体的な関係を研究協力者とのあいだに築けないとだめなのです。

　そのように考えると，私の主張する関与観察とエピソード記述の方法論は単にこれこれの手続きを踏む方法というふうに表現することができません。人間として研究者としての態度が求められます。単にフィールドに赴いて，何かを観察し，それを間主観性という概念を振り回して分析し，両義性を語れば私の研究に近いものになるわけではないのです。そのような意味から，私は方法的態度の重要性を前面に押し出し，その一部に関与観察とエピソード記述という狭義の方法論を提示しようとしてきました。この点に関しても『エピソード記述入門』(2005) をご参看願えればと思います。

(4) 現場との対話を繰り返す

　多くの現場はさまざまな問題や悩みを抱えています。その人たちの悩みを一緒に考え，ときには遅くまで話し込むことを通して，私が自分の考えを披瀝する場面もありましたが，逆に実践の立場の方々から多くのものを学んできました。人の生きる現場は，学問の理論上の論争が軽く感じられるほど，切実さと重みをもっています。そこに首を突っ込めば，生半可なことがいえません。

　そのようなフィールドに出かけるようになって，私は人間的にもまた方法的態度の上でも大いに鍛えられました。もちろん，現場から見れば外部の人間ですが，それでも何とか一緒に，対等にものを考えようとしてきました。そして，実践の立場と学問の立場を同じ土俵で議論できるようになることを目指してきました。『養護学校は，いま』と『〈共に生きる場〉の発達臨床』の2冊の本は，そういう私の姿勢が現れた結果の，現場の人との対話に基づく本です。それをお読みになれば分かるように，学者の偉そうな議論とは関係なく，現場の方々の語りは大きな説得力をもって迫ってきます。

　そのような経験が積み重なってきたことも，案外，相互主体性という概念に近づく背景要因になっていたのかもしれません。

⑸ 妻との対話から学ぶ

　最後に，私事のような感じもしますが，しかし，私の研究史を語るときにはずせないのはやはり妻との対話です。この章でも何カ所かで，妻については言及してきましたが，妻とは本当に二人三脚でやってきたと思います。同じ恩師の同窓で，しかも発達研究には妻の方が早く取り組み，しかも「子ども―養育者」関係を母親の立場で実践し，乳児院研究に取り組み，家庭訪問でのビデオ観察とエピソード記述を一緒にやってきた間柄です。

　結婚して数年後，しばらくぶりに恩師のお宅を一緒に訪ね，深夜まで恩師と現象学について議論していたときに，「君の議論よりも，奥さんが生活のなかで考えていることが，よほど現象学的かもしれないね」と言われて，苦笑いしたことが思い出されます。若い頃の私は（いまでもそうかもしれませんが），生活に足場をもたない机上の空論派のところがありました。恩師はそれに釘を刺そうと言ったのだと思いますが，しかし，私が研究を展開していく上で，いつも方向転換の鍵を握っていたのは妻との対話とそこでの妻の示唆だったと思います。

　これまでの間主観性だけの議論から相互主体性の議論を加味する動きへの舵の切り直しも，先の第6節に少し示したように，妻とのかなり激しい議論の末に，ようやく私がその重大さに気づいたことによっています。それはおそらく，人間らしく生きることにおいて，妻が一枚上だったというところからきているのでしょう。恩師の発言はおそらくいまも生きているのです。「一個の主体として受け止める」という文言は，いまや私の書くものや講演のなかでは呪文のように繰り返される鍵になる文言ですが，この文言をしつこく口にして，ようやくその中身を私に納得させるまで，妻はずいぶん苦労したと思います。第6節でふれた，「おお，よしよし」のエピソードの裏には，そのように主体として受け止めることを知らない私への複雑な思いがあったに違いありません。

　そうしてみると，文章を綴るのは私が大半をやったにしても，書かれたものの中身はほとんど一緒に考えたか，むしろ妻にリードされたかであったことに改めて思い至ります。そういう妻との生活のなかでさまざまに議論したことが，

方法的態度の練成にも，導かれた概念群にも反映されているように思います。

(6) 第7節と第8節の議論を振り返るための概念図

これまでの議論を整理するために，以下の図5を描いてみました。この図5を簡単に説明してこの序章を締め括ることにしましょう。

この図5では，第7節での議論を「理論の平面」として上部層に位置づけ，それを方法論および方法的態度の中間層が下支えし，さらにそれをフィールド体験や生活の基底層が下支えしていることを示しています。私の研究はこの3層から成り立っているといってもかまいません。この序章の第7節までのところは，概念間の整理という点から，どうしても抽象的な議論の展開になりました。しかし，この図5を見れば分かるように，第7節までの議論は確かに私の

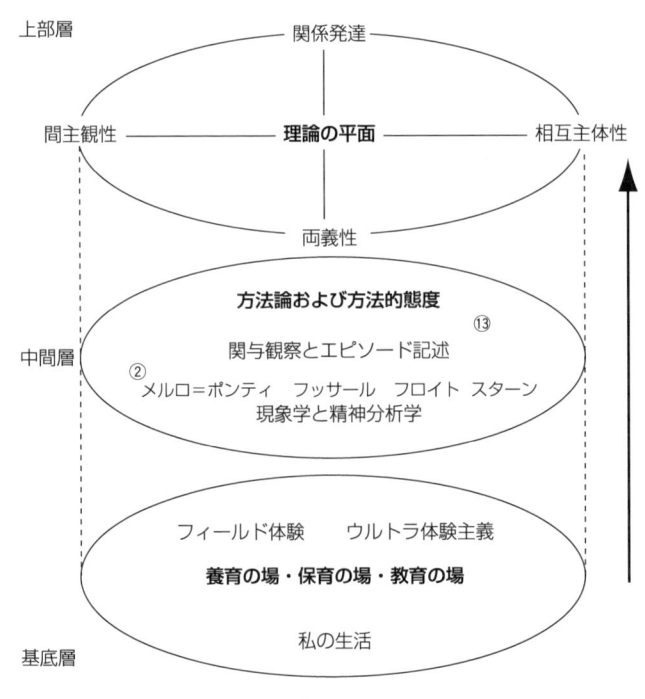

上部層／関係発達／間主観性──**理論の平面**──相互主体性／両義性

中間層／**方法論および方法的態度**／関与観察とエピソード記述 ⑬／② メルロ＝ポンティ　フッサール　フロイト　スターン／現象学と精神分析学

基底層／フィールド体験　ウルトラ体験主義／**養育の場・保育の場・教育の場**／私の生活

図5　理論・方法的態度・フィールドの3層構造

研究で用いられている概念間の繋がりを理解する上に都合のよいものですが，その整合性が私の理論の特徴なのではありません。これまでの議論から分かるように，理論と方法的態度とは貨幣の表裏の関係にあります。私の方法論や方法的態度を知ることなく，理論だけをこね回しても，ほとんど意味がありません。ましてや，間主観性という戦略概念を行動科学と対峙する怖さを知らないままに，どうやら流行ことばらしいから使ってみようなどというのは，もってのほかです。そして，若い人に方法論や方法的態度が簡単に身に付けられないのは，やはり自分自身の生活の営みや現場経験がそれにはどうしても必要だからです。

この図5に描かれているように，一番基底にある私と妻の対話と生活が，私が組み上げた4つの概念の真の出所だったと言えるかもしれません。そして最近になってようやく相互主体性の概念に辿り着いたということなのです。

＊　　＊　　＊

以上が「相互主体的関係」という考えに辿り着くまでの私の研究史の概容と概念間の整理の内容です。次章では「主体」という概念をさまざまな角度から再考してみたいと思います。

第1章　主体という概念を再考する
――「主体としての育ち」を考えるために――

　この章では、「主体的に」「主体として」というときの、主体という概念の用いられ方を振り返るなかで、なぜこの概念が捉えにくいのかを考え、また主体と主体の関係という意味での相互主体的な関係を考えていくための基礎固めとして、「主体としての育ち」の問題を中心に考察してみたいと思います。

第1節　「主体的に」「主体として」ということばの使われ方から見えてくること

　主体という概念は保育や教育の世界では比較的よく使われる概念ですが、そのわりに、それをどのように押さえるかに関して、十分な議論がなされているようにはみえません。もちろん、ここではその概念の厳密な定義を目指すわけではなく、あくまでも関わり合う二人の関係を相互主体的な関係として捉え直していくための予備的な考察を行うにすぎません。養育の場で関与観察しているときに、子どもの行為や様子からその子が主体的だと見える場面、あるいは主体的ではないと見える場面を、これまでの著作で取り上げたエピソードを振り返って考えてみましょう。

⑴　子どもが主体的に見えるのはどのようなときか
　これまで私の著作のなかで取り上げてきた数々のエピソードのなかから、子どもが「主体的に」見えるときを振り返ってみると、次のような場面が浮上してきます（括弧内は子どもの月齢およびそのエピソードの入っている著作の頭文字［48頁参照］と頁を示しています）。なお取り上げた場面は著作に掲げたエピソー

ド名ではなく，その内容を要約したものです。

①活動主体として登場する場面：

オモチャの動くヒヨコをお座りしたまま捕まえにいく（5カ月：D，178頁），初めての戸外の土いじりに熱中する（9カ月：D，255頁），一人で黙々と砂で遊ぶ（1歳10カ月，S，92頁），等々。月齢や年齢にかかわらず，「自ら〜をする」というように，自分から進んで何かに働きかけたり，何かの活動を始動したりするところに，外から見ていて「子どもが主体的だ」と見える理由がありそうです。

②意図や要求など自分の「思い」を押し出す場面：

どうしても兄の使っているものが欲しい（10カ月：P，267頁），どうしても自分でゼリーを食べたい（1歳1カ月：A，165頁），ビスケットが食べたいと強く要求してごね続ける（1歳5カ月：A，170頁），べちゃべちゃの水遊びがしたいといってきかない（1歳6カ月：A，175頁），等々。これも生後半年以降の多くの場面に見られるもので，「どうしても〜がしたい」「頑として周りのいうことを聞かない」といった，意思，意欲，意図，要求などその子の「思い」の強さを感じさせる場面です。3歳前後の子どもが物の取り合いなどで他児と強く衝突する場面もそこに含めてもよかろうと思います。一般には，このように子どもが「自分の思いを前面に押し出す」ところで「主体的」という表現が使われるようにみえます。

③認められて喜ぶ場面や認めてほしい場面：

タンバリンが上手と褒められて嬉しい（9カ月：P，240頁），プライドが傷つけられて怒る（11カ月：P，271頁），ズボン吊りをステキねと認められて嬉しい（1歳7カ月：P，82頁），お父さんの真似をして誇らしい（2歳7カ月：P，115頁）等々。いうまでもなく，保育の場で保育者に認められて得意になる場面や，認められずに悔しい思いを示す場面のほとんどがこれに該当します。これは周囲からその子が浮き立つ場面というふうにまとめることができるでしょう。そのようなとき，周囲はその子の内面に充実する心の動きを感じ取って主体的だと見るようです。

④**養育者や保育者の思いとのズレが際立つなかで自分を押し出す場面**：

なだめても泣き止まない（7カ月：D，222頁），母親が他のオモチャを勧めても，頑として缶のふたを舐め続ける（8カ月：D，258頁），外で遊びたかったのに，どうして家に連れて帰ったのと怒る（9カ月：D，275頁），初めてお母さんに強く叱られて，信じられないという表情になる（1歳1カ月：A，152頁），自分で履くのはいやだ，どうしてもお母さんにズボンを履かせてとごねる（2歳4カ月），等々。これは②に含めてもよいと思いますが，子どもの思いと養育者の思いが対峙し，子どもと養育者のあいだに亀裂が入っていることを強く印象付ける場面で，それによってその子が養育者とは別個の主体であることが際立つかたちになっている点で，②とは区別してみました。

⑤**養育者の思いと自分の思いがぶつかるときに，交換条件を出すなどの駆け引きをしたり，自分が譲歩したり，逆に甘え込んだり，等々，子どもの側からその状況に折り合いをつけようとする場面**：

我慢して余所のおばちゃんとお留守番する（1歳8カ月：S，89頁），たくさんおせんべいをもらったからお母さんにも一つあげる（1歳9カ月：S，90頁），言うことを聞くから外に遊びに行かせてほしい（2歳4カ月：P，105頁），一回だけテロロ（お神楽遊び）を一緒にしてくれたらお留守番する（2歳7カ月：P，114頁），サンタさんが来ないのは困るから言うことを聞く（2歳8カ月：P，116頁），等々。この様相は1歳を過ぎる頃から次第に増え，2歳過ぎ以降，大人の思いと対立する場面では大半がこの様相になることが多く，その後次第に友達との関係のなかでもこのような折り合いをつける動きが増えてきます。このような場面で，その様子を見る大人にはその子の内面での葛藤が手に取るように分かり，それが主体として成長したというふうに映るようです。

⑥**自分から遊びを提案したり誘ったりする場面**：

Hちゃんも一緒においで（1歳3カ月：A，132頁），一緒にくるくる回ろうよ（1歳5カ月：A，146頁），等々。これも年齢が上がって周りの子どもたちと遊ぶようになると，この様子が増えてきます。周囲の大人にとっては「友達と仲良く遊ぶ」というのは望ましい子どもの姿ですから，その望ましい動きを

自ら主導する動きを「主体的」と受け止めるようです。

⑦その他：

　年齢が上がり，集団生活を経験するようになると，子どもの心の動きは微妙かつ複雑になってきます。友達と仲良くしたり，すねたり，やきもちを焼いたり，自慢したり，勝つことにこだわったり，等々ですが，そのなかで，どうすれば仲良く遊べるか，どうすれば親や友達が喜ぶか，どうすれば先生に認められるか，どうすれば叱られるか，等々が少しずつ分かるようになってきます。そのなかで，みんなと楽しく遊べるように自分から率先して動き，友達を遊びに誘い，一緒に何かをすることに楽しみや喜びを見出すようになり，周りに思い遣りを発揮するようになるなど，周りの子どもや大人と共に生きる上に必要な感覚が身についてきます。クラスの一員というような感覚が身につくこともそうでしょう。そのような子どもの様子に周囲の大人は「子どもが主体的である」と感じるようです。

　以上，駆け足で私の著作に収録されているエピソードから「主体的である」と周囲に思われる場面を列挙してみました。3歳頃までの「主体的」と見える様子がおぼろげながら分かるのではないでしょうか。もちろん，3歳を過ぎて集団生活が本格的になると，「主体的」である様相は屈折してさらに複雑になります。ここで取り上げたのは誕生から3歳前後まででしかありません。それでもこの①～⑦を見渡すとき，1歳未満では，「自らその活動を始動する」「どうしても～がしたい」「頑として聞かない」等々の，活動の始動主体であることや要求や意図の発動主体であることをもって，周囲の大人は子どもが「主体的」と見ていることが分かります。ところが1歳を過ぎる頃から養育者の思いとの対立やずれが目立ち始め，思いを何とか通そうとして，あるいは思いが通りそうにないことが分かって，子どもの内面にさまざまな折り合いを付ける動きが現れ始め，それが大人には「主体的」と見えることが分かります。もちろん，集団生活が始まると，それに加えて，自分から身辺自立ができる，集団の流れに自分から乗る，みんなと一緒の活動を喜ぶ，自分から遊びに誘う，等々，大人から見て集団適応的な活動が自発的になされる姿を「主体的」と見るよう

になることはいうまでもありません。

　しかしながら、いま問題にしているのは「子どものどのような様子が主体的に見えるか」というように、ここでは見る大人の側の評価の観点から議論していることを忘れるべきではありません。例えば、2歳過ぎの子どもが大人の思いと衝突して、それでも頑なに自分の思いを通そうとするときに、それを微笑ましくも「主体的な姿」と見るか、わがままが過ぎると見えて腹が立つかは、その様子を評価する大人の思いに懸かっています。子どもの年齢を考慮に入れ、また大人の側に余裕があるならば、そこまで強く自分を押し出せるその子の様子を「微笑ましい」と思い、それでこそ芯のある子どもだと見え、「主体的」な様子という判断になるでしょう。しかしその判断は、子どもがまだ幼く大人の側にも心の余裕があるからであって、年齢がもう少し上になって、5歳児が同じように頑なに要求を押し通そうとしたときには、「わがままは駄目！」と強く抑えてしまうかもしれません。ましてやその頑なさの度が過ぎたり、大人の都合に合致しなかったり、あるいは大人の側に心の余裕がなかったりすれば、一転して大人はそれを強く抑えにかかるでしょう。

　ですから、同じ要求や意図を前面に押し出す様子であっても、子どもの年齢とそれを受け止める大人の心理的、物理的な状態如何によっては、それが「主体的」な様子であるかどうかは微妙に判断が揺れることを考慮にいれておかねばなりません。つまり、子どものいまの様子を「主体的」であると見るかどうかは、大人の側の判断にかなりの部分が委ねられているということです。そして、ともかくもその判断が大人の側の映し返しのありようを規定し、その映し返しの累積が、結局は子どもがどのように主体として成長を遂げるかを規定することになるのです。これは養育や保育など、子どもに直接関わる大人が常に念頭に置いておかねばならないことです。ある意味で、見る大人から独立したそれ自体で「主体的」な子どもの行為などないといってもよいかもしれません。

(2)　子どものどのような姿を大人は「主体的でない」と受け止めるか
　前項の議論を裏返せば、どんな様子を大人は「主体的でない」と受け止める

かがおのずから見えてきます。例えば，保育の場面でいえば，周囲の制作活動をただ見ているだけでボーっとしたまま自分からは何もしようとしないとき，絵本はめくっているけれどもそこに気持ちが入っているようには見えないとき，保育者の顔色を窺ってばかりいて自分のすることを自分で決められないとき，集団の流れに乗ってはいても気もそぞろで楽しそうでないとき，表情が硬く存在感が希薄なとき，周囲に言われるままに行動するばかりで自分から動こうとしない姿が度重なるとき，等々です。

　ここでも，自ら活動を始動しない，自分の意図や要求を押し出すかたちで「思い」を発動しない，今の状態に心の充実が感じられない，等々，大人の側の「主体的なあるべきかたち」という評価的な枠組みに照らして，その子のいまの様子が「主体的でない」と判断されていることが分かります。例えば，3歳の子どもならもっと自分の思いを前に出して意欲的に遊んで欲しいと思っている保育者には，その年齢のわりに「聞き分けのよすぎる子ども」や「周囲に協調しすぎる子ども」は，3歳児らしくない，つまり「主体的でない子ども」に見えます。しかし，もしも保育者が3歳児にも聞き分けのよさや協調性を強く求めているなら，いまの同じ3歳の子どもの様子が「聞き分けのよい子」や「周囲に協調的な子」などと肯定的な姿に見えて，それこそ「主体的」な子どもと評価される場合さえでてくるでしょう。

　(1)と(2)の議論から，「子どもが主体的に取り組む」や「子どもの主体的な活動」などと保育や教育の世界でいわれていることが，実際にはその様子を見る大人の側の暗黙の評価的な枠組みと深く繋がっていること，そしてその評価的な枠組みは子どもの年齢，大人の側の置かれている状況，子ども観や保育観などによって変動しうるものであることがおおよそ見えてきたと思います。つまり，「主体的である」という捉え方はそれを見る大人側の価値観と深く繋がっているということです。

⑶　「主体として」ということばの意味するもの
　子どもの様子に対して「主体的」ということばが使われるのは，大人側の評

価的な枠組みのふるいにかけられた後の肯定的な姿に対してであるということを見てきました。これに対して,「主体として受け止める」というときの「主体として」ということばの使い方は,それとは微妙に違います。もちろん,「主体的」であると肯定的に受け止められるときは,まさに子どもが「主体として」受け止められているときです。しかし,「主体的でない」と見られる子どもの様子も,実は「主体として」受け止めるという範疇に入ってくるのです。そこに「主体的」ということばの使われ方と,「主体として」ということばの使われ方の微妙な違いが現れています。

　保育の世界では「子どものあるがままを丸ごと受け止めて」と表現されることがしばしばありますが,そのときの,「あるがままをまるごと」という表現が,ここでの「主体として」ということばと重なります。つまり,「主体として」受け止めるのは何も肯定的な姿ばかりではありません。年長児なのに頑なに要求を通そうとする姿,ぐずって気持ちを立て直せない状態,自分から何かをしようという意欲が感じられない様子,等々,むしろ評価的な枠組みからすれば「主体的でない」様子をみせる子どもをも,「主体として」受け止めて対応するというのが,養育や保育のあるべきかたちなのです。ですから,「主体として受け止めて」という表現は,むしろ「子どもの存在そのものを無条件に受け止める」「子どもの存在を否定しない」と同じ意味だということになります。

　どのような子どもの様子も,子どもの今の思いに発していると考えれば,「主体として受け止めて」というのは,「子どもの今の思いをそのまま受け止めて」と言い換えることができます。そう考えれば,ここでの「主体として」は「何らかの思いをもつ存在として」と同義だということになります。ぐずって泣いている子どもには喧嘩に負けて悔しいという「思い」があり,虐待のショックで無表情に呆然としている子どもには不安な「思い」が渦巻いており,頑として言うことを聞かない子どもにはどうしてもこうしたいという強い「思い」があります。その「思い」に大人が気づいて（間主観的に分かって）それをしっかり受け止めることも,願わしい肯定的な「思い」を受け止めるのと同

じく,「主体として受け止めて」ということの内容なのではないかというのが今の議論です。

　そうしてみると，主体という概念はより広く，子どもが正負両面のさまざまな「思い」をもち，それに従って行動する存在であるということを視野に含んだ概念であると差し当たり理解しておくことができそうです。これは「○○の主体」という表現の「○○」の箇所に，欲求，要求，意図，意欲，プライド，羞恥，嫉妬，甘え，不安，等々の「思い」を当て嵌めてみれば，子どもがそのように多様なかたちで表現される「思い」をもつ存在であること，そしてそのような存在として大人は受け止めようとしているのだという事情が摑めてきます。つまり，大人の評価的なふるいにかけられる一歩手前で，その子の今の存在のありよう，「思い」のありようをあるがままに受け止めるということです。

(4)　上記のことばの使われ方から見えてくること

　これまでの議論を整理して見ると，主体という概念がなぜ使いにくいと思われるかの理由がかなり見えてきます。箇条書きにしてみましょう。

①「主体的」ということばは大人の評価的な枠組みと相関することばである。大人は子どもの様子を評価的なふるいにかけた上で「主体的」であるとしたものを映し返すが，それが子どもに大きな影響を及ぼしていく。

②子どもが幼いあいだは，その子の内面に動く思いを「そのまま押し出すこと」が周囲には「主体的」にみえる。それが「主体であること」の基層をなし，その基層は子どもの成長とともにその厚みを増すかたちで引き継がれていく。

③自分の「思い」と周囲の人の「思い」が衝突するようになるなかで，子どもの側に周囲の人の「思い」を受け止める様子が現れはじめ，その様子が周囲には「主体として育ってきた」と受け止められていく。つまり，対人関係の中で葛藤する「思い」が子どもに生まれ，それに折り合いを付けようとする動きが現れることが周囲には「主体的」だと受け止められる。

④「主体として」というときの主体概念は，子どものいまの存在のありようを丸ごと覆う意味合いで，つまり正負の行動や正負の思いをふるいにかけることなくそのまま受け止める意味合いにおいて使われている。それゆえ，「主体的」ということばと「主体として」ということばは，前者が後者に包摂される関係にある。

まず①から，大人の側の映し返しの重さと怖さが理解されなければなりません。というのも，子どもは大人のその映し返しに，自分がどのような主体として育っていくかの命運を握られているからです。「主体的」であるから認める，「主体的でない」から認めない，という大人の正負の「認める」対応がいつのまにか子どもに取り込まれ，大人が水路づける主体的な姿の鋳型へと子どもは自らはまっていってしまうのです。

例えば，保育の場での次のようなエピソードを考えてみましょう。

　　　担任の保育士は何をするのも遅い4歳のNくんを「困った子ども」と見ています。口に出してはいいませんが，その評価は表情や態度に表れ，それに他の子どもたちは気づいています。そんな状況下で，同じクラスのAくんが先生に聞こえよがしに「Nは遅いから嫌いだ，桃組さん（0，1歳のクラス）に行っちゃえ」といいます。それを聞いて，担任保育士は「ほら，Nちゃん，Aちゃんにいわれちゃったよ，早くしなくちゃ」とNくんに言いました。

このエピソードなどを見ると，保育者の普段の映し返しの重さと怖さがよくわかります。担任保育士は「てきぱきと行動する」子どもが主体的だと見て，その枠組みから意識することなくさまざまな映し返しを行ってきたのでしょう。しかし，Nくんはもちろん，他の子どもたちも保育者のその映し返しに気づいています。それによってNくんはますます「主体的でない」側に押しやられ，AくんはNくんを保育者に代わって非難することによって，自分を「主体的」である側に置こうとするのです。このエピソードは単にAくんがNくんに言っただけに見えますが，そこに暗黙の保育士の映し返しが効いていることを，保

育者は気づく必要があります。

　おそらくこういうことが養育の場でも保育の場でも日常的に起こっているのでしょう。その意味でも，養育者や保育者の「認める」働きや「映し返し」のありようは，子どもがどのような主体に育っていくかの命運を握っているとみなければなりません。その「認める」や「映し返し」を跳ね返して，自分らしく主体であることをめざすようになるのは，子どもが成長し，青年期に入って以降のことなのです。

　次に②から，「主体的」の基層はやはり「自分の思いを押し出す」「自己発揮する」ところにあり，それはこれまで私が書いてきたものでいえば，「自己充実欲求」や「私は私」に通じる面があります（精神分析学ならばエスと言うところでしょうか）。そこから何かが始動する，そこから何かが発動されるというように，その人の内側から外に向かって何かが始動・発動されるその様相が，主体ないし主体的という表現の根本にあることをやはり認めておかねばなりません。

　ところが③に見られるように，その基層は存続しながらも，その周辺が周囲との関わり合いのなかで変容し，相手の「思い」を受け止めるような変化が生まれてきます。周囲から主体として受け止められるなかで主体としての中核ができ，それによって今度は自分が相手を主体として受け止めることができるようになるのです。ここに，主体性形成のもっとも重大な局面があります。つまりこれ以降，主体という概念は単に「自分の思いを前面に押し出す」「自己発揮する」という中核部分だけでなく，「他者を主体として受け止める」という部分をもそのなかに組み込むようになるのです。これについてはこれ以降，詳しく述べることになります。

　そして④から，「主体的」と「主体として」という表現の微妙な違いがかなりはっきりしてきました。そこに「主体」という概念が揺らぐ理由の一端があります。つまり，あるときはこの概念によって「あるがままの全体」を指し示し，あるときにはその全体のなかの肯定的な面を指すというように，その使われ方に微妙な違いがあり，それが混乱を引き起こす理由になっているのです。

この点について保育や教育の現場はもう少し自覚的である必要があるように思われます。

第2節　私が「私は一個の主体である」というときの主体概念

　前節では，「主体的」や「主体として」ということばが子どものどのような様子に対して使われているか，外部観察的観点からその概念の覆う範囲を考えてきました。そしてそこから，「主体として」や「主体的」ということばの使い方に微妙な違いがあること，「主体」という概念には自分の思いを押し出す面だけでなく，周りの思いを受け止める面が含まれていることが分かってきました。本節では，少し視点を変えて，私が「私は一個の主体である」と自己言及する場合を反省してみるかたちで，この概念の問題を考えてみたいと思います。

⑴　私を周囲から切り分けて主題化し，私のいまのあるがままを肯定する意味
　「私は一個の主体である」というときの主体とは，まず差し当たりは「私は」「私が」「私の」というように，私を主語の位置に置いて私を主題化し，私の能動性や進取性を前面に押し立てるときに欠かせない概念だといえます。この点は誰しも認めるところでしょう。私はあるものを欲する，私はあることを要求する，私はあることを意図する，私はある人に恋する，私は何ごとかを決断する，等々，要するに私はさまざまな活動や行為や決断の起点，欲求や要求の起点であり，その行為や決断を自ら進んで行うとき，そしてその行為や決断の主体が他ならぬ私であることを自認するときに，「私は一個の主体である」と自己言及することになります。これは前節で子どもの主体的な様子として外部観察的に述べたこととほとんど重なります。
　しかしながら，そのような場合に加えて，自分の欲するところに従って行動した結果挫折した私や，立ち上がろうにも立ち上がれないほど打ちひしがれている私や，本来は前向きに取り組むべきはずのところを逃げ回っている私など，

あるべき私から程遠い不甲斐ない私を自ら評価するとき，あるいは，他からの評価に抗して自分の尊厳を守ろうとしたり，あるいは全体の流れに棹さす動きをせざるを得なかったりする場合に，その自分の動きを自ら評価するとき，そのいまの私のありようをその内容の正負を問わず一つの「私らしさ」として私自身が認める際に，「私は一個の主体だ」と独白してしまうこともあるはずです。

　この両方の場合をまとめると，要するに，「これをする私は，あるいは，いまこのようである私は，他ならぬこの私である」というふうに私が私を周囲から際立たせ，あるいは私を周囲から切り分け，そのようにして私を主題化しつつ，いまの私の様態を「私らしい」あり方として私の身に引き受けるとき，それが積極的な意味をもとうともつまいと，それが私という主体のある断面，ある様相なのだと考えるということです。

　確かに，私はあくまでも私であって他の人ではありません。私はさまざまな活動を自ら進んで行う能動的な存在であり，絶対の固有性（私らしさ），そういってよければ絶対の私性をもっています。私は固有の生まれ方，育ち方をし，おそらく固有の死に方をする存在でもあるでしょう。私特有の食べ方，飲み方，眠り方もあるに違いなく，まさにそれこそが私で，そこに私の主体としてのありようがあるというのは確かです。もちろん，それは私一人でかたちづくってきたものではなく，幼少のとき以来，メルロ＝ポンティ流に言えばこの文化に着生し，この文化に思考や欲望のあり方さえも規定されて，文化そのものが私の身体に書き込まれてきた結果です。それが多くの人と共通する部分になっていることもたしかでしょう。にもかかわらず，あらゆる経験は「そのとき，そこで」という刻印を帯びます。その結果，私の生まれた場所，育った場所，故郷の風景，地方の気候や伝統や文化はもちろん，出会った人たちとの無限の交わりがこの私に書き込まれ，また自ら書き込み，そうして私は絶対の私，私固有の私を「作り上げ―作られて」きたのです。

　いま述べた絶対の私性と固有性の議論が，前節の「自分の思いを押し出す」という主体であることの基底的様相と呼応するとき，主体概念を一つの閉じた

円で表現し，その円のなかに私の能動性，発動性，始動性，固有性，自立性，自律性，自己決定性などの諸属性を押し込め，それが「私は一個の主体である」，「私は私」なのだという自己言及を可能にしてきたのだと思います。

その自己言及には，自ら「主体的」と思えるような肯定的な面もあれば，自分の弱さや未熟さや醜さなど否定的な面も含まれているはずです。

いずれにしても，自分の固有性や絶対の私性を謳うことによって，自分を周囲から切り分け，円のなかに囲うかのように，この身体の内部に主体の座を閉じ込めてしまう結果になっています。そうなると，身近な他者についても絶対の他性と絶対の固有性をもつ閉じられた存在と見ることにならざるを得ません。確かにどれほど身近な「あなた」であっても，その「あなた」は決して「私」ではなく，「私」には決して理解し尽くせない絶対の他性があること，絶対の固有性があることを認めなければなりません。

しかしながら，どれほどそこに私の私性と固有性があって，それが私の「主体として」のありよう，「主体的である」ありようの基底部分をかたちづくっていようと，それだけではあまりに個に閉じた個体論的な見方，自己充足的な考え方，そう言ってよければ自己中心的な主体観ではないでしょうか。周囲の人との関係のなかでしか生きていけない私たちが，もしもそのように個に閉じる主体概念で十分なら，主体と主体の関係は，お互いに絶対の私性をもった者同士，つまり絶対の他性として相手に現れるしかない者同士の関係（赤の他人同士の関係）でしかなくなります。そうなると，両者の関係は食うか食われるか，踏み台にするか踏み台にされるかの相克する関係でしかなくなって，ついに「共に生きる」という地平は開かれずに終わってしまうでしょう。

それになによりも，このような主体観は前節で見た子どものさまざまな主体としてのありようとも合致しません。この項でこれまで見てきた絶対の私性や絶対の固有性の面は，確かに主体であることの一面ですが，しかし一面でしかないのではないでしょうか。

(2) 私という主体は他の主体との関係において成り立つ

　これまで哲学的な他者理解や他者認識の問題が難しい問題であり続けてきたのは，上に述べてきたような閉じられた個を主体として括り出し，そこから議論を始めようとしたからではないかと思います。ところがそこから出発すると，他者もまた私と同じように閉じた存在だということになり，そうなると，他者理解とは私が自分について理解していることをこっそり他者に移し入れて，他者もそうなのだと推論して理解するしかないことになってしまいます（これはフッサールが『デカルト的省察』［1931］でやろうとしたことでした）。つまり，他者をもう一人の私（他我）とみなし，感情移入によって他者の内面を推論するというやり方でしか他者理解はできなくなってしまいます。議論の仕方や力点の置き方は微妙に違っても，閉じた個から出発する議論はみなそこに落ち着くことになります。

　しかしながら，それは私の内省の事実に合致しません。私はどうみても私に閉じてはいないからです。少なくとも私が幼いあいだは，他者が鏡になってくれるのでなければ，私は私がどのような私なのかさえ捉えることができません。私のいまの主体としてのありようは，私一人で実現できることでは決してなく，少なくとも身近な他者が私を主体として映し返してくれた結果だといわねばなりません。もしも周囲が徹頭徹尾私を無視し続け，私を主体として受け止めてくれないなら，おそらく私は主体として生きているという実感さえもてなかったでしょう（これを裏返せば，ネグレクトがなぜ一つの虐待であるのかの理由がわかるはずです）。「一個の主体である」という私の感覚は，自らの存在そのものに最初から内在して周囲の映し返しの影響を受けないような感覚などではないといっても過言ではありません。それは周囲があってのもの，周囲の映し返しなしには成り立ち得ないものです。

　周囲から無視されたり，虐待されたり，疎外され続けて来たりして，周囲からの肯定的な映し返しがまったくなかったり，極端に乏しかったりする子どもや大人は，多くの場合，心の中核に自己肯定感をもてず，自分に自信をもてません。その結果，内閉的になるか，その不全感を何とかしようとして他の子ど

もに乱暴を働いたり，自暴自棄になって罪を犯すことに繋がったりするのです。そのことを踏まえれば，周囲との関係を断ち切るようにして自分を閉じた円のなかに閉じ込めるような議論から出発するのは問題です。

　ここでは周囲との関係を身近な人を中心に考えていますが，主体としての育ちに影響を及ぼす「関係」は，身近な周囲の人たちとの関係ばかりではありません。実際，私はこう思う，私はこう考えるというとき，それはいかにも私という主体の固有の働きだと思われるところですが，そこに周囲の他者の影響はもちろん，文化や社会の影響が知らないあいだに入り込んで，私の思いや考え，さらには欲望のもち方さえ規定しています。その入り込み方はまったく巧妙なので，私自身にさえそれとして気づかれないことがしばしばです。「この車が欲しい」というふうに私がある欲望を抱くとき，それはまさに私という主体の固有の欲望だと言いたいところですが，それさえ巧みなコマーシャリズムに規定された，いわばそそのかされて抱かされた欲望にすぎないといわざるを得ない場合がほとんどです。そのようにして，私の考え，欲望，観念がどこまで私のオリジナルなものかと問えば，玉葱を一枚一枚剝くようにしていって，結局は何も残らないことにさえなるかもしれません。それほど，私たちは周囲の共同主観や共同幻想に深く浸透されているのです。

　ここに主体概念を議論する際に，関係論の立場を出発点にもってくる必然性が見えてきます。周囲あっての私という観点に立ってみると，私が私であるのは，周囲がそのように受け止めてくれたからだ，そのように映し返してくれたからだということになります。もっといえば，私の周囲にいる身近な他者が，私の存在を認めてくれた，私を大事にしてくれた，私を愛してくれたということが，私の内部に主体であることの中核的な思い，つまり，自己肯定感や自信を育むのを可能にしたのです。そしてそのように自分を受け止めくれる他者が私にとって重要な他者となり，その人の存在に私は安心を覚え，その存在を当てにするようになり，そのうちにその人を信頼するようになるというかたちで，その重要な他者と深い関係を築くようになったのです。

　私は今，肯定的なトーンで私が周囲他者との関係のなかで一個の主体として

育ってくる経緯を述べましたが，いうまでもなく，発達臨床的な問題を念頭に置けば，関係のなかで主体としての育ちに深刻な問題が孕まれる可能性があることを認めなければなりません。そのような否定的なトーンにおける「主体としての育ち」の問題は，虐待を受けた子どもの継続観察，あるいは障碍の子どもの継続観察などを通して，今後綿密な研究を積み重ねていかねばなりません。それは今後に残された課題の一つです。

　ともあれ，被虐待の子どもや罪を犯した子どもも，確かにいま一個の主体として生きています。そこにどのような否定的なトーンが含まれていようと，その今の「あるがまま」がその子のいまの主体としてのありようであることも確かです。もちろん，それらの子どもも，外見的には何ら健常の子どもと違わないと見えるほど，時に快活に振る舞う場合があります。しかしそれでも，自己肯定感の乏しさ，不安，自信のなさなど，心の面に定位すればやはり「あるべき主体」からは遠く，素直に自分を出せていないことを無視するわけにはいきません。

　ここにも，主体という概念がその正負の現れすべてを覆う概念として用いられる場合もあれば（例えば，「こういう子どももやはり一個の主体として生きている」というかたちで），「あるべき主体としてのありよう」というふうに，そこからの逸脱や乖離を論じる地平を確保するために用いられる場合もある（例えば，「それは主体的ではない」というかたちで）というように，この概念の揺らぎを認めざるを得ません。

　ここまでのところは，周囲から主体として受け止めてもらえたからこそ，私は主体として成長してくることができた，と纏めることができます。しかし，主体としての成長を語るにしても，この面だけでは，私は1歳前後の乳児のように自信と自己肯定感をバネに単に自分の思いを前に押し出すだけの主体でしかありません。いずれ私はそのように私を受け止めてくれた人に対して，今度は私の方がその人を大事に思い，その人を愛し，その人の思いを受け止める側におのずと回ることになるはずです。どうしてそうなるのかは確かに難しいところです。つまり，それまで養育者に自分の思いを受け止めてもらって「自分

の思いを押し出して」いた子どもが，どのように養育者や周囲の子どもの思いを受け止めるようになるのか，という変わり目のところです（第3章で「子ども―養育者」関係を相互主体的な関係として整理するときに，この問題に僅かなりとも迫ってみたいと思います）。

　今までの議論を振り返ってみれば，私は決して自分に閉じていないことが分かります。周囲から受け止めもらえるかどうかが私の存立に関わる以上，私の関心は必ずや私の身体をはみ出して周囲に向かい，周囲からの映し返しに敏感になり，映し返しを確かめるようになるはずです。これまでの私の著作に納められた乳児や幼児は，確かにそのような様子を示していました。そして周囲の「思い」に気づくようになった子どもは，自分の「思い」の押し出し方を屈折させるようになり，それまでのストレートな押し出しから，養育者の出方を見て，さらに思いを強く押し出したり，自分の方が折れたり，あるいはそのままでは通らないと思うと甘えてみたりと，さまざまなかたちで心を動かすようになっていっていました。そして本来はそういうありようもまた主体としての生き様であるはずなのです。

　この項でのここまでの議論をまとめると，次のようになるでしょう。
　　①主体は自らに閉じる一面をもちつつ，周囲他者に開かれている。
　　②主体は，周囲他者が「そこ」にいて鏡になってくれるときに，そこに映し出されるかたちで「ここ」に分凝する。
　　③主体は自らの欲望がそこに湧き出る座でありながら，その欲望そのものが周囲他者によってかたどられる一面をもたずにはおれない。

　この①〜③は主体という概念がまさしく関係論的に考えられるべき概念であると同時に，両義的な概念であることを示しています。

(3) 私という主体は「である」と「なる」が交叉するところに成り立つ

　ところで，私という「主体」は自分の今のあるがままにそのままとどまっているわけではありません。周囲他者はその子のあるがままを喜ぶだけではなく，さまざまな期待を寄せ，その期待に沿って変容することを願います。未来の大

人としての幼児は，そのような周囲他者に同一化を向け，周囲の評価的な枠組みのなかであるべき「主体的な」振る舞いへとみずから向かおうとします。私もまた幼児の頃，そのようにして周囲からの影響を身に被り，周囲に同一化を向け，また周囲の巧みな映し返しに翻弄されながら，いつのまにか周囲が期待した「あるべき主体」に向かって自己形成してきたに違いありません。そしてそれは一般にどの幼児も辿る道だと思います。

　そのことを考えるとき，「私は一個の主体である」という私のことばが奇妙に捩れて自分に聴こえてくるのに気づきます。このことばを私が発するとき，私のなかには，私のいまのありようをあるがままのかたちで認める私がいます。行為の主体，欲求や要求や興味の主体，楽しみや悲しみなどさまざまな感情を抱く主体というように，今のあるがままを自らそのまま認め，その行為や感情に対する外部からの正負の評価を半ば度外視して，それこそが私なのだと内心で肯定するときに，思わずつぶやくのがこのことばであったはずです。ところが，今見たように，私は幼少のとき以来，あるがままにとどまることなく，何かに向かって「なる」ことを求められ，また自らその「なる」を目指してきたともいわねばなりません。

　実際，第1節で見た「主体的」である姿の時間軸での変容を考えるとき，子どもは周囲の大人の評価的な枠組みのなかでその時々の姿を「主体的」であると評価され，またそのように映し返されて，その結果，さらに複雑な「主体的」であることに向かって「なる」ことを求められるようになっていました。みんなと仲良くできるようになる，みんなと一緒に楽しく遊べるようになる，周りの子どもの思いにも気づいてそれを受け止めるようになる，等々です。しかもそれは必ずしも嫌々ながら強引に鋳型にはめられるというかたちではなく，いつのまにか自分から求め，自らその鋳型にはまり込むようにして「なる」ことに向かっていったといわざるを得ません。そして，そのように振る舞えるように「なる」ことが「主体的である」と認められることだったのです。

　主体という概念がなぜ取り押さえにくいのかといえば，一つにはこの概念があるときは「私は主体である」というかたちで，いまのあるがままの姿の位相

において使われながら，しかしあるときには「主体はこうあるべきもの」というように「なる」という位相においても使われることがあるからだと思います。つまり，主体概念はその内部で「である」と「なる」が交叉していて，それなのに「である」は現状の肯定を，「なる」は現状の止揚を意味するために，この概念が混乱して理解されやすかったのではないかと思うのです。

　そこから翻って考えれば，子どもと養育者の関係において，子どもを主体として受け止めて育てるという養育者の営みの本質は，子どもを「である」の位相でしっかり受け止めていると，いつしか子どもの側が養育者のありようを取り込むようになり，それによって「なる」の芽がおのずから芽吹いてくるところにあるのではないか，というように考えられてきます。先にも指摘したように，「主体として受け止める」というのは，子どもの正負の姿に拘わらず，その子のあるがままをまさに「いまこの子はこうなのだ，これがこの子のあるがままなのだ」と受け止めるという意味でした。しかし，それは子どものいまのあるがままがそのまま固定され肯定されるということではありません。子どもは未来の大人に向かって変容を遂げること，つまり未来の大人に向かって「なる」ことを求め続けられます。しかし，本来それは「こうしなさい」というように強引にさせられるかたちでではなく，むしろあるがままを受け止めてもらうことによって，子どもの内部に「なる」ことへと向かう力がおのずから生まれてくるというかたちなのです。

　おそらくここに，養育や保育や教育のもっとも微妙かつ重要な局面があるに違いありません。相互主体的な関係の機微はここに関わっています。これまでの主体を巡る議論は，少なくとも私にはこの点を十分考慮に入れていたようには見えませんでした。「である」の立場に立つ論者と「なる」の立場に立つ論者が対立するといった，お互いが自分の一面的な主体理解をぶつけ合うだけという不毛な議論も目立ったのではないでしょうか。ここでは少なくとも主体概念のなかにこの二つの位相を認めることによって不要な混乱を避け，その二つの位相のもっとも微妙な関係を，観察事実に基づいて丁寧に解きほぐしていく必要があります。

⑷ 「なる」ことの逆説と危機

　私は「あるべき主体としてのありよう」に向かって「なる」動きに身を投じてきたと述べました。しかし，私のこれまでを振り返るとき，そこにも複雑な捩れがあったことを見ないわけにはいきません。決して喜び勇んで「なる」に身を委ねてきたわけではないのです。幼児期はともかく，少し物心がついた後は，もはや幼児の頃のように「自分はこうしたい」というだけの自分の押し出し方はしなくなり，大人の期待する規範やルールを自分のものにし，人を思い遣ったり譲歩したりするそのすべを，主体が身につけるべきこととして少しずつ身につけてきましたが，そのようにして大人側に接近することが，子ども心に何か気持ちが悪く，子どもであることを裏切るような感覚をずっともっていました。『両義性の発達心理学』の子どもの存在両義性に言及したところで，「子どもは自らの子ども性を内側から壊すかたちでしか大人に接近していけません」と述べたのも，私のなかにそのような感覚が残っていたからです。

　「なる」の中身は数々あって，今の状況を投げ出したり逃げ出したりしないで身に引き受ける，子どもの負の事態をもわが身に引き受ける，等々，義務や責任を含め，青年期に至って，あるいは子どもを育てる側になって，ようやく身につくものまで含まれています。自分の思いをストレートに押し出すだけの主体としてのありようから出発して，そのような我が身に引き受ける主体としてのありようにまで「なる」には，私の心のなかに何重もの捩れが生まれ，一筋縄のものではなかったといわねばなりません。

　しかもそれは，すべて私が自ら主体的に身につけようとしたわけでなく，誰かに言われてではないにせよ，状況からいやおうなく身につけさせられるという受動的な面もあったことを認めなければなりません。これは何といっても逆説です。主体として断固として自分を周囲に押し出したかった私が，いつのまにかその矛先を収めて，周りに配慮し，周りを気遣うことを主体としてのありように含めるようになる……おそらく，主体として生きるということはこの概念の抱える逆説を生きるということなのです。主体を意味する subject が「身に引き受ける」「身に蒙る」という意味を含んでいるのは，いま見たような事

情があるからなのでしょう。

　子どもが大人に「なる」過程は，このように，あるべき主体に「なる」ことを含んでのことだと考えれば，「なる」の過程が子どもにとって手放しで喜び勇んで接近できるものでなく，ときにその流れから自ら進んで外れようとしたり，許される範囲で規範からの逸脱を図ろうとしたりという，青年期に特有の動きが生まれる理由も納得できるものになるはずです。そして，その過程がいかに危険に満ちた過程，自己疎外に転化しかねない危うい過程であるかも見えてくるはずです。

　しかも，この「なる」の過程は自然なもの（内発するもの）ではなく，周囲の大人や社会文化のさまざまな働きかけのなかで，押し上げられたり，緩められたりしながら，そして子ども自身が自らその働きかけに乗ろうとしたり，乗るのを拒んだりしながら，進行していくものです。そこで傷つき，挫折する子どももいるかもしれません。そしてそれは，メルロ＝ポンティが「幼児のもつ多形性が徐々に失われて鋳型にはめられていく過程」と述べたように，子ども性を失うこととの交換によってという一面もおそらく抱えているのです。

　その「なる」に向かう動きは，早すぎても遅すぎてもなりません。周囲の大人は本来はそれを念頭において，さまざまな働きかけを子どもに振り向けるべきはずなのですが，残念なことに，一つには発達心理学がこのような主体としての「なる」の形成を視野に入れて理論構築することなく，ひたすら能力発達を論じることに終始してきたために，二つには主体として身に引き受けるという「なる」の面を，社会性や協調性や集団適応性など行動に置き換え，「させる」営みによって身につけさせようとする風潮が支配的なために，現代の養育者も保育者も教育者も，この「なる」の動きが早いほど（それゆえ子ども性を失う速さが早いほど）望ましいことだとして，そのあるべきテンポを壊してきたのでした。

　その結果，子どもがどのような主体として育つようになったかは，いまさら語るまででもないでしょう。「なる」は主体が向かうべき目標であるはずなのに，その「なる」に向けての育てる営みが本来のあるべき主体を壊していくと

いう逆説こそ現代の危機なのです。

　子どもを育てる立場の大人は，この「なる」の危うさを深く認識しながら，しかしなお「なる」に向かって働きかけていかねばならないということを，今の時点でじっくり考えてみる必要があるのではないでしょうか。「なる」に見られるこうした逆説や「捩れ」もまた，「主体」という概念を捉え難くしている理由の一つだと思われます。

　今の議論を次節では世代間の問題として考えてみましょう。

第3節　主体は世代間関係のなかに立ち現れる

　前節でも触れたように，私という主体は，一方では周囲からの映し返しを取り込んで「私は〜である」というようにいまのあるがままの自分を自分として認める存在でありながら，他方では常に「私は〜になる」というように生成・変容する存在でもあります。この節では，私の幼少期を念頭において，どのような世代間関係の中で「なる」への端緒が切り開かれてくるのかを論じてみましょう。

(1)　「あるがまま」の私から「なる」私への端緒

　私は生れ落ちたときから「私」という意識を抱いているわけではありません。しかし，いつからと特定できるわけではありませんが，いずれ私は「私」という意識を抱くようになります。「○○ちゃんはね」と周囲から呼ばれる自分の名前を自分で言うようになり，「○○ちゃんの」と自分の所有を宣言し，「だって○○ちゃんがこうしたいんだもの」と自分の思いを表明し，そのうちに，「ボクは」「わたしは」と自分を代名詞で呼ぶようになってきます。自分が周囲から名指され，映し返されるなかで，自ら人や物や事に関わるようになり，自分の好きな人，好きなもの，好きなことができ，そのことを周囲に表明するなかで，漠然としたかたちではあれ「私は〜という私だ」という私の意識を抱くようになるといってよいでしょう。

その後，何とか「私はこの私である」という連続性を保ちつつも，しかし私はその内容をさまざまな経験を潜り抜けるなかで常に更新し続け，変容していく存在です。幼児期のある時点で私は，友達との力関係のなかで自分が誰に勝てないかをわきまえ，何が得意かに気づき，周りからどのように思われているかを感じ取り，それらを重ね合わせて自分とはこういう子どもだというふうに漠然としたイメージをかたちづくっていたと思います。スターンの RIG（相互作用の一般化されたイメージ）はいま述べたかたちで理解してもあながち的外れではないと思います。

　しかしながら，そのような「私は〜である」という幼児の時点での自己イメージは，基底部分は変わらないまでも，さらなる経験を経るなかでその上部構造は変容し，私は周囲が期待する主体のありように向けて次第に変容していきます。幼児のある時点における弱い泣き虫の私は，いずれちょっとしたことでは泣かない「強い」私に変容することが求められ，また私自身それを望み，そういう「私」に変容してきました。そのような「私」の主体としてのありようの変容は，子どもから大人への道程で誰もが似たり寄ったりのかたちで辿る面と，私だけに固有の面とが必ずあって，そこに「私たち」の共同性に通じる面と，「私は私」の固有性に通じる面とがあり，それが全体として私の主体としてのありようの内実になってきたのだと思います。つまり，私の主体としてのありようには，私の両親やきょうだいや親類との関係，その時代その時代の友達との関係，先生たちとの関係がさまざまに影を落とし，彼らの映し返しと，それへの反撥と，自分が外界に働きかけたり課題に取り組んだりした結果と，社会や文化環境からの影響とがそこに流れ込んでいます。

　ですから，「いま，ここ」で「私は〜である」と私の自己イメージをかたちづくる端から，私は「これから」のあるべき主体のかたちに向けてそのイメージを塗り替え，「なる」に向かって変容していかねばなりません。つまり，「いま，ここ」での「である」という自分についての規定が時間軸上のこれからの「なる」の動きに常に包摂されてしまわざるをえないのです。その意味で私はどの時点でも常に人生の途上にあり，その時点の「である」という自己規定は

常に暫定的な意味合いしかもちえず，「なる」の動きによって常に揺さぶりをかけ続けられてきたといわねばなりません（これが青年のアイデンティティを巡る葛藤の一端であろうと思います）。

　このことを私は『両義性の発達心理学』では子どもという存在が抱える両義性という観点から議論しました。つまり，子どもは「子どもであって未来の大人である」というように二重規定される存在で，それゆえ，一方ではあるがままの子どもであるけれども，他方では未来の大人であるというように，最初から両義性（自己矛盾性）を抱えた存在であると指摘していました。つまり，あるがままの子どもとして周りから受け止められ，それを喜びながら，しかし，それを乗り越えて大人に近づくことを求められ，自らもそれを望んで近づこうとし，その結果，自らの子ども性を内側から壊すようにして次第に大人に近づいていくという逆説です。そのことが今の議論に重なってきます。

(2)　「なる」を急がせ過ぎることの問題

　ここで注意する必要があるのは，前節の末尾で見たように，いまここでの「なる」の強調は，早い発達が望ましいとする巷の能力発達観に取り込まれてしまって，主体のありようのなかに早く「大人としての主体のありよう」が入ってくればよいと誤解されはしないかという点です。具体例を挙げてみましょう。

　　ある保育園を訪れたときのことです。年長児のHちゃんは難しい家庭環境にある子どもで，3歳で入園してきた当初から早熟なかたちで周囲への気遣いをみせるようになり，年長になってからは生まれたばかりの赤ちゃんの世話を家でさせられているとのことでした。同じクラスの子どもたちに対するお姉さんぶった物言いが少し気になりましたが，保育者に言われたことは率先してやるという，保育者にとっては「助かる」子どもでもありました。年長になってから入園してきたGくんは障碍のある子どもで，自分の思い通りに振る舞って，周囲の迷惑に我関せずのところがありました。Gくんが友達の制作物を壊したとき，Hちゃんはまるで大人のような口ぶりでGくんを叱り，また大人のようにGくんの面倒をみ

るという様子も見られました。

　当日，午後の研修の中で，同じく参会した他の保育者の多くはHちゃんに感心することしきりで，「優しい子」「思い遣りのある子」と受け止めていましたが，私は確かにそういう一面を感じはしたものの，同時に何か違和感を覚えていました。

　確かに，今の時代に，周りにそういう配慮を示す子どもが少なくなり，子どもの心のなかにそのような優しい心が動くとすれば，それこそ望ましいことだといえます。しかし，私がその場面を見て思ったのは，少なくともHちゃんの場合，Gくんへの対応がいかにも大人びて早熟すぎると見え，第1節で取り上げた「主体的」という私の評価的な枠組みに合致しないということでした。いま「早熟すぎる」と言いましたが，そう思ったということは，私にとって5歳の幼児にふさわしい「主体としてのありよう」といったものが暗黙のうちに想定されていたということになります。つまり，友達に対するさまざまな配慮や対応のなかに，大人の配慮やことばかけとは違う5歳児らしい「子どもらしさ」が窺われることが暗黙のうちに期待されていたということです。大人に近づきつつあることを喜びつつも，子どもであることをなお肯定したい気持ちもあるという，『両義性の発達心理学』のなかで「大人の存在両義性」として述べたことがそこに響いていたことは確かです。

　おそらく厳しい家庭での扱いのなかで，親代わりに振る舞うことが求められ，Gくんの様子が妹や赤ちゃんと重なって，そのような対応になったのでしょう。それを早い「なる」の姿として映し返してしまってよいものか，というのが私の違和感の中身でした。Hちゃんのけなげさは認めるとして，それが手放しで喜ばしいことではなく，本来はHちゃんも5歳児らしい子ども性を生きてよいのではないか，また生きなければならないのではないか，少なくとも保育者はそのようなことを視野にいれていなければならないのではないかと思わされたのでした。

　つまり，Hちゃんが自分の思いをどれほど素直に表現しているか，どんな遊

びに楽しみや喜びを感じ，友達とどのように関わり合っているかなど，Hちゃんの遊びや保育の場での振る舞いを見渡すときに，Hちゃんが本来のHちゃんらしく主体として生きているかという点を考えてみる必要があるということです（もちろんHちゃんがGくんに優しく接したときに，周りにいる保育者がそれを肯定的に映し返すべきなのは当然です。そんなことは必要ない，あなたも子どもらしく遊べばよいのになどと映し返すべきだと言っているわけでは毛頭ありません。ただ，その姿を手放しで喜んでしまってよいのかと言いたいのです）。

そうしてみると，「なる」ことが手放しで求められていることではなく，いまのあるがままを肯定する面と，そのあるがままを止揚して「なる」ことに向かう動きが，まさに両義的に，しかし僅かに「なる」ことが優勢のうちに推移していくことが子どもの成長に期待されていることが分かります。「早い発達」が望ましいのではなく，「ほどよいテンポの発達」が望ましいのです。そう考える必要があるのは，例えば私という大人がそのように成長してきたからです。そのようなかたちで得た経験が普段は思い出せなくても，私の奥深いところに残存して密かに息づいているからこそ，目の前の子どもの様子にそれが共鳴・共振して，「子どもらしい姿」として微笑ましく思ったり，「大人びた姿」として好ましく思えなかったりするのです。もしもHちゃんのように，年齢にふさわしい「子どもらしい」経験を経ることなく，一足飛びに大人の振る舞いを身につけてしまえば，大人に成長した暁に，目の前の子どもの様子に共鳴する可能性が見失われてしまわないでしょうか。

それだけではありません。幼児期に育つべき主体としての土台（「私は私」の中核部分）が十分でなかったり，危うかったりすると，成長した後に遭遇するさまざまな困難や試練を前にしたときに，それを乗り越えるのが難しくなるという問題も見過ごすわけにはいきません。

こうしたことから，「主体としてのありよう」は年齢に応じたものがあること（個人差の幅を認めながらも），それが「主体的」と捉える大人の評価的な枠組みに通じ，またそこに合致するような育ちを期待して「育てる」営みが紡がれていくことが見えてきます。

実際，保育や教育のカリキュラムは明文化されているかどうかはともかく，「主体としての育ち」に関して，年齢に応じたおおよその期待される子ども像が描かれ，それに沿って緩やかな「育てる─育つ」の関係が成り立っているといってよいでしょう。例えば，2歳後半から3歳にかけてのあのストレートな気持ちのぶつけ合い，ぶつかり合いは，その時点ではその年齢相応のそれこそ「主体的な姿」として周囲の大人に微笑ましく受け止められます。最近の私の経験から一つエピソードを引いておきましょう。

　　ある保育園で3歳児クラスの男の子と女の子がお片付けの時間に一つの玩具を取り合ってお互いに大声を上げてわめいていました。男の子は力づくで女の子からその玩具を取り上げようとし，女の子は取られまいとして必死の様子です。新任の男性の担任保育士が何とかあいだに入ろうとしますが，その保育士の存在など眼中にないといわんばかりで，争いは収まりません。そこにフリーの年配保育士がやってきて「どうしたの」と声をかけると，お互いに興奮したままその保育士に何やら訴えています。私は少し離れたところに立っていたため正確な文言は聞き取れなかったのですが，その保育士はそれぞれの言い分を聞き，どうやら女の子が片付けようと思っていた玩具を，男の子が誤解して女の子がまだその玩具で遊ぶと思ったらしく，そこで男の子が自分が片付けてやるからとその玩具を取りに行ったのを，今度は女の子が誤解して，男の子がそれで遊ぶと思ったらしいというのが，事の発端だったようです。お互いの言い分を保育士が代弁して相手に伝えることでお互いに納得がいったらしく，結局二人で一緒にその玩具を片付けることでその一件は落着しました。

　これなどは，お互いの思いをまだことばで十分に伝えきれない3歳児たちが，お互いに相手の思いを誤解して激しくぶつかった例ですが，しかしそこに，この年齢相応の「主体的な姿」が浮き立ち，それが私の評価的な枠組みと響きあって，私には微笑ましいと思われたのでした。さらにいえば，3歳頃のこのような激しいぶつかり合いの経験を保育士に受け止めてもらいながら潜ることによって，子どもは相手にも思いがあることに気づき，どの程度までならぶつかり合いが許容されるかの感覚が身につくというように，「なる」に向かって

「おのずから」動いていきます。このぶつかり合いそのものに価値があるという評価が私のなかで暗黙のうちに働いたのは、二人の子どものあるがままの「である」を保育士が丁寧に受け止めているうちに、双方の子どもの内部に「なる」への動きの芽が芽吹く感じがあったからです。

　しかしながら、このような場面を経由することなく、スキップしていち早く衝突や対立をしない「分別」を身につけることが早い発達だとする誤解が、保育の場にも保護者にもあるようです。実際には、衝突や対立を身をもって経験することが、友達と仲良くすることが大事ということに気づいたり、衝突や対立を回避したほうがよいと考えることに通じたりしているはずなのですが、そこが十分に理解されていないようです。そのことが子どもの主体としての育ちを損なっているように見えて気になります。

　もちろん、5歳の子どもが単なる物の取り合いでいつまでも大騒ぎをしていたら、それは微笑ましい姿とは見られずに、「あなた方は年長さんでしょう」と保育士さんに諫められるに違いありません。ですから、いずれは激しい物の取り合いは姿を消し、相手に配慮しつつ自分の思いを貫くという対人関係の根本が次第に身につき、大人の主体としてのありように近づいていかねばなりません。しかし、単に争いを回避することばかり考えて、自分の思いを出さないままでは、本来の主体としてのありようから遠くなってしまいます。自分の思いをしっかりもちながら、相手の思いを受け止め、そこでどうするかを自分で考えられてこそ、年長さんの主体としてのありようでしょう。そこが極めて微妙で、分別が身につくことに関して、早すぎず遅すぎず、しかもさまざまな経験をスキップすることなく、「なる」に向かってゆっくり動いていくことが求められるのです。

　そこに大人が介在し、そのテンポをコントロールし、あるべきかたちに誘いつつ、しかし子どもの出方を待つという両義的な対応が求められる理由があります。それが「主体として受け止めて」ということの具体的な中身です。そしてそのなかで、子どもは自ら（おのずから）「なる」に向けて動き始めていくのです。

⑶ 「なる」に向けての大人の対応

　ここでの大人の対応は，決して何かを「教え込む」という一方通行のものではありません。もしも強く教え込む体制になれば，主体としての子どもはそれに反撥するか，従順に従うかの二者択一を余儀なくされ，いずれの場合も主体としての育ちが危うくなります。もしも子どもの「主体としての育ち」が念頭に置かれているなら，そのような一方通行は本来の養育や保育や教育のかたちではないことにすぐに気づくはずですが，なかなかそうなりません。そうならないどころか，その強い教育的な「させる」働きかけこそ必要なのだというふうに動いていっているのが現状でしょう。

　ともあれ，教育学の立場で教育の営みが「教授―学習」過程と呼ばれたり，子どもと教師の「相互行為」と呼ばれたりするのは，「なる」に向けての大人の働きかけが単に正しいことを一方通行で子どもに与えていくことではないからでしょう。主体としての育ちも，そのような「育てる―育つ」の過程として，つまり陶冶の過程として考えられるのでなければなりません。

　子どもの「なる」に向けて，大人の「育てる」働きかけがなぜ一方通行の強いものにならないか（なってはならないか）といえば，それが子どもの「主体としての育ち」を損なう危険性があるからです。そこで大人は働きかけつつも，あたかも子ども自身がそれを望んでそれをするかのように事を運ぶことが求められます。つまり，誘いかけ，働きかけているのは他ならない大人なのだけれども，それが大人からの働きかけだと分からないほど，子どもの内側から「なる」の芽が伸びていくように，子どもの思いを支え，「なる」のいろいろな可能性が経験できるように，さまざまな工夫を凝らすことがその働きかけの中身にならなければならないのです。前章で取り上げた，私が相互主体性の考え方に切り替わるきっかけになった，妻の「赤ちゃんをなだめるエピソード」もこの観点から理解できるものになります。

　むずかっている赤ちゃんを「泣き止ませる」のではない，「あかちゃんが泣き止むようにもっていく」こと，それが「おお，よしよし」の対応なのだというのがそのエピソードの内容でした。そこで養育者が泣き止むように働きかけ

ているのは事実です。しかし強く「泣き止みなさい！」と怒鳴るかたちで養育者の思いをストレートに押し出すのではなく，泣き止んでほしいという思いは抱きながら，しかし養育者は落ち着いて，「大丈夫よ，よしよし」と自分の落ち着いた気分に赤ちゃんを浸すように事をはこび，優しくパッティングしたり，時には優しい子守唄を歌ったりしながら，子ども自らが気持ちを鎮めるのを待つ……そして気持ちが鎮まってきたときに，何か興味を引きそうな「もの」や「こと」に気持ちが向かうように「こんなのいいなあ」などとそっと働きかける……私はここに「育てる」営みの基本形があると確信しました。これが「主体として受け止める」ことなのです。そして，保育や教育の営みもそこに基本があるのだと考えます。

　では，どのようにして大人である養育者や保育者や教師は，そのような微妙な配慮に富んだ働きかけができるのでしょうか。おそらくそれは，ここではこういう働きかけをという「働きかけ方」のマニュアルがあって，それに従ったからではありません。そのようなものなどあるはずはなく（現代の養育者や保育者はそれを求める傾向にありますが），そのように振る舞う人は，何気なく当然のこととしてやっているでしょう。そのことを考えるとき，養育や保育に携わる人がそれまで「どのように自らが主体として育ってきたか」ということが問題として浮上してきます。

(4) 世代間伝達と「主体としての育ち」

　関係発達の考え方からすれば，養育者や保育者は単なる役割行動の束を携えた存在ではなく，自らもかつては子どもだったのであり，大人の主体としてのありように向かって「なる」動きに巻き込まれ，いつしか大人の主体としてのありようを身に纏ってきた人だと見なければなりません。そこに前章でも見た，〈育てられる者〉から〈育てる者〉への関係発達の基本的な考え方の一つがあります。養育者を「育てられていま〈育てる者〉になった人」と考えたときに，マニュアルを学習した結果ではなく，いつのまにかおのずからその配慮が可能になっているという不思議を理解することができるようになります。つまり，

養育者はかつてそのような配慮を一世代前の親から振り向けられた人であり，いま自分がその配慮を我が子に振り向けることができるのは，それゆえ，「自分が前の世代からしてもらったことを次世代に向かってする」という「育てる」営みの世代間伝達が目に見えないかたちで作動しているからだと考えられるのです。

　そのような言い方をすると，「育てる」という営みが自動作用のように聞こえ，養育者や保育者の主体的な営みではないかのように響きますが，そうではありません。むしろ主体であることの内部に，世代間の「育てる―育てられる」という関係のなかで生じたことがいつのまにか染み込み，子どもを前にしたときに，それがおのずから立ち上がって機能するようになったと考えるべきなのです（もちろん，そこには共同主観の世代間伝達の問題も入ってくるでしょう）。主体の行為はそれゆえ，常にそのすべてがオリジナルなものではないことになります。共同体の一員としての側面は育てられる過程でどの主体にも染み込み，しかも世代間で引き継がれていくと考えられないでしょうか。

　視点を変えれば，養育者はその幼少期から一世代前の養育者に育てられ，大人のあるべき主体のありように向かって徐々に「なる」の動きに巻き込まれ，その結果ようやくいま養育者の立場に辿り着いた人だといわねばなりません。前の世代に導かれ，「なる」の動きに自らはまり込み，そうしてようやく辿り着いたのが〈育てる者〉の位相なのであり，そしていま，我が子を「主体として」受け止めながら，我が子がその子の年齢にふさわしい主体として育つのを支え，見守り，次世代の〈育てる者〉に「なる」のを待つというのが本来，世代間で申し送られてきた育てる営みなのです。

　そこから考えれば，いま養育者が我が子に対して丁寧な配慮を示すのは，決して我が子の「いま，ここ」だけのためではないことになります。「いま，ここ」での営みは，我が子が成長を遂げ，次世代を育てる側に回ったときに再現されることになるからです。そう考えると，その再現がうまくいくためには，「いま，ここ」での営みがしっかりしていなければならないことになります。

第1章　主体という概念を再考する

⑸　**主体としての育ちの危機**

　人類が始まって以来，未熟な子どもを一人前の大人に育てていく営みは営々と続けられてきたはずです。そしてその営みが世代から世代へと申し送られるかたちで引き継がれてきたことも疑いないところです。そのような自然な営みのなかに，しかし「新しい」保育や教育や養育の合理化されたかたちが入り込み，その自然な営みを壊し続けてきたのが現代ではなかったでしょうか。合理的なものの考え方の影響は子育てに限ったことではなく，文化の隅々まで浸透し，それが主体としてのあるべきかたちまでも壊していっているように思われてなりません。個が閉じた個として周囲から切り分けられることを「自立」と錯覚し，早い発達が望ましいことだと錯覚し，能力の高さが幸せを保証すると錯覚する……。そして，そのような錯覚に基づく合理的な考えがマスメディアを通して喧伝され，新しい子育て文化を創り，それが世代間で伝達されていくようになった現代は，ある意味で，前節でも取り上げた「主体としての育ちにとっての危機」だといっても過言ではありません。しかも，現在の文化状況を主体の危機だと指摘することさえも時代錯誤と嘲笑し，あくまでも「私は私」の世界だけを追求することが現代を生きる主体のあるべきかたちだと信じている人がますます増えているのですから，この危機はまさに深刻だといわねばなりません。

　ここに，「なる」の動きを巡る危機，つまり主体としての育ちの危機を語らねばならない理由があります。「なる」の動きには子どもを育てる大人の価値観が絡み，その大人の生き様や生活実態が絡んでくるからです。もしもそこに歪みがあれば，それはダイレクトに「なる」の動きに作用を及ぼし，子どもの主体としてのありように何らかの歪みを生み出してしまいます。

　現に，保育の場に臨むとき，子どもらしい主体のありようとはとても思えない子どもの姿に接することが多くなってきました。一方には，もうそろそろ周囲に気持ちが向いてもよい年齢なのに，自分の思いを押し出すことしか知らず，我が儘勝手で他を顧みない子どもが多数目につくようになりました。しかし，それは決して「私は私」の面がしっかり育った結果とは思えないのです。そう

なる理由としては，①家庭で大人たちが勝手気儘な生活をしていて，子どもに丁寧に関わっていない，あるいは②すべて子どもの思い通りにしてやることが子どもを可愛がることだと誤解して，家庭では子どものしたい放題にさせている，あるいはまた③家庭では大人のしつけが厳しくて自分を抑え込んでいる子どもが，保育の場で思い切り自分を発散してしまう，等々のことが考えられます。

　他方ではその逆に，明らかに年齢にふさわしくなく大人びて，聞き分けが良過ぎる子どもたちも目立つようになりました。この子たちは保育士が何かを提案すると率先してやり，保護者に言われたとおりお稽古事にも励みますが，自分から遊び込むことは苦手で，子どもらしくエネルギーを発散させて遊んでいるふうには見えません。そこにその様子が「主体的」という印象を受けない理由があります。どうしてそうなるかといえば，おそらく，大人の強い関心と評価的なまなざしの下で，強い「させる」働きかけに慣らされてしまった結果ではないかと思われるのです。

　さて，これまでの議論から，何が「主体としての危機」なのかに迫っていけるはずです。一つは，幼児や学童にとって，年齢にふさわしいあるがままの子どもらしさと，未来に向かって「なる」動きとのあいだに本来あるべきバランスが壊れていないかという問題です。もう一つは，養育者や保育者や教師など子どもに関わる大人にとって，〈育てる者〉にふさわしい大人としてのありよう，つまり，子どもを主体として受け止める姿勢があるかどうか，単に自分の思いや都合で子どもを振り回すだけの対応になっていないかどうか，自分の思いを貫こうとしながら，しかし家族と共に生きることに配慮しようとしているかどうか，そういった諸々の主体としてのありようが壊れていないかという問題です。

第4節　主体とは一つの両義性である

　これまでの3つの節の議論に通底しているのは，主体という概念が簡潔に定

義することを阻む両義的な概念であるということです。本節ではこれまでの議論のなかにちりばめられている主体概念の両義性を整理してみたいと思います。

(1) 「私」という主体は他者（「あなた」）への絶対の依存のなかから立ち現れる

　主体というと，第1節でも見たように，いかにもそれ自体で自己完結的な，他から切り分けられ固有性を備えた，この身体に宿る能動性，発動性，始動性というように考えられるところです。しかし，そのように主体という概念をこの身体に宿る何らかの積極的作用というふうに考えてしまったのでは，どのようにして私が一個の主体になり，どのようにして他者を一個の主体であると受け止められるようになるかの疑問がいつまでも解けません。

　この章を通して，私は「主体として受け止められて主体になる」という表現を多用してきました。これに対して，「主体は『なる』のではなくて，そのままが主体であるのではないか」と反論を構える人もいるでしょう。そのことを意識して，この章では主体は「である」の位相で考えられるときと「なる」の位相で考えられるときがあることに触れ，その交叉性，二重性が主体概念の捉え難さを生み出していると議論してきました。この「である」と「なる」の両義性については次項でもう一度考えるとして，この項では「主体として受け止められて主体となる」という捩れた一文を少し考えて見たいと思います。

　この一文は，未熟な主体がすでに厚みのある「なる」に達した（近づこうとしつつある）他の主体の存在を前提にしていることを示しています。誕生以来，育てられる営みのなかでしか育つことのできない人間にとって，個から出発できないことは明らかで，その意味で，この一文は「育てられて育つ」という人間の関係発達の基本構造をも表しているといえます。

　哲学の立場の人の議論がしばしばそうであるように，個から出発して，その後にいかに他者を構成するか，いかに他者の認識が可能かというふうに議論を進めると，第1節でみたような袋小路に入ってしまいます。初期の「子ども―養育者」関係を長年観察してきた私には，むしろ他者との関係を出発点にして，そこから個としての私が立ち現れてくると考えるのが自然に思われました。こ

こで私の乳児のころを想像によって再構成して考えてみましょう。言うまでもないことですが、私がこの世に誕生する前に、すでに私の両親は存在し、私はその両親のあいだに生まれてきました。そして、その両親の（あるいは家族の）育てる営みのなかで私は育ち、いつしか「ボクは」と自分を周囲から際立たせることばを発するようになり、いつしか「私」という意識、「私は一個の主体だ」という意識を抱くようになりました。そのことを踏まえると、想像の上でとはいいながら、私という主体は私を受け止める他者がいて初めて主体として「ここ」に立ち現れることができたと考えざるを得ません。生まれたばかりの「私」は、「あなた」の位置に現れる他者たち（それは両親や家族など身近な人たち）が、まずは「私」を並みいる身近な「あなた」たちの一人と認め、「私」にさまざまに働きかけ、いろいろな思い（可愛い、大事だ、憎らしい、等々）を抱いて「あなたはこういう子どもだ」と映し返すなかで成長してきました。まだまったくの未熟で、ただ生きているだけといってもよいほどのちっぽけな存在を、「私」の周りにいる「あなた」たちは、まるで一人前の人間であるかのように思いなして、さまざまな思いを寄せ、その思いの籠った声と表情で私を映し返してきました。誕生間もない未熟な子どもに対して与えられるこのような周囲の対応こそ、少なくともその時点における「一個の主体として受け止める」ということの内容です。

　ここでは、まだ一個の主体というにはあまりに未熟な、生命が宿っているだけに過ぎないとしか見られないような「私」を、しかし「一個の主体として」受け止めるという、「あなた」たちの側の圧倒的な思い入れが働いています。まるで話が分かる子どもであるかのように話しかけるところに、それが端的に現れています。「あなた」たちにそのようにして愛され、大事にされ、可愛がられ、存在を認められて日々を過ごすなかで、「私」は次第に身についてきた運動能力を背景に、意欲的に外界を探索し、興味を拡げ、人に関心を示し、「あなた」たちに愛着し、「あなた」たちを信頼するようになってきました。そこに「私」の一個の主体としての育ちがあるはずで、それは「育てられて育つ」としか言いようのないものです。

そうしてみると,「私」の一個の主体としての育ちには,周囲にいる「あなた」たちが大きな影響力をもち,「私」が自信たっぷりに育つのか,不安一杯で育つのかの命運を握るのは「あなた」たちだったというしかありません。その意味で「私」は絶対的に「あなた」たちに依存し,「あなた」たちの存在を当てにする他はありませんでした。「主体」や「主体的」ということばに込められた,能動的,発動的な意味合いとは裏腹に,「私」という一個の主体は,その絶対の依存のなかからしか立ち現れることができなかったのです。ここに,一つの逆説があります。主体という概念は自立,自律,自己決定,自己実現など,「私が」という意味の「自」を頭に被ったことばと親和的であると考えられていますが,実はそれとは逆の絶対の依存にこそ,その端緒を見なければなりません。それを裏返せば,大人が生まれてきた子どもを主体として受け止めて育ててこそ,子どもは一人の主体として育っていくことができるといわねばなりません。確かに,成長とともにその「絶対の依存」は次第に背景化されていきますが,しかしそれは無くなるのではなく,不可視のものになるのであって,主体としての立ち上げに寄与したその依存が揺らぐときには,必ずや自立の様相が崩れてしまうことになることを理解しておく必要があります。

(2) 主体内部の「押し出す」動きと「受け止める」動きの両義性

　私だけが思いのままに振る舞える主体で,あとの者はすべて私のためにだけ存在しているというような,王様のような主体としてのありよう,つまり,何でも自分の思い通りにしようとする主体としてのありようは,せいぜい乳児期の前半にしか通用しません。一個の主体として受け止められて育つ私は,いつしかその志向を逆転させて,「あなた」を主体として受け止めるようになり,それを梃に周りの人たちを主体として受け止めることができるようになってきました。それがいつ頃どのようにして,というのが発達初期の相互主体的な関係のもっとも興味深い問題点ですが,ともあれそれまでの,能動性や発動性によって特徴付けられる主体,つまり周りを私の要求で振り回し,自己充実や自己実現のために周りを当て込むだけの主体が,いつのまにかその志向を逆転さ

せて,「あなた」にも思いがあることに気づき,「あなた」の思いを受け止め,時に「私」の方が譲歩して「あなた」が喜ぶのを喜ぶようになるというのは,何といっても大きな振れです。

　実際,第1節で子どものどういう姿が「主体的であると見えるか」を考察したときに明らかになったように,子どもが未熟なあいだは子どもがさまざまな自分の思いをストレートに押し出すところを捉えて主体的だと見ていたのに,1歳半を過ぎる頃から,子どもが周囲に目を向け,周囲の思いを受け止め,周囲を思い遣ったり,周囲と共に活動するのを喜んだりと,周囲を尊重する姿勢をみせるようになったときに,それが主体的であるというように周囲の受け止め方も変わっていました。ここには,他者（他の主体）を前にして,私という主体の内部に「押し出す」と「受け止める」の相反する動きがあるのが認められます。この相反する動きこそ,この最初の振れ以降の主体のありようを特徴づけるものです。乳児期を過ぎた対人関係のなかでは,「自分を押し出すだけ」でも「他者を受け止めるだけ」でも主体としてのありようとしては十分ではありません。しかもそれは単に前者が能動,後者が受動という意味ではなく,その能動と受動が交叉して,「自分を押し出しつつも相手を受け止め」,「相手を受け止めつつも自分を押し出す」というかたちをとるのでなければなりません。そしてそこには,「あなた」（他者）もまたいろいろな思いをもった主体なのだという気づきが織り込まれているところが肝要です。

　以上の議論は私の乳幼児期を想像によって振り返ってみたものですが,今の両義性の議論を保育の場に置き直したとき,幼児はその内部に「私は私」という感覚と「私は私たちの一人」という感覚の,二つの感覚を宿すようになると考えることができます。これは『よくわかる保育心理学』（58頁）に纏めてありますが,ここでそれを簡単に取り上げておきたいと思います。

(3) 「私は私」と「私は私たち」の両義性

　保育時代の子どもにとって,一個の主体であるとは,一面では子どもが「私は私」といえるような心をもつことです。つまり,世界を生きるのは他ならぬ

自分であり，自分にはこうしたいという自分なりの思いがあり，それを実現しようとする自分がおり，そのような自分を肯定し，自信をもち，人を信頼する，そういう自分がいるということです。そしてそうした心の動きに裏打ちされて，自ら意欲をもって旺盛に世界に進み出る姿こそ，これまで保育の世界で「主体的に」とか「主体として」という表現をするときに，一般に念頭に置かれていたものでした。

　しかし他面で，集団のなかで周囲の人と共に生きることを余儀なくされている幼児は，単に自分がこうしたいということを押し出すだけでは，自分勝手，自己中心的と周囲の大人や子どもに思われかねませんし，その結果，周囲の人と摩擦や衝突を起こすことに繋がりかねません。ですから，幼児が自ら進んで周りの子どもや保育者と共に生きようとすることも，主体としての大切な側面のはずです。つまり，周囲の友達と共にいることや周囲の友達と何かを一緒にすることに，自ら喜びや楽しみを見出すことができる，自ら進んで友達を思い遣ることができ，友達の喜びを自分の喜びにすることができる等々も，主体であることの重要な側面なのです。これは一人の主体の内部に「私はみんなのなかの私」「私は私たちの一人」という感覚が定着することだと纏めることができます。ところがこの側面は，これまで保育の世界では，集団の中で周囲と折り合うという意味の「協調性」という概念で理解されてしまって，必ずしも一人の主体のあるべき側面としては理解されてこなかったように思われます。

　さて，一個の主体であるということを，一人の子どもが「私は私」と言えるような感覚や，「私は私たち」と言えるような感覚が心のなかに成り立つことだと考えれば，そのような意味で子どもが「育てられ—育つ」こと，またそのように保育することが保育の目標なのだと考えて何ら不思議でないことが分かります。

1）信頼関係と「私は私」と言えるような感覚の育ち

　これまで見てきたように，子どもが「私は私」と言えるような感覚を身につけるのは，決して自分のなかにひとりでにそういう力が湧いてくるからではありません。「自分」というものの輪郭ができ，自分の思いを前面に押し出し，

意欲的に世界に進み出る背景には，必ず養育者や保育者をはじめとする周囲他者との良好な関係の蓄積が必要です。それを一言で言えば，重要な他者に信頼感を抱き，その人がいれば安心という経験を自分の中に溜め込めるようになるということです。自分を前に押し出すのに必要な自信や自己肯定感は，周囲の重要な他者に対する信頼感や安心感と表裏の関係にあります。

　確かに保育の世界では，自信や自己肯定感や有能感が主体としての育ちに大切だと主張する一方で，重要な他者との信頼関係が大切であると繰り返し主張されてきました。しかしながら，自分への自信と重要な他者への信頼という二つの項は，それぞれに重要であると指摘はされても，はたして両者が表裏の関係にあると真に理解されてきたでしょうか。自己主張ができる，意欲的に遊べるという姿は主体的であると捉えても，保護者や保育者に甘え，信頼を寄せ，一緒にいようとする姿もまた，その「主体的な」姿の背後にあってそれを支える重要な姿として，それをも主体的な姿と受け止めることは必ずしもなかったように思います。もしも真に表裏の関係であると理解されているのであれば，一方の姿を主体的であると受け止めるなら，他方の姿も主体的であると受け止めなければならない道理です。

　「ボクは」「わたしは」という「私は私」に通じることばの表現は，あたかも子どもに自分固有の領分ができ，自分固有の興味，自分らしい世界の捉え方，自分らしい表現の仕方など，「自分」という個に収斂する面を強調するもののように見えます。しかし，今見たように，その背景に周囲他者との良好な関係が常に目に見えないかたちで息づいていることを見逃してはなりません。もう少しいえば，たとえ「私は私」と強く自分を押し出しているように見える子どもがいても，その背後に周囲の人への信頼や自己肯定感が感じ取れないとき，それは本当の「私は私」の姿なのか怪しいということになります。

　実際，保育の世界で「私は私」の面が十分に育っていない子どもといえば，たいていは自己主張のできない子ども，意欲的に遊べないという子どもというふうに，単に自分を前に押し出せない子どもと考えられてしまうことが多いようです。しかし私の見方では，たとえ一見したところ「私は私」と強く自己主

張できる子どもであっても、その自己主張があまりに過剰で、周囲に関心を向けることがないまま、ただ強引に自分の主張を押し通そうとするだけの子どもは、たいていは大人との信頼関係が十分でなかったり、あるいは信頼関係が揺らいでいたり、その関係が危機に瀕していたり、本当の意味で自分に自信がもてていなかったりする子ども、つまり真の「私は私」が十分に育っていない子どもです。ですから、自己主張があるか、それが強いかどうかという行動次元だけで、それが子どもの「私は私」と言える感覚だと捉えるのは早計です。

では、その周囲の人との信頼関係はどのようにして成り立つかといえば、子どもの思いを重要な他者（たち）がまずは受け止め、その上で多くの場合にそれを受け入れ、認め、肯定的に映し返すことによってだといえます。乳児期には、子どもの要求に応じ、子どものすることに声を挟んで盛り上げ（情動調律）、子どもの思いを汲んで対応するなど、子どもが「自分の思ったとおりになる」と万能感を抱けるほど、養育者は手厚く対応します。あるいは子どもが負の状態にあるときには、それを慰撫し、そのあるがままを抱え、負の情動が沈静化するのを待つような丁寧な対応をします。そのように自分が「受け止めてもらえる」という確信があってはじめて、子どもは受け止めてくれる人を信頼するようになり、その裏側で自分に自信と自己肯定感を育むことができ、こうして次第に「私は私」と言えるような自分の心、つまりは主体としてのありようが成り立ってくるのです。

2）「私は私たち」といえるような感覚の育ち

子どもが一人の主体として育つのは、まずは「私は私」の側面からですが、それは周囲他者との信頼関係が土台となってこそ可能になるというふうに考えられるのでなければなりませんでした。では「私は私たち」という感覚はどのようにして成り立ってくるのでしょうか。

前節でも触れたように、「私は私たち」や「私はみんなのなかの私」という言い方をすると、これまでそれは集団における協調性やルールの遵守のことだと理解され、社会性の育成という枠組みで考えられがちでした。しかし、繰り返し見てきたように、この側面はあくまでも主体の側面として考えられなけれ

ばならないものです。それには，その前提として，子どもの方から身近な他者（周囲の友達や身近な大人）と自然に「共にあろう」とする心の動きが生まれることが是非とも必要です。

　そのような心の動きが生まれる条件の一つは，自分の思いを身近な大人たち（養育者や保育者）が受け止めてくれた，認めてくれた，支えてくれたという肯定的な経験であることはいうまでもありません。信頼関係の成り立ちに通じるそのような重要な他者の対応は，その他者の側から子どもと「共にあろう」とする姿だといってもよいでしょう。そしてそのような重要な他者の対応の仕方がいつのまにか子どもに取り込まれ，今度は子ども自らがその他者の方に気持ちをもちだし，その他者と「共にあろう」とするようになっていくのです。

　要するに，子どもの世界のなかに身近な他者が「共にある」他者として位置づけられるようになるということですが，しかしそこに至るまでにはまず，その他者が常に自分の思い通りに動いてくれるわけではないこと，そして自分の思いとその他者の思いがずれたり対立したりすることがあることを繰り返し経験し，自分と重要な他者は違うのだということに気づくようになることが必要です。しかしその一方で，それでもその他者が自分の思いを受け止めてくれること，自分の思いの実現にはその他者が必要なこと，その他者がいてこそ面白いことや楽しいことがたくさん生まれること，こうしたことを繰り返し経験し，そのことを通して，その他者が好ましい存在なのだということが漠然とではあれ理解できるようになることも，重要な条件の一つでしょう。こうした経験を繰り返すなかで，子どもの側から身近な他者と「共にあろう」とする動きが現れてくるのです。

　いまの議論で，子どもの内側から他者と「共にあろう」とする動きが現れていることが重要です。それは，「周囲に合わせなさい」「協調しなさい」と大人が強く子どもに求め，その結果身につくいわゆる「協調性」とは違い，むしろその対極にあるものです。「私は私」の中核が育ってきたときに，その周辺が変化して「私は私たち」の面が育っていくという流れを考える必要があります。そして先にも触れたように，その背景には，まず周囲の他者たちが折々に子ど

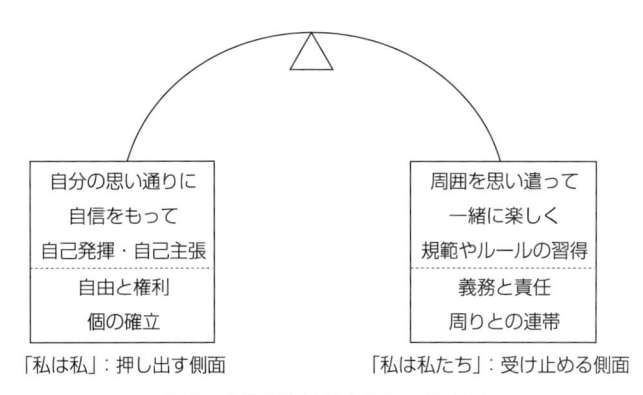

第1章　主体という概念を再考する

```
        △
       ╱ ╲
      ╱   ╲
┌──────────┐   ┌──────────┐
│自分の思い通りに│   │周囲を思い遣って│
│ 自信をもって  │   │ 一緒に楽しく │
│自己発揮・自己主張│   │規範やルールの習得│
│┄┄┄┄┄┄┄┄┄┄│   │┄┄┄┄┄┄┄┄┄┄│
│ 自由と権利  │   │ 義務と責任  │
│  個の確立  │   │ 周りとの連帯 │
└──────────┘   └──────────┘
「私は私」：押し出す側面   「私は私たち」：受け止める側面
```

図6　主体であることの二つの側面

もと「共にあろう」として気持ちを持ち出し，子どもに寄り添う姿勢を見せているということがあります。このことを強調するのは，「私は私たち」「私はみんなのなかの私」を主体であることの側面として語ることが，集団規範を身につけること，社会性を身につけることの議論としばしば混同されてしまうからです。

　ともあれこうして，「私は私」という感覚と「私は私たち」という感覚が主体の内部に成り立ってきます。この二面が合わさって一個の主体としてのありようをかたちづくっていくのですが，しかしこの二面は常にとは言わないまでも，往々にして「あちらたてればこちらがたたず」の関係にあります。「私は私」を押し出しすぎれば，「私は私たち」が見失われがちになり，「私は私たち」を強く意識すれば，「私は私」を押し出せなくなってしまいます。そこに主体であることが一つの両義性だと主張する理由があります。

　この間の議論を上の図6で示してみました。図6は，主体であることの二つの面が「あちらたてればこちらがたたず」の相反する関係にあることをヤジロベエで表現しています。この図の左側のボックスには，自分の思いを押し出す，自信をもつ，自己発揮する，自己主張する等々の，「私は私」に対応する内容が描き込まれています。そして点線より下は，青年期以降になって，自分の自由や権利を主張するような主体の面，そして個としての自分の確立を目指す面

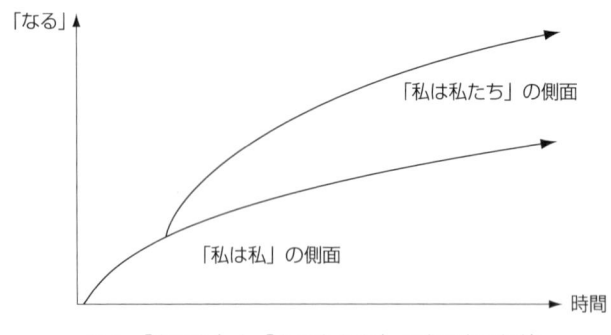

図7 「私は私」と「私は私たち」の成り立つ経緯

が描きこまれています。他方，右側のボックスには，一緒に楽しく遊ぶ，相手を主体として受け止める，相手の言い分を聞く，時には自分を譲る，ルールを守る等々，「私は私たち」「私はみんなの中の私」に対応する内容が描き込まれています。そして点線より下は，青年期以降になって，自分の義務や責任を果たすような主体の面，そして周囲の人と「共に生きる」姿勢を身につけた主体の面が描き込まれています。この図6を見れば，子どもの内部にこのヤジロベエが成り立つこと，つまり，わがまま勝手にならず，だからといって周りに合わせすぎずという，ほどよいバランス感覚の芽が生まれ，それがゆっくり育っていくことが「なる」の目標だということになるでしょう。

この図6に沿って考えれば，前節でみた「主体としての危機」は，我が国の大人においてこのバランスが壊れ，この図6の左側に大きく傾斜していることに表れていると見ることができます。つまり，自己主張ができ，自分の権利や自由は主張できるなど「私は私」の面は前面に押し出せても，周りの人を尊重できず，周りの人の言うことを聴く耳をもたず，義務や責任には蓋をするというように「私は私たちの一人」という感覚が希薄な大人が増えてきたということを，このヤジロベエが傾いた状態で説明できるのではないでしょうか。ヤジロベエが傾いて復元できない大人が，どのように子どもを育てる構えを取ることができるか，虐待の例などを考えれば，これが世代間の危機，子どもの主体としての育ちの危機に通じるという議論も成り立つように思います。

しかしながら，この図6は，主体の両面のバランス，つまり両義性を議論する上には好都合ですが，両面がどのように成り立ってくるかを考えるには不向きです。これまで見てきたように，この両面はまずは周囲の「主体として受け止める」対応によって，子どもの内部に「私は私」の内容が定着しはじめ，その内容がしっかり充実して，子どもが自信や自己肯定感を培い，それが存続するところに，次第に「私は私たち」の内容が被さるように重なっていくというふうにして，両面の成り立ちの経緯を考える必要があります。それを表したのが図7です。

⑷　「私」という主体は「あなた」を主体として受け止める

　前節で見たように，乳児期から幼児期にかけて，「私」を主体として受け止めてくれた「あなた」を，今度は「私」が主体として受け止めるという鏡映的反転が生まれてきます。そこに相互主体的な関係が動き始める端緒があります。人間が周りの人たちと「共に生きる」ことを宿命付けられていることを踏まえれば，互恵性によるにせよ互酬性によるにせよ，あるいは他の何かによるにせよ，この反転がなければ「共に生きる」というパースペクティブは開かれません。「私」が何らかの思いをもった主体であるように，「あなた」もまた何らかの思いをもった主体であることに「私」はいつか気づかねばなりません。「私」が「あなた」に主体として受け止めてもらえば嬉しいように，「私」が「あなた」を主体として受け止めれば，「あなた」はきっと喜んでくれるに違いないし，そして「私」が嬉しいときに「あなた」がそれを喜んでくれたように，「私」も「あなた」が喜んでくれれば嬉しい……そのような心の動きが子どもの内部に定着することが，幼児期以降の子どもと大人の関係や子ども同士の関係が深まる上に必要であることはいうまでもなく，そこに乳児期を脱した子どもの主体としてのありようがあります。ここにお互いに主体である者同士の，もっとも基本的な関係が立ち現れています。要するに，他者から主体として受け止められた私は，いずれ他者を主体として受け止めるようになるし，またならねばならないのです。そして「私」がそうであるように，「あなた」にも同

じことが起こっているはずです。それが相互主体的な関係の基本構造なのです。

　これを梃に、両者は次第によい関係を築いていこうとするわけですが、しかし、「私」も「あなた」も、常に相手のためにだけ存在しているわけではなく、お互いに自己充実を目指す存在ですから、それとの兼ね合いで、いつも相手を受け止める態勢にはありません。そこに「私」と「あなた」の関係に摩擦や衝突が生まれる理由があります。

　言い換えれば、私という主体は他者を一個の主体と受け止め、他の主体と「共にあろう」とするからこそ、そこに幸せな関係も生まれれば、衝突や摩擦や葛藤する関係も生まれるということです。この「共にあろう」という志向性、つまり自らを他に開こうとする志向性は、そこから道具的な満足が得られるからではなく、むしろ「共にあろう」とすること自体に価値があるというふうに考える必要があります。そして、この「共にあろう」とする志向性が生まれるのは、おそらく、発達初期に養育者が「共にあろう」としてくれたからだというのがこれまでの議論です。なぜ養育者がそうしてくれたかといえば、養育者もまた前の世代からそうしてもらってきたから……この考えの裏には明らかに世代間伝達を核にした関係発達の考えが響いています。

　これまで私は繋合希求性ということばによって、繋がれた状態は幸せの感情を生むから、人はそれを希求するのだというふうに考えてきました。これに対してここでは、養育者が「あなたは大事な子ども」と子どもに愛を差し向けるのは、エロス的な合体志向であるよりは、むしろ無条件にそこに「共にあろう」とするからではないか、そしてそれは養育者の内部に生まれた志向性でありながら、前の世代から引き継いだ志向性、つまりは「共に生きる」ことを宿命付けられている人（ヒト）という類の志向性に根ざしているからではないかと考えようとしています。

　特定の養育者の志向であって人類に共通する志向が、いつしか子どもに取り込まれ、「共にある」ことを子どもも志向するようになる……このように考えることができるのではないでしょうか。養育者が私のあるがままを受け止めて「共にあろう」としてくれたように、「私」も「あなた」のあるがままを受け止

めて「あなた」と「共にあろう」とするようになるのです。

　ここで，虐待や放任など，そのような「共にあろう」という志向が作動しない人もいるではないかという反論があるでしょう。事実はその通りですが，それは「共にあろう」とする世代間伝達の崩れ，あるいはそれが人の生きる道だとする共同主観の崩れによるものであって，そこに主体の危機があると述べてきたのでした。

　それはともあれ，この「共にあろう」という志向性が，それまでの単に自分の要求や意図を前面に押し出すだけの主体としてのありようを変え，他の主体の思いを受け止めることへと主体を動かしていくように見えます。

(5) 主体は「である」のなかに「なる」への萌芽をもつ

　すでに何度も繰り返してきたように，これまでの主体概念の混乱の一つは，「である」と「なる」の二つの位相を整理しないまま議論してきたところにあります。ここでこの「である」と「なる」の関係が問題になりますが，これまでの節では，例えば養育者が「である」というかたちで捉えられる我が子のあるがままを受け止めるなかで，我が子のなかに「私は私」の核が育ち，そこから我が子が「なる」の動きに自ら入り込むようにもっていく……というように，きわめて抽象的なかたちでしか議論してきませんでした。実はここの繋がりや関係を記述していくのはきわめて難しいのです。というのも，第1節でも見たように，ここには主体として受け止める大人の側に，どのような「なる」が展望されているかによって，それを受け止めて映し返す仕方が微妙に変わってくると考えなければならないからです。また，たとえ身近な大人が「なる」を期待してうまく映し返しても，多様な価値観がせめぎあう現在の生活環境に子どもが浸されれば，子どもの「なる」が方向を見失ったり，好ましくない方向に向かったりする可能性も生まれます。それを阻もうとして，身近な大人が「なる」を強く方向付けると，子どもの「なる」への芽を摘んでしまうことになるというふうに，「なる」の問題は一筋縄ではありません。

　たとえば，テレビのコマーシャルではありませんが，「やんちゃでもいい，

とにかく逞しければ」と，子どもの主体としてのありようをそのように思い描く養育者は，それを枠組みに，子どもの行為を受け止め，映し返すでしょう。これに対して，「とにかく人様に迷惑をかけない子どもに」を枠組みに考える人は，前者の養育者とは違った映し返しをするでしょう。その結果，それぞれの養育者の下で育てられる子どもにとって，養育者の期待する主体としてのありようが違っているために，異なる主体像にむかって動いていかざるを得ません。

　他方，「である」と「なる」は，養育者の受け止め・映し返すかたちによって大枠を決められるとはいいながら，ある程度主体として育ってきた子どもは，まさに自らの主体としての力と思いによって，養育者をはじめとする大人たちの自分への対応を逆にふるいにかけ，どのような「なる」に向かうのかを自ら選ぶ動きをもち始めるようになるはずです。例えば私自身，周囲の「あなた」たちの映し返しに自分の命運を握られているといってもよいほど周囲に依存し，その思惑に乗せられるかたちで主体としての自分をかたちづくってきたのに，それでもそのようにして「私は私」の面が育ってきてみると，中学生になる頃には，今度はその周りの「あなた」たちに反撥するかたちでそこから離れ，自分をそこから切り離し，自分らしいと自分で思える「なる」の動きに自分を投入しようとしてきたように思います。両親や家族や周囲にいる人たちは，私の主体としての自己形成に決定的な役割をもちながら，しかしそのすべてを規定することはできなかったのです。それは，初期の「子ども―養育者」という狭い関係から脱して，私が保育や学校教育を通して他のいろいろな人と交わり，両親や家族やいろいろな人の生き様を見てきたからにちがいありません。

　そのようにみてくると，「なる」の問題は一筋縄ではいかない問題を抱えていることがみえてきます。箇条書きにしてみましょう。
　　①社会や文化が期待している大人像に「なる」ことが主体としての望ましいありようだとして，それに「向かわせる―向かう」次元。
　　②身近な他者である「あなた」がどのような姿に私がなることが願わしいと思うかに沿って，それに「向かわせる―向かう」次元。

③自分自身が過去・現在・未来という時間軸のなかに自分を位置づけて，そこからあるべき自分を展望するなかで目指される次元。

　少なくともこの3つの次元が「なる」を揺さぶります。「なる」のは最終的に私という主体です。それは過去の幸せな経験や辛い経験に根ざしながら，しかし未来への夢にも引っ張られて，私にとってのあるべきかたちとして措定され，そこに向かって自分から動いていく面があります。しかし，それを単に「自己決定する」というように決められるわけではなく，3つの次元が複雑に絡み合って，自らそのように「なる」面と，周囲からそそのかされて「なる」面とは容易には切り分けられません。

　しかも「なる」を方向づけるその背後には，「いま，ここ」での「である」私を周囲がどのように評価し，その影響のなかで自分自身がそれをどのように自己評価するかも絡んでくるのですから，一人ひとりの「なる」について一般論ふうに語るのは極めて難しいといわねばなりません。しかしともかく，「である」というかたちで受け止められるなかに，「なる」の萌芽があること，そしてそこから芽吹いた「なる」への動きが，後の議論を先取りすれば，相互主体的な関係のなかで少しずつ方向を定めていくのだといえるでしょう。

第5節　相互主体性という概念の射程

　主体という概念をこれまでさまざまな角度から考えてきました。特にそれを子どもと養育者，子どもと保育者といった，子どもと大人の「育てる―育てられる」という関係に当てはめてみると，その関係が子どもという主体と大人という主体のあいだの相互主体的な関係であることが分かります。本章の締めくくりとなるこの節では，第3章の内容を少し先取りするかたちで，相互主体的な関係を議論することからどのようなことが切り開かれてくるかを簡単にスケッチしておきたいと思います。

(1) 「子ども―養育者」関係を相互主体的な関係と見ることの意義

　これまで私は初期の「子ども―養育者」関係を情動共有や情動通底を基本にした原初的コミュニケーションとして捉え，そこに生まれる繋がる局面を強調して間主観的関係に言及してきました。しかしながら，次章で詳しく見るように，そのような通じ合う局面は，確かに通じ合えた喜びや満足をバネにして養育や保育が展開されていく上で重要な局面であるには違いありませんが，養育の過程や保育の過程，つまり局面を超えた時間的に持続する過程そのものではありません。その過程の動いていく様を捉えるには，それぞれが「いま，ここ」での「思い」をもった主体であり，その主体と主体がそれぞれの「思い」と「思い」をぶつけ合い，受け止め合いながら，それぞれの思いを調整してその関係を動かしていくと考える必要があります。

　そこにその関係を相互主体的な関係と捉える理由があります。つまり，相互主体的な関係とは，お互いが相手を主体として受け止めようとしつつ，受け止め合えたり，受け止め合えなかったりする関係に他なりません。例えば，養育者の側には子どもにこうしてほしいという思いがあり，逆に子どもの側にはそうしたくないという思いがあるとき，両者のあいだでその思いと思いがぶつかり，紆余曲折を経て，どこかに収斂して落ち着くまでの過程が動いていきます。それが養育という営みを構成しているはずです。そしてその過程が子どもを一個の主体として育てるという，養育の基本的な目標に通じているはずです。そこに，まずは養育者が子どもの思いに気づいて子どもを主体として受け止めて対応し，そのうちに子どもにも養育者の思いを受け止められるような変化が生まれ，その後はお互いに相手の思いを受け止めながら，その関係を動かしていくというなりゆきが見られるはずです。それが「子ども―養育者」関係の基本なのです。これについては第3章で一組の子どもと養育者の相互主体的な関係を1歳前後から3歳までを追いかけるかたちで示してみたいと思います。

　同じことは保育の場における子どもと保育者の関係，あるいは子ども同士の関係にもいえます。相互主体的な関係こそ，保育の場における対人関係のありようであって，それは強く教え込んだり，保育者の思いに強引に巻き込んで子

どもを動かし，保育者の思う方向に引っ張るかたちで子どもに働きかけ，強く何かを「させる」といった一方通行の対応の反対の極にあるものです。これについては本節の第4項の保育場面が参考になるはずです。

(2) 「育てる」営みの中心は，相互主体的な関係の展開のなかにある

　養育であれ保育であれ，広い意味に考えられた「育てる」営みは，あれこれの能力が子どもに定着するようにというかたちでなされる養育者側，保育者側の一方通行の働きかけではなく，むしろ子どもが一個の主体として育つように，まずもって子どもの思いを受け止めることを基本にした働きかけ，つまり，受け止めて誘い，受け止めて待ち，受け止めて促すというような，受動的能動，能動的受動が交叉した働きかけがその基本にくるのでなければなりません。それには，子どもを自分の思い通りに動かそうとするのとは対極の，まさに子どもを尊重し，子どもの出方に応じる姿勢が必要になります。それが育てる営みを養育する側，保育する側から見たときの基本的な視点です。

　そうしてみると，養育や保育の場のほとんどすべての関わり合う場面が，相互主体的な関係を基礎に，さらに相互主体的な関係を周辺に拡げていくという構造になっていることに気づきます。そしてこれも本章で見てきたように，そのような養育者や保育者の関わりは，基本的には一足先に育てられて「育てる者」になった者が，次世代の子どもをさらにその次の世代の子どもを育てられる人に育てるという世代間連鎖のなかに根ざしていると考えられなければなりません。そしてその世代間連鎖の問題が，主体という概念自体に含まれる「である」と「なる」の絡み合いを貫いていることは，すでに見てきたとおりです。

　逆に，相互主体的な関係の展開という観点からして，「育てる」営みの目標は，養育者や保育者の受け止める対応によって育ちはじめた子どもの側の「私は私」が，その自己充実をバネに，次第に周りの人の思いを受け止められるようになり，自分の思いと相手の思いを何とか調整しようとする姿勢が身について，「私は私たち」の感覚を身につけていくところ，つまり両面を備えた主体に育っていくところにあるといえます。

それは行動次元で「相手を助ける」「相手に優しくする」というようなことではありません。相手の気持ちを受け止める気持ちが動くなかで、そのような「思い遣る」「優しくする」が生まれるのでなければ、相互主体的な関係とはいえないでしょう。つまり、相互主体的な関係は心を中心に動いていくものだといえます。

(3) 相互主体性の観点から危機的状況を乗り越える必要

　前節で触れた「主体としての育ちの危機」は、わが国の養育や保育の現状を深刻に憂えるところから導き出されたものです。前節の図6に見られるような本来は二面性をもった主体であるはずの大人が、「私は私」の側に大きく傾斜してしまって子どもを主体として受け止めることが弱くなると、養育や保育の営みはその根底が崩れ、大人の一方通行の単なる「させる」働きかけの集積に堕してしまいます。現に、「あれをさせます」「これをさせます」「英語を教えます」「漢字を教えます」と、たくさんの「させる」働きかけを掲げる園に、たくさんさせたがる過干渉型の保護者が殺到するかと思えば、「保育時間は長ければ長いほどよい」として養育を保育の場に全面的に委ねるような放任に流れる動きも強まっています。この両極に分岐する傾向のなかで、過干渉の極も放任の極も、いずれも「子どもを主体として受け止める」という基本を忘れ、大人側の思いに一方的に子どもを従わせようとする動きであることは明らかです。

　そのようにして、早い発達を期待することや大人の都合に合わせることを強く求められるなかで、子どもは二面性を備えた主体として育つことが難しくなり、大人の自分勝手な姿を取り込んだ自分勝手な子どもに育つか、あるいはひたすら大人の言い分に従って自分の思いに従うことを放棄する子どもに育つか、そのいずれかしか選択できない状況に追い込まれています。その結果は、主体としての心が空っぽの、ただ表面的な行動が取れるだけの子どもを作り出すことになるだけなのです。

　こうした状況を回避するためには、単に「心の教育」を喧伝するのではなく、

あるいはこのような危機を導いた悪者探しをするのでもなく，その前に，まずは養育や保育や教育の原点に立ち返って，身近なところで子どもとのあいだに相互主体的な関係を築き直すところから始めなければならないように思われます。

(4) 相互主体的な関係という観点を養育・保育・教育の場面分析に役立てる

　養育や保育や教育の実際の営みの場面を取り上げて，そこでの子どもと養育者，子どもと保育者，子どもと教師，あるいは子ども同士の関わりを分析する際，その基本的な視点として相互主体的な関係という見方が有効になってきます。養育場面については第3章で行うとして，ここでは保育の場を取り上げてその場面分析を考えてみます。

　保育の場では，ある思いをもった子どもを保育者が受け止めるということが基本だといっても，それだけでは保育は動いていきません。子どもにもこうしたいという思いがあるように，保育者にもそれとは異なる思いが動いており，二人が関わり合うときにはその思いと思いが絡み合うはずです。保育者は子どもの思いを受け止めながら，それに従うときもあれば，受け止めながらも自分の思いを子どもに伝えるときもあるでしょう。そこに具体的な関わり合いの場面が生まれます。その場面が実際にどのように動いていったかは，それゆえ，お互いの思いがどのような消長を辿ったかによって理解できるものになります。これは子ども同士の関わり合いにおいてもそうでしょう。

　最近私は保育や教育など，実践に関わる仕事についている人に対して，自分の実践のなかでの経験で自分にはっと気づかされた，気になった，嬉しかったというような特定の場面をエピソードとして描くことを薦めています。例えば保育の場合，そのようにして描き出されたエピソードには，子どもがこうした，こう言った，保育者がこう関わった，という行動的事実だけでなく，Aちゃんはこう思ってしたことをBちゃんがこう受け止めた，子どもの思いを保育者はこう摑んだので，こう関わった，等々，保育の場のある場面が生き生きと描き込まれてきます。

保育の振り返りの場では，このように一人の保育者が描いたエピソードをその園の保育者全体で，あるいはそのエピソードを公開保育の場に参加した他の園の先生たちも一緒になって考えることが，とても大切な意味をもっています。その際，そのエピソードに描き出された場面を，これまで述べてきたような「相互主体的な関係」という観点から振り返ってみることは大変有意義なことではないでしょうか。例えば，保育者の提案に一人の子どもが乗らないという場面で，その子の思いをいろいろと考えてみるなかで，その子の思いは保育者がそう思ったのとは違うところにあったのではないか，だから保育者の提案に乗れなかったのではないか，といった分析がその場面を丁寧に見ていくことによって気がつくというようなことがしばしば起こります。

　あるいは，長期間にわたって子どもに関わることを通して，いったい一人の子どもに何が育ったのかを考えるとき，本章で見た「主体としての育ち」という観点が重要な意味をもってきます。そしてそれに繋がる保育者の関わりを考えるときに，子どもの思いを受け止めるという部分の意義が浮上してくるに違いありません。省察する目で保育を見直すとはそういうことです。そして子ども同士の関わり合いを相互主体的な関係の観点から見ていけば，どのようにして子どもたちが自ら主体的に動きながら，相手を主体として受け止めているかが見えてくるでしょうし，そのなかで一人ひとりが主体として育つ経緯が見えてくるに違いありません。

　ここで保育の場のエピソードを一つ取り上げ，相互主体的な関係がどういうものであるかを示してみたいと思います。このエピソードはある保育園の保育士さんが記録したエピソードです。

エピソード　グループ決め

〈背景〉

　　多くの園がそうであるように，一泊保育は私の園でも夏の恒例行事です。土曜日の午後に集まり，夕食の買い出しにスーパーへ行き，スイカ割りや花火，キャンプファイヤーをし，朝食には園庭の窯で焼いた手作りピザも食べます。日曜日

の正午には解散するのですが，この24時間を，年長の子どもたちは２〜３人の子どもと保育者１名の班ごとに行動します。班のリーダーは子どもから選ばれます。そのため班のメンバーを決める話し合いがもたれたのですが，最後に６人の女児が残りました。この６人はいつもは２人ずつ３組の仲良しでしたが，保育士の人数の都合から，どうしても３人ずつ２組にならなければなりませんでした。初めの仲良しペアは次のようでした。

　　　モリエとリサ　　ヒナとチヒロ　　ミサキとモエ　　（すべて仮名）
　この６人が３人ずつ２グループにならなければならなかったのです。

〈エピソード〉
　この女の子たちは，普段から２人ずつ仲の良い者同士です。どうしても離れたくないらしく，二人でギュッと腕を組んでいました。するとリサちゃんが，「ヒナちゃんはリサとも一緒でもいいって言ってたし，ヒナちゃんがリサのところに入って，チヒロちゃんがミサキちゃんのところに入ったらええやん」と言いました。それを聞いてミサキちゃんも「チヒロちゃん，きてもいいで！」と言いました。そこでヒナちゃんがリサちゃんペアへ移動しました。残されたチヒロちゃんは普段からあまりミサキちゃんと遊ぶことがなく，ミサキちゃんの方に行く踏ん切りがつきません。それなのにヒナちゃんがさっさとリサちゃんたちのペアへ行ってしまったので，チヒロちゃんはしくしく泣き出してしまいました。それを見てみんなが下を向いてしまい，周りが重たい空気になってしまいました。
　そこで私が，「仲良しのお友達と一緒になりたい気持ちもよく分かるけど，一泊保育で今まであんまり話したことのない人と同じ班になったら，新しい友達になれるかもしれへんで。みんな小学校へ行ったら今仲良しの人とも離れるかもしれへんし，いっぱい友達作れる人になったほうがいいやん」と言うと，それを受けてチヒロちゃんが，「チイのおじいちゃんな，いっぱいお友達いはるねん。チイもおじいちゃんみたいになりたいし，我慢してミサキちゃんの班になるわ」と泣きながらも言いました。チヒロちゃんの決意は分かったけれど，「我慢する」という言葉が気になったからでしょうか，みんなは再びしゅんとなって沈黙しました。するとモリエちゃんが，「モリエがミサキちゃんとこへ行くし，チヒロちゃんここ入り！」とやさしく言いました。それを聞いたチヒロちゃんはスッキリした表情で，「モリエちゃん，いいで。チイな，新しいお友達も作りたいし，ミサキちゃんと同じ班になってみる」と言いました。ほかの子どもたちもチヒロちゃんを見てほっとした表情になり，班決めは無事に終わりました。

〈考察〉
　子どもが楽しみにしている一泊保育なので，好きな友達と一緒の班にしてあげたい気持ちはやまやまでしたが，新しい友達との関わりも経験して欲しいという思いもあり，この場面では私自身も子どもたちと一緒に考え，すごく悩みました。そのなかで子どもたちも真剣に考えてくれました。自分だけが好きな友達と同じ班になれたら良いということではなく，友達の気持ちも考えてあげていたところが嬉しかったです。とくにモリエちゃんの一言は，保育士の手前言ったことではなく，モリエちゃんが真剣にチヒロちゃんの気持ちを考えた上の，素直な気持ちから出たことばであることがしみじみ私に伝わり，すごく感動しました。その場にいた子どもたちにもモリエちゃんのその思いは伝わっていたと思います。結果としてチヒロちゃんはモリエちゃんと一緒の班にはなれませんでしたが，チヒロちゃんはモリエちゃんの一言に，自分の気持ちが分かってもらえた嬉しさを感じていたと思います。それによって新しい友達を作ってみようという気持ちになれたのではないでしょうか。

＊　　　＊　　　＊

　素直な子どもたちのやりとりが，それぞれの思いを交叉させながら展開していく様子がとてもよく伝わってくるエピソードだと思います。保育者にもいろいろな思いが渦巻き，子どもにもそれぞれの思いがあります。そして，それが交叉するときには，そこにいるすべての人の「思い通り」は通りません。誰かが自分の思い通りにこだわれば，他の誰かが我慢を強いられる状況が生まれます。このような葛藤場面をどのように乗り越えるのか，保育者としても頭を悩ませるところです。そんななかで，お互いが周りの思いを受け止めて自分の対応の調整を図ろうとすることこそ，相互主体的な関係だということができます。

　ここでは最終的にチヒロちゃん一人が譲歩して場を納めるかたちになりましたが，そこに至るプロセスが大切で，周りの一人ひとりが相手の立場をしっかり考えようとしているところが素敵です。モリエちゃんの一言は保育者にも嬉しかったでしょうが，他の子どもも一緒に考えていることは，チヒロちゃんが泣き出したところで，一同がしゅんとなって俯くところや，「我慢して」というチヒロちゃんのことばに対して，また一同がしゅんとなる辺りにはっきり窺

がうことができます。そしておそらく保育者も一緒になって真剣に考えていたことが周りの子どもにしっかり伝わっていたに違いありません。相互主体的な関係が動くなかで，子どもに周りの人の思いが間主観的に摑めていることが分かります。

　その意味で，この場面は相互主体的な関係の典型的な場面だったと思います。このような葛藤場面を潜り抜けるなかで，子どもたちのなかに他の子どもにも「思い」があることに気づき，それを受け止める姿勢が育っていくのです。

　ある集まりでこのエピソードが当該園の園長先生によって紹介されたとき，フロアにいた他の園長から，「そもそも班決めをするからチヒロちゃんのような可哀想な子どもができてしまうので，お泊り保育のときにもっと自由に友達と泊れるようにすることが必要ではないか」との意見がありました。確かに，お泊り保育をどう展開するかに関して，いろいろな意見はあるでしょう。しかしそれは，それぞれの園が普段どのような保育をしているか，お泊り保育の場に何を求めているかによって違ってくることで，お泊り保育の理想型があるわけではないと思います。

　問題はお泊り保育の型の問題ではなく，むしろ子どもたちが葛藤状況を前にして，お互いに相手の思いを受け止め合って何とか突破していくところに，このエピソードの価値を見出すべきではないかと思います。自分の思いをそれぞれにもち，それを自分なりに表現する力を発揮しながら，しかも相手の思いを受け止めていく……そこに年長児の主体としての育ちを見ることができます。そして，このように子どもが育つことを保育の場は目指しているのだと思います。

　このようなエピソードを保育者が書き，それを保護者にも伝えていくことができるなら，今の状況下であっても，きっと保護者はこの場面の大切さに気づき，わが子の成長ぶりを思わずにはいられないのではないでしょうか。

　今，一例を挙げて相互主体的な関係がどういうものかをなぞってみましたが，ここでの議論が普段の保育の振り返りのなかでできるようになることが，保育の質を高め，保育者の仕事に対する情熱を搔き立てることに繋がるのだと思い

ます。

(5) 呼びかけに応える人がいてこそ，子どもは主体として立てる

　この章の締めくくりとして述べておきたいのは，未熟な子どもにとって，自分が自分になるのは，つまり主体として立つことができるのは，それに応える大人がいてこそだという点です。相互主体的な関係を語るとき，もちろん，養育者や保育者にも思いがあることはその通りですが，だからといって対等な大人同士の関係のように事を運ぶことがこの関係なのではないことをやはり注意しておかねばなりません。

　未熟な子どもにとって，かろうじて自分の存在を周りの大人に告げることができるのは，「あー」と呼びかける声によってです。それに「なーに？」と養育者が応える瞬間こそ，その子がその子として立ち上がる瞬間です。それは一見したところでは子どもからの働きかけへの大人の応答というふうに行動的な相互作用に見えますが，しかしその背後で動いているのは，何とか主体として立ち上がろうとしつつある子どもと，それを受け止めようとする養育者の姿勢です。その養育者の姿勢と子どもの内側から湧き起こる自分を立ち上げようとする力（志向性）とが嚙み合うとき，それが相互主体的な関係が立ち上がる起点なのです。

　それを出発点に，大人の受け止める姿勢が子どものなかに主体としての力（「私は私」と基本的信頼）を生み，それが梃になって，子どもの側に周囲を受け止める姿勢が整い，こうして次第に相互主体的な関係が深まっていくのです。そのことを考えるとき，まずは子どもの呼びかけに大人が応えるところに，人が人として育つ根本があるといわねばなりません。

第2章　相互主体性の観点から間主観性の問題を考える

〈はじめに〉

　これまで私は主に乳幼児期の子どもと大人の関係を中心に，大人が子どもの気持ちを間主観的に摑むことで次にどうするかの対応が紡ぎだされてくると考え，初期の対人関係の機微はその「間主観的に摑む」ところにあるとみて，あれこれの考察を巡らしてきました。この考え方そのものは基本的に間違っていないと思いますが，序章や第1章で見たように，子どもと大人の相互主体的な関係のなかで「育てる―育てられる」という営みが繰り広げられていることを踏まえるとき，間主観性の問題にもっと違った角度から光を当てることができるのではないか，言い換えれば，これまでの間主観性の問題の扱いにまだ不十分なところがあったのではないかと考えるようになりました。この章ではその試みの一端を示してみたいと思います。

　いま，これまでの間主観性の扱いには不十分なところがあったのではないかと述べました。この問題を煮詰めていくためには，まずintersubjectivityという用語が間主観性の意味だけでなく，共同主観性の意味にも，相互主体性の意味にも訳されることに触れる必要があります。それは単にどの訳語がintersubjectivityの訳語として正しいかという議論ではありません。序章で引用した1986年の論文ですでに論じたように，この用語は少なくとも3つの意味をもつのです。そしてその3つの意味は，繋がり合いながらも微妙に違っているといわざるをえません。

　そこで，第1節では私が行動科学的心理学と対峙するための「戦略的概念」として用いてきた間主観性の意味でこの用語を取り上げ，それが「子ども―養育者」関係を記述する上でどのように議論されてきたのか，また今の時点から

振りかえって，それまでの議論のどこに問題があったのかを考察してみます。次に第2節では，共同主観性の意味でこの用語を取り上げ，この概念が大人の「育てる」という営みや青年のぶつかる壁にどのように関わってくるかを議論します。そして第3節では，子どもと養育者の関係を相互主体的な関係＝相互主体性と捉える視点から，その関係のなかで間主観性や共同主観性の問題がどのようなかたちで絡んでくるかを考えてみたいと思います。

　以上の前提的な議論を踏まえて，第4節では，これまでの間主観性を中心にした議論から，相互主体性を中心にした議論へとシフトするきっかけになった，Yくんの「離乳食エピソード」を再度紹介し，これを相互主体的な関係という観点から詳細に読み直すと共に，その関係の個々の局面に間主観性の問題や共同主観性の問題が絡んでくることを論じてみたいと思います。これによって，相互主体的な関係という観点の重要性が浮き彫りになるはずです。そして第5節では，相互主体的な関係のなかで間主観的に相手の気持ちを把握することが実際の関わり合いをどのように動かしていくか，いくつかのテーマの下に議論してみたいと思います。そして最後に，再度間主観性の概念に立ち返り，この概念から派生してくる問題をいくつか取り上げてみたいと思います。

第1節　間主観性の意味での intersubjectivity

　間主観性の問題については，1986年の「心理学評論」の論文以来，随分と考察を重ねてきました。序章でも見たように，この概念は私にとって，行動科学的心理学の立場と戦うための「戦略的な概念」だったといえます。そこで，これまで間主観性の問題を私がどのように議論してきたかを振り返って見ておきたいと思います。

(1) 間主観性という用語はどのような事態を指して用いられてきたか

　間主観性とはどういう事態を指しているのでしょうか。これに関して『関係発達論の構築』(1999) では次のようにまとめられています。

「これを議論する当時（1986年当時）の私の間主観性の理解は，「私」の主観に，「あなた」の主観のある状態（気持ち，気分，意図，感情，等々，何らかの主観的状態）が分かる，あるいは「あなた」に浸透している vitality affects がこちらに伝わり，「私」の主観の中にある感じ（つまり何らかの vitality affects）がおのずと喚起されるということに焦点化されている」。この一文をもう少し掘り下げてみましょう。

1986年の論文での議論がそうであったように，間主観性とは，まずもって，「あなた」の主観のある状態が「あなた」と「私」の「あいだ」を通って「私」の主観のなかに伝わってくることであるという基本的な理解があります。「あなたの気持ちが私に分かる」「あなたの気分や感情が私に分かる」，もう少し具体的にいえば，「あなたがいま悩んでいることが私に分かる」「あなたがいま嫌な気分でいることが私に分かる」「あなたがいま私を信頼していることが私に分かる」等々，いま「あなた」の悩んでいる状態，嫌な気分，信頼する気持ちなど，あなたの主観内の出来事がなぜか「私」に分かるということ，あるいは，「あなたがいま苛々しているその苛々の vitality affect がなぜか私の身体に伝わり，私もまた何かしら苛々を感じる」「あなたの弾けるような喜びが（その vitality affect が）私の身体に伝わり，私の気持ちも何かしら浮き立つ」「あなたがそれを取ろうとしている意図が分かる」，等々。こうした例に見られるように，広義の情動としての vitality affect や身体の動きに基づけられた「あなた」の意図が「いま，ここ」において「あなた」から「私」へと伝わるということを「間主観性」という用語によって理解しようとしていたことになります。その点でいえば，間主観性（intersubjectivity）は，間情動性（inter-emotionality）ないしは間意図性（inter-intentionality）の意味において，つまり，相手の情動や意図が間身体的，間情動的に伝わってくるという意味において考えられていたといってよいでしょう。要するに，気持ちや気分や気配など（つまり vitality affect）がそちらからこちらに伝わることを，私たちはごく素朴に，「私にはあなたのいまの気持ちや気分が分かる」と表現してきたこと，そしてその事態を「あいだ」という意味を強調して間主観性という概念で取り

押さえようとしたということです。

(2) 間主観性を議論するようになった経緯

　序章でも触れましたが，1986年の「心理学評論」の論文「初期母子関係と間主観性の問題」において私がはじめて間主観性という用語を用いたのは，当時を支配していた行動科学的発達心理学における母子相互作用論の立場への異議申し立てという批判的な問題意識からでした。そこでの異議申し立ては二重になっていました。

　その第1は，観察方法の問題，つまりは心理学研究のパラダイムの問題に通じるものです。いま，一組の「子ども―養育者」が微笑みあっている場面があるとき（図9の3カ月時点の静止画参照），それまでの客観主義の立場の記述では，あくまでもその事象を外部から眺めて，その二者の相互作用を「あやす―笑顔になる」というかたちで記述するにとどまっていました。

　ところが，その事象に立ち会っている観察者（私）にとっては，観察者自身を含めて当事主体がその事象をどのように生きているかを把握して記述することこそ，その事象を理解する上で必要不可欠のものであると思われました。この間の事情は『エピソード記述入門』において関与観察という文脈で詳しく論じたので，それをご参看願いたいのですが，この関与観察の問題を煮詰めていくと，当事者間で相手の気持ちが分かるという問題と，観察者に当事者間のある主観的状態が「分かる」という問題に行き着くことになります。それを間主観性の問題として議論する必要があるという認識が私の中に生まれてきました。この議論を図示したのが『母と子のあいだ』(1989)に納めた次の図8でした。

　図8の(a)では，観察主体は常に外部にあって，二者間の相互作用を鳥瞰的に記述するという構図になっています。これが従来の客観主義の立場です。これに対して(b)では，観察者は一面ではその場への関与者であり，その場に現前すると共に，その場の雰囲気を共有し，かつまた当事者間の情動共有をわが身において共有する可能性に開かれている存在です。それと同時に他面では，その事態を可能な限り客観的に観察する姿勢を保持した存在でもあります。これは

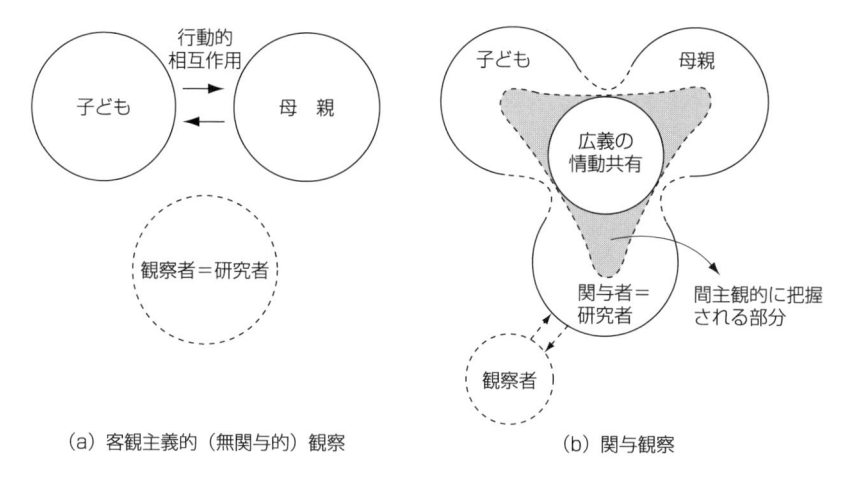

第 2 章　相互主体性の観点から間主観性の問題を考える

（a）客観主義的（無関与的）観察　　　　（b）関与観察

図 8　客観主義的観察と関与観察の構図

　まだ関与観察についてのスケッチに過ぎませんが，この観察者の二面性＝二重性を議論することが間主観性を議論する際に欠かせないことは明らかです。

　要するに，人々が生きている現場に赴き，そこに関与して，そこでの生きた事象に密着しようとすれば，必ずや間主観性を議論する必要が生じるということです。これは行動科学的心理学の基本的立場と真っ向からぶつかる問題です。というのも，行動科学の立場では，観察者は常に黒衣の位置に置かれ，その場で何も感じないことが前提されているからです。一個の主体である観察者を研究に含めて議論するかどうかは，フィールド研究，質的研究，現場心理学に与する研究者が本当に私たちの立場（間主観性を議論する立場）と重なるかどうかを篩い分ける一つの重要な基準だといってもよいと思います。これについては『エピソード記述入門』（2005）でかなり詳しく論じたところです。

　その第 2 は，発達初期の二者間相互作用を同期性（synchronicity）という観点を強調して取り上げる当時（1970年代から1980年代）の発達研究のあり方が，子育てにおける養育者の心的現実に迫るものではないこと，そしてそこに迫るには，何よりもまず養育者に子どもの今の気持ちのありようや意図が「分かる」「摑める」という事態を主題化する必要があること，さらには，なぜその

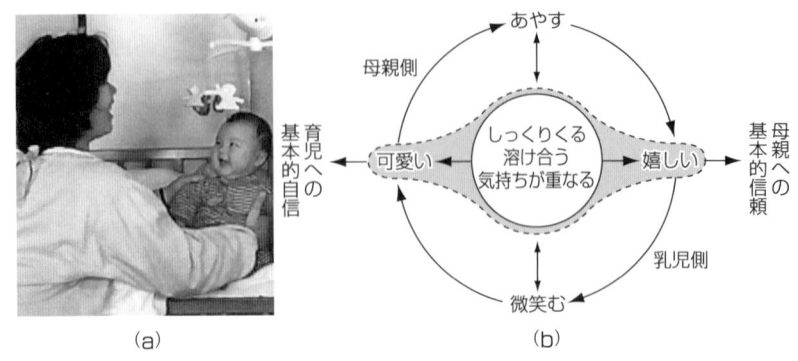

図9　3カ月時の微笑み合いと「可愛い―嬉しい」の間主観的関係の概念図

ように摑めるのかの了解図式が必要であること，こうしたこともまた，当時の私が「間主観性」という概念を用いるようになった理由でした。

　この二点を対決点に，行動科学の立場と戦うというのが，とにもかくにもいまから20年前に発表した論文の構えであり，それ以降，一貫してその構えの下に，両義性や関係発達や原初的コミュニケーションという概念を切り出してきたことは序章で見たとおりです。

　そこでまずもちだしたのは，図9の(a)に見られるような初期の微笑み合いという事象でした。これを相互作用論の立場で記述すれば，先にも触れたように，「あやす―笑顔になる」という行動的な連鎖を指摘するにとどまります。しかし，これが同時に「嬉しい―可愛い」という気持ちと気持ち（情動）の繋がりや重なりを子どもと養育者のそれぞれに喚起し，さらにそこに居合わせた観察者をもその気持ちの繋がりに巻き込むことを指摘したのが，これも『母と子のあいだ』で示した図9の(b)でした。

　この図9(b)では，(a)の微笑み合っているという行動的事実を超えて，二者間の情動的な繋がりが強調され，そのように繋がれることが間主観性であり，それを養育者に引き寄せて考えれば「赤ちゃんの嬉しい気持ちが間主観的に分かる」となるのだと考えられています。つまり，その議論を次の図10で説明すれば，重なり合ったその共通項の部分が間主観性だということになりますが，そ

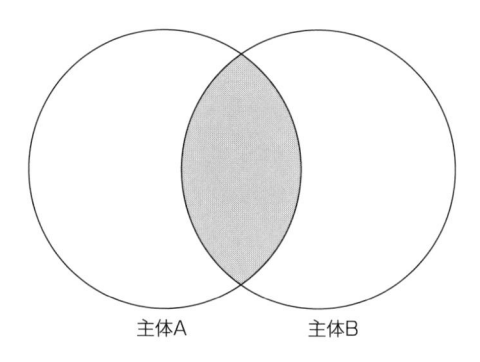

第 2 章　相互主体性の観点から間主観性の問題を考える

図10　「繋がる」＝「重なる」と「重ならない」の概念図

　の反面，後段の議論を先取りして言えば，二者間に重なり合わない部分があることをどのように考えるかが，ここではまだ十分に考えられていないといわねばなりません。

　これを議論する当時の私の間主観性の理解は，繰り返しになりますが，私という主観において，あなたの主観のある状態（気持ち，気分，意図，感情，等々，何らかの主観的状態）が分かる，あるいはあなたに浸透している vitality affects（広義の情動＝力動感）がこちらに伝わり，私の主観のなかにある感じ（つまり何らかの vitality affects）がおのずと喚起されるということに焦点化されています。

　そして，そのような間主観的な把握がどのようなときに可能になるのか，その条件を分析した結果導かれたのが「成り込み」理論（1986）や「情動の舌」理論（1997）であり，「いつも，すでに気持ちをもちだしている」という背景的条件の強調でした。つまり，「情動の舌」を相手の情動領域に伸ばすことができたときに，相手の広義の情動が間主観的に把握できるとしたのです。これを図示したのが『原初的コミュニケーションの諸相』（1997）に収録された次の図11です。

　そして，これまでの議論を要約して示したのが，『関係発達論の構築』（1999）に示した以下の3つのテーゼでした。
　テーゼF：関わり手が相手に「いつも，すでに」気持ちを向けているとき，

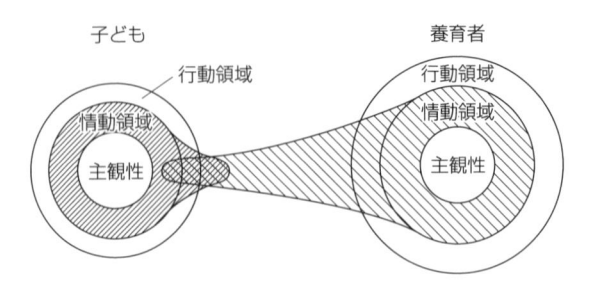

図11 「成り込み」＝「情動の舌」の概念図

またそのときに限って，相手の広義の情動や気持ちの動きは関わり手にそのようなものとして間主観的に把握される（間主観的把握の一般的条件）。間主観的に把握されたものは，多くの場合，関わり手を次なる行為に導く（間主観的に把握されたものの行動喚起性）。

　テーゼG：養育者は「いつも，すでに」子どもに向けていた関心を子どもの「そこ」に凝縮させ，情動の舌をそこに伸ばすという「成り込み」によって，子どもの「そこ」を生きることができる。そのとき間主観的把握とそれに基づく対応が可能になる。

　テーゼH：関与しながらの観察において，観察者がおのれの生きた感受する身体を解放することができ，自然な「成り込み」によって被観察者の下に「情動の舌」を伸ばすことができるとき，観察者は被観察者の広義の情動や気持ちの動きを間主観的に把握することが可能になる（研究者の間主観的把握の条件）。

⑶　人が人を「分かる」ということの問題

　さて，1986年に始まっておよそ10年経過した1999年ごろの議論を今の時点で振り返ってみると，間主観性の議論が非常に「硬い」感じがします。戦略的な概念であるとその攻撃性を謳いながら，実は極めて守備的だという印象を拭えません。そうなったのは，やはり当時の行動科学の立場からの批判に抗してこの立場を貫かねばならないという，私のなかに振りかぶった思いがあったからだと思います。人が人を「分かる」という，ある意味で素朴な問題意識であっ

たにもかかわらず，しかしそれが行動科学のパラダイムに真っ向からぶつかるものだったために，それをいかに説得的に，しかも「あなたの主観的な判断だ」「あなたの解釈だ」「あなたの恣意だ」という批判（非難）に耐えられるように議論するかが，やはり強く意識されたのでしょう。

　当時の議論では，「あなた」の広義の情動が「私」に直接的に「伝わる」ということに力点が置かれるかたちで「分かる」が問題にされています。つまり間主観的に「分かる」というのは，ごく素朴で感性的かつ直接的な把握であるということが強調されて，そこにはそのように「分かる」人の主観的な解釈など入り込む余地はありませんよ，という議論の運びになっています。そのように議論を運ぶことによって，間主観的に「分かる」ことが，「分かる」当人の主観的な理解，あるいは主観的な解釈，恣意的なものと混同されることを予め防ごうとしていることが分かります。

　ここでそのような議論の一端を紹介してみましょう。

　まず，「あなた」の広義の情動の動きに基づけられて「私」が「あなた」の主観内の出来事を「分かる」というとき，そこでの「分かる」は，その広義の情動の動きの感得からある時間を隔てて推論的に分かるという分かり方ではなく，「いま，ここ」においてという直接性の様相においてだということが強調されています。また，その「分かる」様相は，「私」の能動的な作用であるとはとても思えず，むしろ「あなた」の情動の動きがこちらに伝わってきた，それに「私」が捉えられた，それに「私」が浸されたというような受動的な様相がその特徴であると強調されています。それゆえ，「分かる」という能動的表現よりは，むしろ「〜と感じられる」という受動的表現の方が，より精確にこの事態を表していると述べてきたのでした。この「いま，ここ」においてという直接性の様相と，「感じられる」「伝わる」という受動性の様相という二つの様相は，いずれも間主観的に「分かる」ということが「私」の側の純粋な「解釈」や「推論」であるという批判や非難を遠ざけるものでした。

　次のようなエピソードを考えてみましょう。

私が初めてM子を沐浴させたときのことである。私は緊張し，M子も手を握り体を固くしているのがその様子や手の感触から伝わってくる。首を手で支えながらM子の体をそっとお湯の中に入れ，ガーゼで体を優しくなでているうちに，M子は表情を緩め，また体の緊張がほぐれていくのが分かる。それに応じて私も少し緊張が解け，思わず「気持ちいいね」とことばがかかる。

　「私」は「あなた」が「気持ちよい」ことを，その弛緩させた表情と私の手に伝わってくる緊張のほぐれる様から直接的に感じ取っています。触覚を通して得られるvitality affectの微妙な変化は極めて雄弁で，それを「気持ちがよい」と言語表現してよいかどうかはともかく，何かしら肯定的な広義の情動の動きが（いわく言いがたい肯定的なトーンを帯びたvitality affectが）私の身体に直接的に伝わってきます。それは私の解釈や推論の結果であるとは到底思えません。そして「あなた」の「気持ちよい」状態が「私」の「気持ちよい」状態と皮膚の接面において重なっているとしか言いようがありません。

　いまの例を振り返ってみれば，vitality affectの伝播という様相を強調し，「いま，ここ」という直接性とそのように感じさせられたという受動性とを強調する限りにおいて，間主観的な「分かる」が解釈や推論による「分かる」とは一線を画すことは明らかです。

　この例でも，間主観的に「分かる」内容は，相手の広義の情動領域であるとし，それが身体の共鳴・共振の原理によって，半ば自動的に伝わるというような議論の仕方になっていることが分かります。これが先にタイトな間主観性理解だと思うと述べた理由です。おそらくそのために，「分かる」というのはコピーのように相手の気持ちがそのままそっくりこちらに移ってくることなのか，というような疑問が読者に生まれ，講演や講義でそのような質問にしばしば出会うことになったのだと思います。

　実際，私の間主観性の議論に対して，「私」に「分かる」は「あなた」の主観内の出来事そのものなのか（つまりコピーなのか），あるいは「あなた」がいま経験しているvitality affectと，それを「私」が感じたときのvitality affect

第2章　相互主体性の観点から間主観性の問題を考える

とはまったく同じものなのかという問いがしばしば向けられてきました。この問いや疑問は間主観的アプローチに向けられる疑問に必ず付きまとうものです。つまり，ここでは「分かる」を，あたかも「あなた」の主観内の出来事がそのままそっくり「私」に移ってくるかのように理解して，果たしてそんなことはあるのか，「あなた」がいま何を考えているのか「私」にはさっぱり分からないし，逆に，「私」がいま何を考えているか「あなた」には本当に分かるだろうかと切り返すことに向かい，最終的には人が人のことを「分かる」などということはありえない，できるのはせいぜい「解釈」することぐらいだと，素朴にまた感性的に「分かる」こと自体を否定する議論，つまり不可知論に行き着くような議論です。

　いうまでもなく，この種の議論を単なる思惟の宇宙の議論として行うならば，それは他者理解ないし他者認識の不可能性という古来の不可知論に陥るだけのことです。しかし私が問題にしたかったのは，そのような思惟の宇宙の議論ではなく，「いま，ここ」において人と人が対人関係を取り結ぶまさにその象面に生起していることでした。現にいま，目の前の乳児が顔をしかめてむずかり泣き喚くとき，いわゆるネグレクトの養育者ならばいざしらず，ごく一般的な養育者にとって（あるいはその不可知論を唱える人にとってさえ），そのときに乳児から何らの苛々もむずかった気分も伝わらない，分からないなどということがあるでしょうか。もしも養育者にそれが分からなければ（伝わらなければ），養育者は子どもが可哀想だという気にもならないでしょうし，何とか手を尽くして慰撫しようというような対応も生じないでしょう。

　そこから考えてみると，私が間主観性を議論しなければならないと思ったのは，最初から「私」と「あなた」を分断しておいて，閉じた私の主観内において閉じたあなたの主観性を「分かる」（理解する）などということがそもそも可能なのかというような抽象的な問いを立て，それに答えようとしたわけではなかったことに思い至ります（これは前章の閉じた主体理解とも相通じています）。むしろ日常生活場面において養育者や保育者が子どもに対応するとき，そこではなすべきことを機械的に子どもに振り向けていくかたちで対応するの

ではなく，ほとんどの場合，何らかの水準で子どもの気持ちを摑んで，それに基づいて対応していっています。この事実への気づきこそ，「人が人を分かる」ということの問題，つまり間主観性の問題に切り込んでいく動機でした。もちろん，「人が人を分かる」といっても，常に，また持続的に分かるといっているわけではありません。ただ，折々にではあっても分かるときがあること，そして分かるから対応できることもあれば，分からないから対応できないこともあり，また分からないから分かろうとして生まれる対応もあること，要するに，人と人のあいだで分かること，分からないことがさまざまな水準であるからこそ，そこに複雑な対人関係が生まれるのだ……現場に赴いて実感したのはまずそのことでした。

　現実の場の対人関係，とりわけ「子ども―養育者」関係や「子ども―保育者」関係は，このように，ごく素朴な意味で人が人のことを分かる（あるいは分からない）ということの上に組み立てられています。そしてそのことがむしろ先行事実，所与の出来事としてあるのです。なぜ分かるのか，どのような条件のときにどのような水準で分かるのかはともかく，人が人のことを何らかの点で分かるということを所与のこととして出発しなければ，現実の対人関係は取り結び得ないこと，まずもって言いたいのはこのことです。繰り返しになりますが，間主観性の議論が必要なのは，まさにそのような現実の対人関係における「分かる」を主題的に取り上げる必要があるからなのです。

　「お互いに分かりえない」ことを議論の出発点にすえて，「分かる」ことをあらかじめ禁じるような議論の展開は，思惟の宇宙ではありえても，現実の対人関係の場では不毛な議論に陥るだけでしかありません。もちろん，「分かりえない」ことも対人関係のなかには確かにあって，このことは相互主体的な関係の問題を考えていく上には重要な点です。これについては後段で再度議論するとして，いまここで考えておきたいのは，「分かりえない」ことがあることを認めることと，「分かる」ことがあることを認めることとが，単純な二律背反ではないということの確認であり，不可知論から議論を出発させるべきではないということです。

第2節　共同主観性の意味での intersubjectivity

(1) 共同主観性の意味

　哲学の側では，intersubjectivity は常識や規範や社会通念など，「不特定多数の主観にあまねく抱かれている共通の観念や考え」を指して使われていることが多く，その意味では共同主観性という訳語がぴったりです。そして，「不特定多数の主観に共通して」の不特定多数をどんどん切り詰めていけば，究極的には「二人の主観に共通して」というところまで切り詰めて考えることができるでしょう。私の頭のなかでは前者に共同主観性，後者に間主観性を充てるのがよいと思われました。ここで，個の主観性と共同主観性との関係を考えるために次のような文章を考えてみましょう。

　　「私がある社会通念に従って行動するとき，それはあたかも私が私の主観において自ら思考し自ら判断しているかのようでいて，実は社会の構成員にあまねく行き渡っている共同主観性としての社会通念が私の主観のなかに住み着いた結果なのであり，その意味では，『私』の考えや判断は，すでに『私たち』の思考や判断である。つまり，社会通念に従って振舞っているとき，私は固有の『私』において行動しているように見えて，実は『私たち』の一員として行動しているのだ。」

　　「シングルの生き方がかっこいいと思うのは，まさに他ならぬこの『私』がそう思うことであり，そう思うことに一見したところ疑いを差し挟む余地などないと思われるところである。しかしそれは真に『私』のオリジナルな思考の結果なのだろうか。『私』がそう思うのは，実はこの社会や文化にいつのまにかそういう言説が生まれ，それがマスメディアを通して流布されるようになり，またそれがいつのまにか多数の人々の主観のなかに忍び込むことになって『現代の若者たちの一つの価値観』を形成するに至り，そうした価値観がいつのまにか『私』の主観の中に忍び込んできた結果なのではないだろうか。」

　要するに，私の subjectivity（主観性，つまり，ものの考え方，感じ方，価値観

など）であると思われていたものが，すでに多数の人たちに共通するものの考え方，感じ方，価値観としてのintersubjectivity（社会通念や常識など）に貫かれ，それによって浸透された結果，あるいは自分でも気づかないうちに自ら取り込んだ結果だという事情を指摘せざるを得ないような事態においては，どうしても共同主観性という概念が必要になってきます。

　いま見た二つの文章を振り返ってみると，ここでは①「私」の考えに社会通念や常識的な価値観が先行してあること，②「私」はそれに住み着かれ，浸透されていること，あるいは自らそれを取り込んでいること，そしてそれを普段は意識しないことがほとんどであること，それどころか，③むしろ自分自身が考え出したことであるかのように錯認していることがしばしばであること，に気づきます。とりわけ③は，「私は私」が前景に出る現代の自己本位の社会動向のなかでは特に気づきにくい点であるといわねばなりません。

　ところで，先の二つの文章を綴る主体は，この「私」からも（この生身の身体を内側から生きるこの私からも），また当の「社会通念」からも超越した立場に身をおいているからこそ，この「私」と「社会通念」との関係を描き出せたのだといえます。共同主観性について語るのは「今，ここ」を生きるこの生身の「私」ではなく，その「私」から超越した〈私〉，思惟する宇宙における〈私〉であるといわねばなりません。裏返していえば，「私」はたいていの場合，共同主観性が自分の主観のなかに住み着いているとか，自分は社会通念に従って行動しているなどといった意識をもたないのです。

(2) 人間存在の両義性と共同主観性

　これまで私は人間存在の両義性を語るなかで，私が「私」であって「私たち」の一員でもあることを，私が幼児期以降，社会化，文化化されるなかで身に被った結果だと述べてきました。これは，すでに前の世代によって社会化，文化化された大人たちが，今度は後続する世代を社会化，文化化していくことになるという関係発達論の基軸をなす議論の一部です。つまり，先行する既存の文化（規範や常識）を私は社会化されるなかで私の主観のなかに内面化する

ということですが（これが前章での「なる」の問題です），その点からすれば，社会化や文化化は共同主観化であると言ってもかまいません。その文化を構成する規範や常識や社会通念，つまり共同主観性は，確かに目に見えないものです。にもかかわらず，それは社会を構成する人たち一人ひとりにあまねく浸透し，各自がまさに自分の観念や価値観として思い込み，しかもそれは自分の行動を左右するだけの力をもつのです。

　個人と社会，個と集団の関係を単なる対立関係と捉えるのではなく，前者が後者に内属しつつ自らを際立たせるという両義性の観点を強調するときに，個の主観性と共同主観性との関係が問題になってきます。規範や常識を各個人の主観性のなかに入り込んだ（あるいは自ら取り込んだ）観念，考え，価値観として議論する際に，まさに「私」の主観性に先行する主観性として，また「私」の主観性のなかに浸透してきた外部の主観性として，さらには「私」の主観性のありようを外側から枠付ける主観性として，共同主観性という概念が是非とも必要になってくるのです。

　このことはすでに『関係発達論の構築』の序章において，ヴィゴツキーの「inter-mental から intra-mental へ」という標語を取り上げて議論したこととほとんど重なります。すなわち，すでに社会や文化に inter-mental としてあったものが個の発達過程で個に内面化されること，つまり intra-mental 化されることが社会・文化的発達の中身だという議論です。そこでも触れたように，ヴィゴツキーの inter-mental を intersubjectivity と，intra-mental を subjectivity と置き換えると，これまでの議論に重なることがよりはっきりと見えてくるでしょう。

　とりわけ，青年期の主体性形成において，「私」の固有性の意識化と，その「私」が「私たち」の一員になる（一員にされる）こととの葛藤の問題が鮮烈に浮かび上がるときに，いまの共同主観性の問題が前面に出てくるはずです。

　というのも，先に見た社会通念の先行性の構造が目に見えるものになってくるために，青年たちにとってはその共同主観的なものが既存の動かしがたい大いなる力と受け止められる一方で，そこに巻き込まれ-それを取り込むことへ

の抵抗感と，巻き込まれ-取り込まなければ大人になれないこととのジレンマを生きなければならなくなるからです。自分に押し寄せてくるその大いなる力を拒みつつ，しかしそこに否応なく吸い寄せられ，いつのまにか自ら取り込んでそれに加担するという構図を免れ得ないのです。この不思議な感覚が青年たちを翻弄します。誰のものでもないものがいつのまにか自分に住み着き，それをも自分のものだといわねばならないことへの奇妙な気持ちの悪さを，大人の途上にある青年たちはいやがおうにも潜り抜けねばならないのです（これは私自身の青年期のもっとも厄介な問題でした。いま大人の立場を生きている人たちの多くも，自らの青年期を振り返ってみれば，この葛藤が鮮やかに思い出されるのではないでしょうか）。しかもそこでは，外部のものがいつのまにか浸透してくるという受動性の側面と，それをほとんどの人がそうすることだからと自ら取り込む能動性の側面とが絡み合っていますから，ますます事情は複雑になります。

　いま，社会通念に関わる最初の文章との関連で，私の主観性が私の外部に先行してある共同主観性に浸透され，枠付けられていることをみましたが，私の欲望や価値観にかかわる後の方の文章との関連でも，同じようなことがいえます。私の欲望は確かに私が自らの主観内に抱く欲望です。しかし，その私の欲望は社会や文化に流布されている共同主観的言説が私の主観に忍び込んだ結果であったり，あるいは自ら知らず知らずに取り込んだ結果であったりすることが大半です。いわばそれにそそのかされ，抱かされた欲望でありながら，自ら取り込んだもの，さらには自分で考え出したものと錯認されていることが少なくありません。二つ目の一文の「シングル志向」という一人の人間の欲望のかたちでさえ，真にその人個人の主観性のなかにオリジナルに生まれ出た欲望のかたちだとは必ずしもいえず，それは周囲の共同主観的言説がいつのまにかその人の主観性のなかに忍び込んだ結果，あるいは周囲の言説を自らいつのまにか取り込んだ結果，その限りでは一つの流行現象かも知れないのです。この間の事情は，社会構築主義者たちが詳しく考察を重ねてきているところであることはいうまでもありません（しかしながら，社会構築主義の言説は共同主観性が個の主観性を規定し枠づけることを言うばかりで，個を同質的な個としてしか議論

していないように見えます。個がそれでも固有性をもった主体なのだということを，どこかで議論する余地を残しておかねばならないのではないでしょうか）。

　要するに，こうした共同主観性に関する問題は，個と集団，個人と社会が両義的な関係にあることに由来するものであり，社会性を身につける道程で必ずや子どもや青年たちが直面しなければならない一つの課題です。アイデンティティの問題はこの課題との対決のなかで浮上してくる諸問題のなかの一つだと考えることができるでしょう。

(3)　子育て問題や保育・教育と共同主観性

　養育や保育や教育の営みは，すでに社会にしっかり根付いて生きている「私」が後続する世代を社会化，文化化するという暗黙の意図のなかで行うものです。そうである限りにおいて，そこには常に「私が私においてそのようにする」と「社会通念に沿ってそのようにする」とが入れ子の構造になっており，「私」の主体としての営みだと思われるものが，すでに先行する社会通念を「私」が意識しないうちに内面化した結果に過ぎないという，これまで述べてきた社会や文化の先行性の構造と，それによる個の主観性の社会的被規定性の構造がまつわりついているのを見ないわけにいきません。養育や保育や教育はその社会や文化のありようと切り離して考えることなどできませんから，その営みを取り上げる際には，常にその背景に共同主観性の問題があることを念頭においておかねばなりません。

　実際，世の親たちの悩みは，その親自身が抱く悩みであるようでいて，実は社会や文化の動向に振り回された結果であったり，また社会や文化自体が抱える課題であったりすることがしばしばです。かつて，乳児の体が大きいことがよい発達だとされた時代があり，「健康優良児」という概念を生み，体の大きい子どもに育てることがよい親の証だとされて，世の親たちが乳児にどんどんミルクを飲ませたことがありました。丸々と肥満したわが子の横に「健康優良児」の楯が飾られ，そのわが子と並んで誇らしげに笑顔になっている親の写真を見るとき，個人の抱く価値観がいかに社会や文化の動向に支配されたもので

あるかを思わずにはいられません。

　そのような例は枚挙の暇がないほどで，虐待母親の言説に振り回される母親たち，ファッション化された育児のかたちに振り回される養育者たち，早期教育や高学歴への関心に振り回される養育者たち等々，子育て文化のなかに蔓延している今日的問題のほとんどは，個の主観性と共同主観性とが撚り合された結果であるといっても過言ではないほどです（そこにはマスメディアの大きな力が関与しています）。ここに養育者の主体としての問題が立ち現れてきます。つまり，社会や文化の動向をあまりに安易に（無批判的に）取り込むという問題と，社会や文化の共同主観性をなかなか取り込めない（あるべき「私たち」になれない）という一見相反する問題です。それを煮詰めれば，一個の主体である養育者自身，「私は私」の面と「私は私たち」の面を「いま，ここ」においてどのように生きているかが，結局のところ子育てに大きく関わってくることが分かります。

　養育や保育の場面で，まさに誰もがそのように考えてそのように対応するというような共同主観性が前面に出てくる局面にあっても，養育者，保育者の一人ひとりがその対応において微妙に違ってくるのは，それぞれが第 1 章で述べた両面を備えた一個の主体として生きているからであり，そこにはやはり主体の固有性が息づいているのです。

第 3 節　相互主体性の意味での intersubjectivity

　『両義性の発達心理学』を書くなかで人間存在の根源的両義性という考えを潜り抜け，主体という概念を見直す一歩手前まできていたにもかかわらず，その時点では相互主体性の考えに踏み込めなかった，踏み込むにはもう一皮剥ける必要があったと序章で述べました。そして，本書の第 1 章で，主体という概念自体が両義的なのだと述べ，相手を主体として受け止めることが主体の重要な一面であると議論してきました。この節では相互主体性の意味において intersubjectivity の問題を考えてみます。

(1) 子どもと大人の非対等性

　養育者は子どもを一個の主体としてあるがままに受け止めるなかで，子どもが一個の主体として育つことを期待します。子どもは一個の主体として受け止められるなかで，自分を受け止めてくれる人の思いが分かるようになり，その人の思いを受け止められるようになってきます。そのことが子どもの主体としての育ちの（つまり「なる」の）重要な一面になります。お互いに主体として生きながら，なお相手を主体として受け止めるという，相互主体的な関係こそ，「育てる―育てられる」という関係の本質をなしているのです。しかしながら，相手を受け止めるその「厚み」において，子どもと大人には圧倒的な違いがあり，そこに非対等性が現れていることを見逃すわけにはいきません。このことは『両義性の発達心理学』でも気づいており，養育者の「懐の深さ」や「配慮性」ということばで言及しています。

　養育者の子どもを一個の主体として受け止めるというこの姿勢を振り返ってみると，先に，これまでの間主観性の議論が「硬い」「タイトだ」と述べた理由がはっきりしてきます。まずその第1は，間主観性の概念はある局面（短時間の推移）を捉えたものにすぎず，それには常に前後の関係があり，また関わりの歴史が背景にあるということです。例えば，図9（120頁）の(a)に見られるような幸せな間主観的繋がりは，「子ども―養育者」関係のなかに現れたほんの一瞬の幸せな局面にすぎず，その前後にはなかなか泣き止まずに養育者をてこずらせる局面もあれば，赤ちゃんが機嫌よくしていてくれるので，養育者が他の家事に取り組む局面もあるという具合です。しかしそれにもかかわらず，(a)のような場面が繰り返されるなかで，それが蓄積され，双方に相互信頼を生み出していくのも事実で，それゆえに(a)の場面が重要な意味をもつとして取り上げてきたわけです。

　いまの議論を図10（121頁）に立ち返って考えてみると，子どもと養育者の関係は，図10の重なり合う部分だけで営まれているのではなく，重なり合わない部分でも営まれているのだということになります。そして，重なり合わないときに，両者は別個の主体として切り分けられてしまう場合もあるけれども，

相手を主体として受け止める構えをもち続けている場合もあって，後者の態度こそ，先に述べた養育者の配慮性や「懐の深さ」ではないかと思われてきます。

つまり，普段の関わりのなかで，養育者は子どもを主体として受け止めようという構えにありさえすれば，子どもの心のなかを覗き込むようにして，しっかり重ならなければ，ぴったり子どもの気持ちを摑まなければと，必死になる必要はないのであり，そのようなゆったりした受け止める構えのなかに，間主観的に繫がる局面が時折現れると考えるべきなのです。それが序章での養育者の「おお，よしよし」のエピソードの議論に繫がってきます。そこで目指されているのは，決して気持ちを子どもに重ねようという志向性ではありません。子どものいまのありようを「あー，いやになってきたねえ」と大きく受け止め，「おお，よしよし」と対応するなかで，子ども自身が「もう大丈夫」と思えるようになるのを待つ，あるいは子ども自身が自分で気持ちを立て直せると信じる（信頼する）ことが大事なことであり，それが「育てる」という営みの本質なのです。

そこから振り返ると，これまで私が取り上げてきた間主観性に関連したエピソードが，間身体的，間情動的な繫がり，つまり，まさに「いま，ここで直接伝わる」という意味での繫がりの部分を強調した内容になっていることに改めて思い至ります。もちろん，そういう局面があればこそ，両者のあいだの繫がりが密になるのであり，その局面の重要性は何ら目減りするものではありません。しかしそのような局面だけを重要なものと考えると，「子ども―養育者」関係が極めてタイトなものになり，息苦しくなってしまいます。「成り込み」という概念にしても，子どもを主体として受け止めるなかに自然に生まれてきた間主観性の局面だったはずなのですが，それをそのような形で取り上げたばかりに，「成り込めば子どもの気持ちが分かる」「子どもの気持ちが今摑めないのは，成り込んでいないからだ」というような議論が生まれてきてしまったのでした。現に，私の間主観性の議論は，保育や教育の世界ではそのようなかたちで議論されることが少なくなかったのです。

つまり，間主観的に摑めるとか，間主観的に繫がるといった事態を事後に条

件分析して行き着いた「成り込み」や「情動の舌」という概念を，いつのまにか反転させて，間主観的な把握の十分条件と取り違えてしまったということですが，そのようになったのも，間主観性の理解が「いまここでの直接的伝播」というタイトな考え方のせいだったのではないでしょうか。そしてそこに，「相互主体的な関係」という考え方の重要性があります。先の微笑み合いの例でいえば，そこで微笑み合うことが重要なポイントなのではなく，むしろ養育者が子どもを主体として受け止めて関わること（その前後で，オムツを替え，頭上のメリーを回転させ，子どもをよい具合にしてあげようと養育者が思ってきたこと）が，結果的に微笑み合いの局面を生み出したということなのです。

(2) 相互主体的な関係のなかに現れる間主観的に「分かる」という事態

　いまの議論を整理すると，相互主体的な関係が「育てる―育てられる」という関係を全体として覆っていて，その関係のなかに折々に間主観的に繋がれる局面が現れると考える必要があるということになります。これを養育者や保育者の側に引き寄せていえば，子どもを主体として受け止めて関わっているうちに，間主観的に「分かる」局面が訪れるというふうにいえるでしょう。

　ここで保育場面で保育士さんたちに子どもの気持ちが間主観的に「分かる」局面を，保育士さんの描いたエピソードを通して取り上げてみましょう。

> **エピソード** 〈アリが捕まえられない！〉
> 　1歳半のSくんは，庭の片隅でアリをみつけ，じっと見ていたが，手を出して指でつまもうとする。つまむ瞬間にアリが動くので，なかなかつまめない。もう少しというところで，思わず私は「あっ！　あっ！　あっ！」と声を出してしまった。
> 〈保育士のコメント〉
> 　私は新任保育士で，この園に勤め始めたときに，この園が「子どもの気持ちに寄り添って」をテーマにしていることを知りましたが，私はどうすることが子どもの気持ちに寄り添うことが分からずに，時間が過ぎてしまっていました。ちょうどこの場面で，先輩のM保育士から，「貴女もそんなふうに声をかけられるよ

うになったね」と声をかけてもらいました。そのとき，私は子どもの思いに寄り添うとはこういうことなのかと，少し分かった気になりました。

エピソード 〈もう一つの顔のKくん〉

　夕方，私が机に座り連絡ノートの記入をはじめると，レゴで遊んでいたKくん（5歳4カ月）がそれを片づけて私の膝に乗り，ベッタリと無言で抱きついてくる。いっしょに遊んでいたMちゃん（5歳8カ月）はその様子を見て「いやー，Kくん赤ちゃんみたい」とからかうが，Kくんは反論もせず，膝から降りようともしないで私に抱きついたままでいる。そんなKくんを私も無言で抱きしめるとMちゃんは何だか空気が違うと察したのか，その場を去っていった。しばらくKくんを抱っこした後，「Kくん，先生まだお仕事残ってるねん」と伝えると，静かに膝から降りて再び遊びはじめた。

〈保育士のコメント〉

　5，6月頃から，Kくんは自分の意見を通そうとし過ぎて一つ上の年長児たちに責められ，泣いていることが稀にありました。その度にそっと抱っこし，Kくんのいまの気持ちを言葉にしてあげたり，どうすればよかったかなどを静かに話したりしながら，Kくんが自分で自分の気持ちを落ち着かせられるまで待つことがありました。そういうことを何度か繰り返すうち，何かあると，ふと私のところへやってきて抱っこを求めるようになりました。そういうときにはできるだけKくんの思いを受け止めるようにして，気持ちの切り替えができた頃を見計らって，そっと降ろすようにしていました。そうするうちに，自然とKくんが，「もう大丈夫」と思う瞬間が，不思議なことに膝の温もりを通して感じられるようになってきました。

　言葉はなくても，お互いに安心や心地よさを感じられるこの穏やかな時間をこれからも大切にしたいと思います。きっとMちゃんもこの雰囲気を感じ取ったからこそ，黙ってその場を立ち去ったのではなかっただろうかと思います。

　私たちはお互いに主体であるがゆえに，相手のことがいつもすっかり分かるなどということはおよそ考えられません。しかし，いま示したエピソードのように，子どもを主体として受け止めて丁寧に対応していると，いつのまにか自分が相手に重なる，自分に相手の思いが伝わってくるということが折に触れてあり，そのようなとき，私はあなたのことが「分かる」という気分になるので

はないでしょうか。これが「間主観的に分かる」と表現してきた内容なのです。つまり純然たる解釈ではなく、むしろ向こうから私に伝わってくるかたちで私に「分かる」事態を「間主観的に分かる」と述べてきたということです。

この二つのエピソードを通していま言いたいのは、子どもに自分が重なった、子どもの気持ちが膝の温もりから分かったというその局面もさることながら、その背景に子どもを一個の主体として受け止めようとする保育士の姿勢や構えがあることです。エピソードではクライマックスの間主観的に分かった局面が描かれていますが、本当に大事なのはむしろその背景なのです。相互主体性の考え方に立てば、相手を主体として受け止めることがむしろその場面をリードしていることが分かるはずです。

⑶　間主観的に「分かる」ということの歴史性

「子ども―養育者」関係はもちろん、現場での対人関係はほとんど日々の関係の積み重ねからなり、その歴史を関係のなかに含み込んでいます。相互主体的な関係にもそのことがいえます。上記の後のほうのエピソードでも、保育士さんがKくんとずっと関わってきたことが、「膝の温もりからもう大丈夫と分かる」という間主観的な把握が紡ぎだされてくるための背景的条件になっています。つまり、「膝の温もりから」というところは、第1節で触れた沐浴エピソードのように「いま、ここ」での直接的な伝播だといえますが、そこのところが浮上して「大丈夫と分かる」といえるのは、まさに日々の繰り返しのなかで積み重なってきたものがあるからで、それを下敷きにしないと、なかなかそうはいえないのではないかというのが今の議論です。「育てる―育てられる」という関係のなかに生まれる「分かる」の大半は、このように関わりの積み重ねに大きく依存しています。

しかしながら、この歴史性の問題は少し複雑です。というのも、これは単に子どもと養育者の関係の歴史をいうにとどまらず、例えば受け止めることの「厚み」において子どもを凌駕する大人にとって、その人がこれまでどのように生きてきたかの歴史、つまり、大人が「私は私」と「私は私たち」をどのよ

うに身につけてきたのか，また共同主観性をどのように取り込んできてその主体性をかたちづくってきたかの歴史が絡んでくるからです。

　とはいえ，いまさしあたり重要なのは，子どもと養育者（保育者）との関係の歴史です。それは「いま，ここ」において目に見えるものではありませんが，例えば，子どもはこんなふうに対応すれば何とか気持ちを収めてくれるというような，そのような日々の積み重ねのなかから生まれる「分かり方」が，「いま，ここ」での局面の背景にあって，その局面で間主観的に「分かる」ということを支えている場合がしばしばあるのです。

　実際，第3章で示す私たちの関与観察事例において，Yくんの気持ちをお母さんが間主観的に「分かる」局面を私たち観察者が間主観的に「分かる」ことができるのは，長らく持続的に関与してきて，そこに一つの歴史といえるほどの積み重ねがあったからで，それを抜きに，「いま，ここ」での局面をどれほど詳細に描き出してみても，その積み重ねが無ければそのような「分かる」は生まれてこなかったでしょう。これについては次節で詳しく触れることにします。

(4) 子どもの側も間主観的に「分かる」のだという議論

　これまでの私の間主観性の議論は，私がフィールドに出たときに，なかなか子どもの気持ちが間主観的に摑めなかったことをバネにしているところがあったせいか，どうしても関わる大人の側に焦点化して，大人が子どもの気持ちを間主観的に摑む，「分かる」ということを中心に議論してきました。しかし，「相互主体的な関係」という考え方を手に入れた今，そのような議論の仕方は大人の側に片寄せし過ぎであること，そして子どもの側も大人の気持ちや思いを間主観的に摑んでいること，だからこそ，そこに相互主体的な関係が展開されるのだということが見えてきます。

　もっとも，これまでにも，図9の(b)に見るように，子どもの側も同じ情動を共有することには言及していましたし，養育者の意図が摑めるようになるというのはトレヴァーセンの第2次間主観性の議論そのものですから，そこから一

歩踏み出せば，子どもも関係の歴史のなかで，養育者の対応が少しずつ摑めるようになり，そのうちに養育者はこのように意図している，養育者はいまこうしたいと思っているというふうに，間主観的に分かることが次第に増えてきて，それによって，相互主体的な関係がさらに円滑に展開するという議論の運びにもっていけたはずでした。

　これまでは，大人が間主観的に摑むところのクライマックスの部分が焦点化されていたために，子どもが間主観的に大人の気持ちを摑むところも相互主体的な関係を動かしていくことのなかに入り込んできているのだというところが十分に摑めていなかったように思います。この点についても，次節でYくんのエピソードを下敷きにして詳しく議論してみようと思います。

(5) 間主観的に「しっかり分からない」局面

　「相互主体的な関係」，つまり相手を主体として受け止め合う関係は，間主観的なクライマックス場面と対比すると，タイトな感じが薄れ，少し緩んだ関係のように思われてきます。というのも，相互主体的な関係は，常に分かり合ってぴったり繋がるタイトな関係ではなく，むしろ分かり合える局面は折々にしか生まれず，むしろ間主観的に「ぴったり繋がらない」局面を多数抱える関係だからです。間主観的に「しっかり分からない」場合であっても，それによって両者は閉じた個と個に完全に切り分けられてしまうのではなく，なおお互いに相手を主体として受け止めようという志向性をもち合い，その意味で緩やかに繋がっているのです。そのことが重要で，間主観的に「分かる」ということには，「しっかり，ぴったり分かる」から「ぼんやり分かる」を経て，「しっかりとは分からない」までの連続体が横たわっていると考えるべきなのかもしれません。お互いに相手を主体として受け止めようという志向が働いている限り，何らかの水準で何かが伝わってくるものであって（それこそ，「何かしっかり分からないなあ」という感じ），まったく何も分からない，何も伝わってこないということはありえないでしょう。ですから問題なのは，両者が完全に切り分けられてお互いが（あるいは片方が）閉じてしまい，「分かる」地平が消えてしま

うような場合です。

　このことは子どもを育てる，保育するということに関わって，きわめて重要な意味をもちます。これまでは「いつもすでに気持ちをもちだしているから間主観的に分かるのだ」という言い方をしてきていましたから，「いつもすでに気持ちをもちだしていないといけないのだ，もちだしていないと子どもの気持ちが摑めないのだ」という理解を生んで，養育する側にも保育する側にも，当事者をいつも励起状態に置く結果になっていました。もちろん，子どもを養育する，保育するという営みは，どこかにこちらの都合を一時棚上げしても子どもの側に気持ちをもち出していないと，いま子どもがどういう状態にあるか摑めないというのはその通りです。しかし，「いつも，すでに」という態勢は大人の側に緊張を強いる結果になり，養育や保育に必要な「余裕」を失わせます。

　その点からしても，「受け止める」姿勢という言い方は，「間主観的に分かる」と「間主観的にしっかり分からない」の両方を包括するものなので，「間主観的に必死で分かろう」という構えを少し緩め，関わる側に「余裕」を生み出します。そして，「間主観的にしっかり分からない」場合も，これまでのように「だから次の対応が紡ぎ出せないのだ」「紡ぎだすためには間主観的に摑むことが重要だ」と間主観的に分かることを強調した議論とは逆に，実は何もしないのではなく，相手を主体として受け止める態勢にあれば，「じゃあ，こうしてみようか」という次なる手札はおのずから出てくることが期待できるのです。

　よく，自閉症の子どもの発達臨床場面で出てくる議論に，いま子どもが何を考えているか分からない，どうしてほしいのか分からない，だからこちらも混乱して途方に暮れるというような議論があります。ここでも，何を考えているかが分かる，どうしてほしいかが分かる，そうすれば私は混乱しないし途方に暮れないというふうに，考えが展開されているのが分かります。現場の担当者がそのように思うのにも無理からぬところがあるのですが，しかし，途方に暮れる前に，真に子どもを一個の主体と受け止める態勢にある人は，そのような簡単には分からない相手の状態をその子どものいまの主体のありようとして受

け止めて,「何かはしっかり分からないけど,あなたも困っているのね」「あなたも大変なんだ」と受け止めて,そっと見守ったり,その様子から「こんなことしてみようか」と軽く誘ったりといった対応が紡ぎだされてくるのです。そして,大方の養育者の子どもへの対応はほとんどがその水準のものでしょう。

そこから振り返ってみると,間主観的にしっかり分からない場面でも,相手を主体として受け止めることが,その関係の展開に重要な意味をもってくることが分かります。そしてそのような関わりをしていくなかで,ふと,間主観的に分かる局面が訪れ,それを基点にまた関係が深まっていくのです。

(6) これまでの議論を振り返って

相互主体的な関係,つまり相互主体性の問題が,これまで主体として育てられてきた人が大人になり,今度は「育てる者」になって子どもを主体として育てるという関係発達の問題に通じていること,またお互いが主体として抱える両義性によって,相互主体的な関係が複雑な捩れを抱えること,そして本節で議論してきたように,この相互主体性のなかに間主観性の問題が包摂されること,これらについては序章でも,また第1章でもたびたび触れてきました。そして序章ではこの相互主体性が私の研究史のなかでの見失われた環(missing ring)であると述べたのでしたが,本章でのこれまでの議論のなかで,その意味が凡そ明らかになったのではないかと思います。そこで次節では,過去に取り上げたことのある一つの具体的なエピソードを再度取り上げ,それを今まで議論してきた観点から読み直して,これまでの議論を整理してみたいと思います。

第4節 離乳食エピソード再考

『両義性の発達心理学』(1998)以降,両義性の概念を潜り抜けることを通して,私の関心は次第に一人の子どもの主体としてのありよう,あるいは養育する人の主体としてのありように向けられるようになっていきました。もちろん,

まだ相互主体性という概念はその時点では十分に考え抜かれていません。しかし少なくとも，「繋がれることが無条件に幸せだ」というような単純な議論が少し背景に退き，人間存在の根源的両義性に発する捩れ現象に次第に目が向けられるようになって，相互主体的な関係として議論する一歩手前まで近づいています。そのことの一例を，少々長くなりますが，『関係発達論の構築』に収録されている以下のエピソードに跡付けてみましょう。下線は後の議論のために今回付したものです（なお，このエピソードは『エピソード記述入門』(2005)にも収録しましたが，それはエピソードを記述するという文脈で取り上げられていて，ここでの問題関心とは多少異なっています）。

(1) **エピソード例：離乳食はもういらない**（Y児：6カ月）

　　一組の母子の離乳食場面である。母親の膝の上に座らされたY児は，これから何が始まるかもう分かっているという雰囲気であり，食べさせにかかろうとする母親も特にY児の気持ちをスプーンに引き付けねばという感じではない。離乳食が始まり，母親がスプーンを差しだすと，Y児は当然のようにそれを受け入れ，咀嚼して嚥下する。次のスプーンが差しだされると，またY児はタイミングよく口を開けてそれを受け入れる。それはかなり速いテンポであり，見事なまでに同期している（もちろん，どの場合でもスプーンが来るのにタイミングよく口を開けるというわけではなく，スプーンがくる直前に既に口を開けている場合も混じる）。行動レベルでいえば，母親がスプーンを差しだす→Y児が口を開け，咀嚼し飲み下す→次のスプーンがくるというように，一連の行為はきわめて円滑でリズミカルである。

　　しかし，食事がかなり進んで，もうそろそろ終わりになりかける頃からこの母一子の関係は興味深いものになってくる。行動のレベルで言えば，まず同期性やリズムが次第に崩れてくる。今やY児の気持ちは床の上のオモチャに向かっていて，母親がスプーンをもっていってももはや同期したかたちで口を開かない。しかし，全く食べないわけではなく，少しタイミングがずれたかたちではあれまだスプーンを受け入れてはいる。だが「もういらない」という気分がありありである。母親も，「もういらないの？　マンマ終わりにする？」とY児の気持ちを確かめながら，しかしもう少し食べさせたいという気持ちもあって，なおもスプーンを運び続ける。そして，Y児が運ばれてきたスプーンから明らかに顔を背けて

「もういらない」という気持ちを露わにしたときに，母親は「ごちそうさまにしようね」と言って口の回りを拭いてやり，食事を終わりにした。

(2) このエピソードに付された考察

　この離乳食エピソードを振り返ってみれば，当該二者の行動の前半から後半への変化は子どもの「もういらない」と，母親の「もう少し食べて欲しい」という，二者それぞれの気持ちや意図（主観的なもの）が変化し，かつまた母親にY児の気持ちの動きが分かって（間主観的に摑めて），それに基づいて母親がその対応を変化させていったことによっている。養育者である母親は，Y児の気持ちがもはや食べることに向かっていないことを感じ取りつつ，しかし，自分としては容器の内容物をもう少しY児に食べさせたい気持ちもなお働いている。それが食べる意志をY児に尋ねながら，なおスプーンを運ぶ手を緩めない理由になっている。そして，Y児が顔を背けたときも，母親は単にそれに反応して口を拭く行為に出たわけではない。Y児のその行為を通してY児のもういらないという気持ちが分かる一方で，母親の内部にそれに対応した気持ちの動きが起こり（ある程度食べてくれたから今日はこのぐらいでよしとしよう，また明日がある，というような母親の「納得の仕方」もあれば，もう少し食べてほしいのに，しかしもう今日はもう無理だろうというような「読み」も働いているだろう），それが最終的に口を拭いてやるという行動に結びついている。

　このように，このエピソードにおける離乳食の終わり方は，子どもの気持ちと養育者の気持ちが絡み合い，せめぎ合って，次第に収斂していった結果である。ここでは，「もういらないの？　マンマ終わりにする？」と「ごちそうさまにしようね」という養育者の二つの言葉が挿入されているが，しかし，たとえ養育者が無言であっても，このエピソードはまさに上に描き出されたように記述することができただろう。というのも，観察者には両者それぞれの気持ちの動きが間主観的に把握できていたからである。

　ところで，このエピソードの「食べさせる―食べる」の行動的関係の背後には，常に子どもの気持ちを調整しようという養育者の意図（Stern, D. N., 1985）がある。そして，もう少し月齢が進めば，そうした養育者の意図を汲み，それに応じようとする子ども自身の自己調整的な気持ちが働いていることが見て取れるようなエピソードに出会えるだろう。ここに，まずは養育者による子どもの self（自己ないし気持ち）の regulation として始まり，それが次第に子ども自身による

自分の気持ちの調整へと展開していく self regulation の発達過程の端緒をみることができる。筆者がこのエピソードを取りあげようと思い立った第1の理由は，養育者のこのような「子どもの自己の調整」という問題への関心であった。そして「子ども―養育者」間でなされる気持ちの相互的調整がそれぞれのカップルによって微妙に異なるところに，「子ども―養育者」関係の常態から病態への連続体が横たわることは明らかである。こうした事情の理解こそ，「子ども―養育者」関係の変容を単に行動的関係の変化の事実として捉えるばかりでなく，主観的，間主観的な関係の変容の事実として提示する必要があるという認識を導いてきたものである。

　実際，このエピソードには，子どもや養育者の気持ちを観察者が間主観的に把握するという問題，さらに養育者が子どもの気持ちを間主観的に把握しているのを観察者がまた間主観的に把握するという，われわれの「関与しながらの観察」の中心的な問題が立ち現れている。すなわち，観察者はその場においてY児の「もういらないという気持ち」を自ら間主観的に感じ取りつつ，母親もそのように感じ取っていると感じている。さらに，「もう，終わりにする？」と言いながらなおもスプーンを運ぶ母親の下に，「もう少し食べさせたい気持ちがある」ことを感じ取っている。このような観察者による間主観的な把握（感じ取り）によってはじめて，このエピソードは単なる子どもと養育者の行動的な相互作用を越え，間主観的な関係として展開されていることが理解できるようになるのである。

(3) 離乳食エピソードとその考察を再考する

　このエピソードに付した考察の下線部はエピソードの解説であり，これは『関係発達論の構築』や『エピソード記述入門』に照らせば第1次メタ観察に相当します。つまり，記述主体である私は，その事象から少し距離をとって，お母さんがYくんの「もういらない」という気持ちを間主観的に掴みながらも，お母さんとしてもう少し食べてほしいという思いもあり，その二つの気持ちがお母さんの内部でせめぎ合うなかでお母さんのYくんへの対応が微妙にかたどられ，次第に離乳食の終わりに向かって収斂していったとまとめています。

　ここで私がお母さんの内面に寄り添ってそのせめぎ合う気持ちを解説しているのは，上記の考察の末尾に示したように，観察者である私自身，Yくんの「もういらない」という気持ちの動きを間主観的に掴んでおり，お母さんがY

くんの「もういらない」という気持ちを間主観的に摑んでいることと重なっていると考えたからです。つまり，お母さんの間主観的把握とその場に居合わせた観察者である私の間主観的把握が重なり合っていることを，間主観性を問題にする根拠なのだとして強調しています。これがこれまでの間主観性の議論の運び方だということは前節でも触れました。

そしてこのエピソードを切り出した私の理論的背景（第2次メタ観察）としては，スターンが謂うところの自己の調整（self regulation）への関心があり，お母さんによるYくんの自己（気持ち）の調整が，いつしかYくんに取り込まれ（引き移され），Yくん自身による自分の気持ちの調整へと成り代わるという，大きくいえばいわゆる「しつけ」の問題が視野にあったということになります。

しかし，今の相互主体性の関心や両義性の概念を念頭に置いて考えると，もっと違った問題が浮かび上がってきます。

1) Yくんを自分の思いをもった一個の主体として受け止める

お母さんがYくんの「もういらない」という気持ちを間主観的に摑む背景には，まずもってお母さんがYくんを一個の主体と受け止めて対応しようとしているという，養育者の根源的な構えの問題があります。つまり，Yくんが「もういらない」という気持ちなのだとお母さんが間主観的に分かるのは，お母さんがYくんの側に自分の気持ちを寄せるからですが，それはまた，お母さんが自分の思いにYくんを引き込むのではなく，むしろYくんを自分自身の思いをもった一個の主体として受け止めるからこそ成り立つものだということです。もしもお母さんが自分の心のなかを覗き込むような構えにあるならば，「私がこんなにも努力しているのに，この子はどうして食べようとしないの」というように，「もういらない」と受け止める前に，「食べようとしない我が子の困った様子」が前景に出てしまい，「もっと食べさせよう」と強く対応する場合さえあるでしょう。

このエピソードでも，前半部ではYくんが自分から意欲的に離乳食を食べていた部分がありましたから，お母さんはYくんの「もういらない」といういまの気持ちに対して，「もっと食べてほしい」と思いながらも「もういいか」と

思えたのであって，一口も食べない状態のままでは，「もういいか」と思いなすことはなかなかできなかったでしょう。実際，食事でいつもトラブルが起きる難しい子どもへの対応が悪循環を引き起こしやすいことを念頭に置けば，今のエピソードではある程度よい循環が巡っていることが背景にあったから，お母さんのこのような懐深い対応が可能になったのだとも言えるでしょう。これはこれまでの議論のなかで一つの局面にはその前後があると述べてきたことに対応します。

さて，一個の主体と受け止めるとき，『保育を支える発達心理学』(2001) で述べたように，その子のいま向かいつつある方向が養育者の願う方向と同じなら，「そうよ，あなたはそれでいいのよ」というように，子どものいまの様子を受け止めながら，子どもを「認める」「支える」「励ます」といった肯定的な対応が紡がれていくでしょう。しかしながら，たとえその向かう方向が養育者の願う方向とは違う場合であっても，それを頭ごなしに否定したり無視したりするのではなく（あるいは自分の関心から閉め出したり，その場から身を引いてしまうのではなく），「あなたがそうしたい気持ちは分かる」というように，いったんその子の気持ちを受け止める配慮を示すということも，養育者の受け止める対応の内容です（それはまた，自分の関心の枠から締め出すことなく，子どもの出方を待つ場合をも含むものでしょう）。それはまさに子どもが可愛いという思いを背景に，子どもを一個の主体として尊重しようという姿勢が養育者の側にあるからです（そしてそれはまた養育者自身が一個の主体として生きているからこそ可能になるものだともいえます。もしも養育者が自分を全部捨てて子どもの側に自分を重ねようとしていれば，子どもの思いと自分の思いがぴったり重なるために，かえって自分の思いを子どもの思いと錯覚し，自分の思いの側に子どもを引き込み，それを子どもの思いがそうだから自分はそうするのだと思い込むことになりかねません。自分がいま一個の主体として生きているからこそ，子どもを自分とは異なる一個の主体として受け止める可能性，つまり，我が子は養育者である自分とは異なるその子自身の思いをもった一個の主体なのだと，少々複雑な思いで我が子を受け止める可能性が生まれるのです）。

いま述べたことは，先の図10でいえば，重なり合った共通項の外にそれぞれが独自の領分をもつということに対応しています。私たちは，身近な他者と一体的に重なり合い繋がり合うことを希求しながらも，やはり「私は私」，「あなたはあなた」というように，切り分けられ，重なり合えない部分を常に残しています。それは「私」も「あなた」もそれぞれに自分の思いをもった一個の主体だからです。

おそらくこのお母さんも，半年間共に生きてきた可愛いYくんとは，いろいろな局面で繋がり合えるというように，繋がり合えることにある程度自信を抱いているでしょうが，しかし繋がり合えない面，あるいはお母さんの思いが通らない面をももった，養育者の自分とは異なる一個の主体であるということを，誕生以後のいろいろな養育場面で経験してきているはずです。もちろん，その身体によって境界づけられた一個の意欲的な活動主体という意味では，誕生のときから養育者は乳児を一個の主体であると肯定的に受け止めてきているに違いありませんし，また「受け手効果」としても乳児をすでに「一人前」と肯定的に受け止めてきていたはずです。しかし，その後の養育を通して，養育者は，乳児が繋がれることを求め，それに養育者である自分が応じればうまく繋がり合えるときもあるけれども，しかし養育者である自分の方が繋がることをいくら求めても，我が子は頑として応じてくれないこともあるような存在であること，さらにはこちらの都合を受け止めてくれることなく，とことん自分の思い通りに動くかと思えば，あっさりこちらの作り出す流れに乗ってきてくれるような存在でもあること，要するに，まさに両義的な存在であることをさまざまな場面で経験してきているに違いありません。

つまり，まだ未熟な乳児に過ぎないとはいっても，その時々の気持ちの向かい方，好き嫌い，したいしたくない等々，その子なりの意思や意図をもった存在であるということを，養育者はその子の誕生以来，日々の養育を通して身をもって実感しているはずです。そしてそうした経験を通して，養育者は子どもが自分を押し出して輝く存在であると同時に，重なり合えない部分を含んだ存在，養育者である自分の意のままにはなり得ない存在でもあるというように，

両義性を孕んだ一個の主体であると受け止めてきています。だからこそ，養育者は子どもとのあいだでまさに喜怒哀楽の感情を経験することにもなるのです。

　自分とはいろいろなところで重なり合えない面をもった一個の主体であるという実感を踏まえながら，しかしそのような我が子をある思いをもった一個の主体として受け止めようとするとき，その主体の思いを間主観的に摑むということに養育者はおのずから開かれていきます。つまり，間主観的にわが子の気持ちが分かるのは，まずもって子どもを一個の主体として尊重し，その気持ちを受け止めようとしているからこそです。「いつもすでに」というほど振りかぶってはいないにせよ，「ほぼいつもすでに」気持ちをもちだした状態にあるからこそ，「成り込み」が生まれ，子どもの今の気持ちや状態が「分かる」のです。ここに，養育者側からの間主観的な把握が生まれる条件として，相互主体的な関係の問題が見えてきます。

　他方，乳児の方も，自分の思いを養育者に受け止めてもらえることを当然のこととして（基本的信頼），自分を表現し，周囲世界に出かけたり，関わったりして，それを取り込み，自己発揮していくことになりますが（主体の一方の面），そうしているうちに，自分が信頼を寄せているその他者も，単に自分の要求を満たしてくれるだけの人ではなく，その人の様子から，その人にもさまざまな思いがあるのだということに少しずつ気づき始めるのです（主体のもう一方の面）。この主体の二面性が形成される過程が，相互主体的な関係においてであるということ，これがいま私がもっとも強調したいところです。

2）お母さんもまた一個の主体である

　このエピソードには，お母さんがYくんは「もういらいない」という気持ちになっていることを間主観的に摑みながらも，「自分としてはもう少しYに食べさせたい気持ちもなお働いている」という部分があります。前半はYくんを一個の主体として受け止めた部分，後半はお母さんも一個の主体であることの表れと考えることができます。このように，養育の場面において，お母さんがどれほどYくんに気持ちを寄せ，Yくんを主体として受け止めようとも，お母さんは自分もまた一個の主体なのだという部分を捨て去ることができません。

もちろん，短時間のあいだは自分の都合や自分の思いを棚上げして，自分を子どもの側に片寄せすることはあるでしょう。しかし，それは長続きするはずはなく，いずれは自分に回帰し，養育者である自分も一個の主体として生きているという現実に直面せざるを得ません。それは養育者が生活する主体だからでもあります。つまり，生活上のさまざまな必要から，子どもの気持ちを受け止めつつもそれに即応できない事情が多々あり，そのようなとき，「してあげたいけどいまはだめ」とか「ちょっと待っててね」とか，あるいは子どもが少し大きくなると，「自分でしてごらん」とか「それはどうかな」などと，自分の思いを伝えていかざるを得ない局面がしばしば現れます。このことは，先の図10において，養育者が子どもと重なり合わない部分を必ずもっていることに対応しています。
　さて，ここで「もう少し食べてほしい」と思うのは，必ずしもこのお母さんの個人的な都合ではなく，養育する人が必ずや（社会通念的に）抱く「子どものために良かれと思って」のことであり，「たくさん食べる子は元気な子」という思いがその背後にあるからでしょう。しかしいまここで問題にしたいのは，Yくんの気持ちの向かうところと，お母さんの「子どもに良かれと思うこと」とが逆向きになっていて，そこに摩擦やせめぎあいが生まれつつあるということです。その限りで，このお母さんの思いはお母さんの側に帰属させざるを得ませんし，またその限りで，その思いはこのお母さんが一個の主体であることの表れだといわざるを得ません。
　ここで養育者は子どもを一個の主体として受け止めて対応しているとこれまで述べてきたことを思い起こしてみましょう。両義性の考えは確かに相互主体性の考えに私を近づけてくれましたが，他面では，その葛藤する局面をあまりに鋭く描くことに私を導いた面も否定できません。いまの議論でいえば，確かに，Yくんの「もういらない」という思いとお母さんの「もう少し食べて」という思いは正面からぶつかっています。ここで，両者の思いはそれぞれの自己充実欲求に根ざしており，それがぶつかり合って葛藤になるけれども，その葛藤を厳しいものにしないのが養育者の配慮性だというような議論をこれまでは

してきました。しかし、この両者の関係が相互主体的な関係だということを踏まえるなら、第1章で見たように、「もう少し食べて」と言いながらも、お母さんは一方ではYくんの「もう要らない」という思いを受け止めているのであり、決して単純に自分の思いをぶつけているわけではありません。「もういらない」のありのままを受け止めつつ、もう少し食べてほしいという自分の主体としての思いを穏やかに伝えていっているのです。あるいは、自分の思いを穏やかに伝えながら、Yくんのありのままを受け止めているのだといってもよいでしょう。

ところが、そのような極めておおらかな「受け止め―伝える」対応が、結局はYくんの「なる」の芽を育んでいくことになるというのが第1章の議論でした。ここでのお母さんの対応はまさにそれです。

もちろん、この「もう少し食べてほしい」という母親の思いは、このエピソード場面がそうであったように、子どもの思いを受け止めるなかで、もう少し誘う方向に向かったり、あるいはそれを引っ込めて子どもの「たべたくない」気持ちを尊重する方向へと向かったりと、二つの可能性があります。「子どもを一個の主体と受け止めて」ということには常にこの二方向が開かれているといってよいでしょう。この二つの可能性が日によって、また子どもの状態によってあちこち揺らぐのが、対応の両義性であり、その幅が「ほどよさ」なのでしょう。

しかし他方で、子どもを一個の主体と受け止めることができずに養育者の思い（都合）が前面に出てしまう場合にも二つの可能性があります。一つは、子どものその気持ちが顧みられないまま、養育者の思いを強引に子どもに押し付けて、強く「食べさせる」対応に傾斜してしまう可能性で、もう一つはその逆に、子どもに嫌がられるのを懼れてひたすら子どもに合わせ、養育者の思いを伝えようとしないまま、すぐに「あら、もういらないのね」と働きかけを引っ込めてしまう可能性です。前者はもっぱら養育者主導で子どもを主体として受け止めることに失敗しており、後者は子ども追従の対応で、大人が主体であることを伝えるのに失敗しています。

本来の子どもを主体として受け止める対応は，この離乳食エピソードがそうであるように，子どもを主体として受け止めつつ，なお養育者も主体として自分の思いを伝えていこうという，まさに微妙にせめぎ合いつつ捩れた局面が含まれてくるのが普通です。その意味で，このエピソードは「一個の主体である養育者が子どもを一個の主体として受け止めて対応する」という今のテーマについての典型的な事態なのです。

3）　Yくんは自分の思いを持った一個の主体として生きている

　このエピソードにおいて，Yくんは最初のうちは自分から旺盛な食欲を示し，スプーンを次々に受け入れていっていました。それはお母さんが作り出したお母さんペースではなく，自らの食べたい気持ちに見合ったペースであり，その背後には，当然そのようにスプーンを運んでもらえるのだという確信に裏打ちされた自信溢れる態度があります。つまり，自分の望むペースに母親が当然合わせてくれるはずだというという期待と信頼がそこに滲み出ています。それはYくんがお母さんの気持ちの動きをそのように間主観的に摑んでいるからそうなるといっても言い過ぎではありません。

　『関係発達論の構築』での議論では，ここの前半部について，タイミングが同期しているという記述ですませ，それは従来の枠組みでも記述できるだろうとみなして，ここの局面を重視していないふしがあります。しかし，これまでの議論を踏まえればそれは正しくありません。外側から眺めれば，まさにタイミングよく同期してスプーンを「差し出し―受け入れる」という関係が作り出されているように見えますが，しかしこの場面を今一度丁寧に見直してみると，この円滑なスプーンのやりとりは，どちらか一方が主導して作り出したものではなく，むしろこれまで「能動―受動の交叉」というかたちで議論したことがぴったり当てはまる，まさに二人の「共犯的」な行為（相互行為）であることが分かります。つまり養育者の側が合わせることで作り出す同期性ではなく，むしろ相互主体的な関係にあるからこそ生まれる同期性なのです。

　そこにもYくん自身がすでに一個の主体として生きている様が見て取れます。その一つは，今見たように，自分のペースにお母さんが合わせてくれるという

確信に満ちた態度です。これはお母さんへの「信頼」という文脈でも議論できるでしょうが、今の文脈に引き寄せていえば、Yくんはお母さんが自分の思いを受け止めてくれる存在であることを、まだまったく未熟なかたちにもせよ、おおよそ分かりかけているということなのです。これが後に「相手を主体として受け止める原型」であることはいうまでもありません。

あるいは、「もうほしくない」気持ちになって、最後には顔をそむけるような仕草を見せるのも、単に自分の嫌な気分を表出したというのではなく、その嫌をお母さんがたいていは受け入れてくれる（あるいは嫌という気持ちを受け止めてくれる）という確信があるからです（このエピソードだけからここまでいうのは言い過ぎかもしれませんが、この前後のエピソードを重ねると、これは単なる解釈でそういっているのではなく、そのような前後の文脈を背景に、観察者にそのように間主観的に感じ取られるものだといわねばなりません）。

ということは、Yくんもまた、単に「自分の思い通り」を押し出しているのではなく、お母さんがどのように対応してくれるか、自分の気持ちをどのように受け止めてくれるかを、お母さんの態度や表情からおおよそ感じ取っているということであり、その意味ではYくんの側の自分の押し出しも、決して闇雲のものではなく、感性的かつ初次的な水準ではあれ、間主観的にお母さんの気持ちを摑んでいるからこそ、このように押し出せるのだといえるでしょう。だからこそまた、このエピソードのさまざまな各局面において、観察者である私はYくんが一個の主体だという印象を抱くのであり、それはおそらくお母さんにとっても同じだと思われるのです。

こうしたことは、『関係発達論の展開』（1999）に収録されているほぼ同じ時期のエピソード「今日は機嫌が悪い」でも確かめられます。

「今日は機嫌が悪い」のエピソードでは、Yくんは機嫌が悪く大泣きしてむずかりますが、しかしそのむずかりようは、お母さんならば絶対に受け止めてくれるということがあたかもわかっているかのような（そのように周りに感じさせる）むずかり方でした。ここでも、Yくんの主体としてのありようは、一見したところ、Yくんの固有性に発しているようですが、それもまたお母さん

とのいわば共犯的な関係の（歴史の）なかから生み出されていると見なければなりません。言い換えれば，Yくんの内部から立ち現れてくるかに見えるYくんの主体としてのありようは，それまでのお母さんの対応，つまりお母さんが自分の気持ちや思いを受け止めて対応してくれるという度重なる経験によってかたどられている一面があるということです。それを裏返せば，お母さんもまた，Yくんが少々むずかっても最終的にミルクにもっていけば何とかなるという切り札をこれまでの経験からすでにもっているからこそ，このようなむずかった場面でもある程度余裕をもって対応できるのだといえるでしょう。その意味では，「いま，ここ」において「子どもを一個の主体として受け止める」対応も，実際にはそうした対応の蓄積された経験の厚みから紡ぎ出されてきていることを見ないわけにはいきません。つまり，一見したところどの「子ども―養育者」関係にも見られるような「なだめる―機嫌を直す」という関係も，それまでの「一個の主体として受け止める」という丁寧な対応の歴史がその背景にあるということです。

　いまの議論を少し敷衍すれば，「いま，ここ」での「受け止める」が，それまでの「ほぼいつも受け止めてきた」と響き合っているといわねばなりません。先に相互主体的な関係の歴史が間主観的に「分かる」を生み出すとして議論したことも，このことに関わってきます。

(4) 観察者もまた一個の主体としてその場に臨んで 「受け止める」構えの下にある

　これまで，離乳食エピソードを手がかりにすることによって，Yくんのお母さんが自らも一個の主体としてありながら，なおかつYくんを一個の主体として受け止めていること，そしてお母さんのそのように受け止める対応の歴史のなかで，Yくんもまた幼いなりにお母さんの対応のありようを受け止めようという萌芽的な態勢の下にあることを見てきました。しかし，これまで見てきた一連の考察の背景には，観察者である私や妻もまたこのお母さんやYくんを一個の主体として受け止める構えの下にあったことを認めないわけにはいきませ

ん。

　つまり，自分自身の養育経験や自分の妻の養育のありようを見る経験，さらに自分自身の幼少期の記憶，あるいは自分自身の主体としての生き方や対人経験などがいつしか自分のまなざしにいわば受肉し，それがエピソードの切り取り方，その読み方を枠付けたり，方向付けたりしているということです。何気ないこのお母さんのYくんへの配慮についても，そのような配慮がむずかしい他の多くの養育者たちの対応との対比のなかで，その価値が浮かびあがり，その何気なさのなかにこのお母さんの主体としての生き方への共感の気持ちが働くのを禁じ得ません。このことは，『関係発達論の展開』(1999)に収録されている「今日は機嫌が悪い」というエピソードにおいて，「子どもの負を抱える」という主題を取り上げているところにも窺えます。子どもが泣き喚くからなだめるのだといってしまえばそれまでですが，なだめても泣きやまないわが子を前に，強引に泣き止ませるのではなく，泣きたい気持ちのわが子のありようをそのまま受け止め，子どもが自ら泣き止む気持ちになるのをひたすら抱えながら待つという対応が，どれほど困難な主体としての配慮の上に紡ぎ出されるものなのかは，負を抱えきれずに虐待に至る養育者の存在を思えば，ほとんど言わずもがなのことです。負を抱える主体としてのこのお母さんの辛さへの共感は，観察者＝研究者である私や妻もまた一個の主体としてさまざまな負を抱えて生きてこなければならなかったことを抜きには考えられません。

　またYくんの思い通りを貫こうとする姿勢も，またむずかる様子も，あるいはお母さんに自分は受け止めてもらえるのだと確信している様子も，これまでの私や妻の主体としての生き方と無関係に取り上げることはできませんし，そこで思わず微笑ましい気分に浸されてしまうのも，Yくんの様子にかつての自分を生き直そうとするからでしょう。

　その意味では，エピソードを切り取る研究主体の関心は，単に理論的な関心に解消されるものではなく，研究者自身の生き方や主体としてのありようとの相関項だということになります。

　以上，「離乳食エピソード」を手がかりにして，それを4つの小項目の観点

から見てきました。これを踏まえて，次節ではこのエピソードに登場するYくんやお母さんがどのような意味で「主体」なのかを，第1章を念頭に置きながら考察してみます。

第5節　離乳食エピソードの登場人物が「主体である」とはどういうことか

　「離乳食はもういらない」のエピソードとそれに付した考察を再考することによって，間主観性と相互主体性の関係がおおよそ提示できたと思います。この議論の過程で出てきた「主体である」「主体としてのありよう」という表現の意味内容については，すでに前章で「主体的」「主体として」という用語の使われ方を議論するなかで，ある程度明らかになっていると思いますが，このエピソードを通してもう一度振り返って見ておきたいと思います。

⑴　Yくんが「主体である」とはどういうことか

　前節での議論に見られるように，6カ月時のYくんはすでに自分の思いをもった一個の主体として生きています。もちろん，1，2カ月の時点のYくんのありようも，確かに一個の欲求―充足の主体としてのありようを示してはいます。しかし，時間の経過のなかで身体機能や精神機能が次第に充実し興味や関心が広がるのに応じて，その自己充実のかたちは次第にその輪郭をはっきりさせ，大きく拡充しつつあります。そのことによって，それまでのように欲求を訴えそれを満たしてもらって満足するだけの存在，あるいはお母さんの作り出すちょっとした誘いかけに比較的容易に巻き込まれていた状態から，お母さんの思いとは明らかに異なる思いをもった存在，つまり，お母さんに「幼いけれども自分とは違う一人前の存在だ」ということをしっかり印象付ける存在へと変貌し始めています。

1）興味・関心・欲求の輪郭の明確化・多様化という側面

　Yくんが主体であるということは，まず第1に，こうしたい，こうしてほし

155

いというYくんの興味・関心・欲求がしだいにその輪郭をはっきりさせ，また多様化しつつあるところに現れています。先のエピソードでも，「もういらない」という思いは，単に離乳食をある程度食べて満足したから「もういらない」というのではありません。その背景には，オモチャへの関心が高まってきたという事実があり，離乳食にある程度満足したYくんの関心は，いまやそばのオモチャに向かっています。だから「もういらない」になるのであって，もっと積極的にいえば「オモチャで遊びたいからもういらない」なのです。こうしたYくんの主体としてのありようは，誕生以来，その欲望のかたちがしだいに明確になり，また多様化してくるという，個体の側に現れた発達の事実とさしあたりは見ることができます（さしあたりはというのは，後に述べるように，その事実を関係論的にみれば，これまでお母さんがYくんの欲望のありようをできるだけ受け止めようとし，またそれを基本的に満たす方向で関わってきたことの結果であるともいわねばならず，単純に「個体の側の発達」とはいえないからです）。

2) 自分の思いの表現の明確化いう側面

第2に，Yくんの思いがそのように際立つこと自体は，一面ではお母さんにとってもYくんが一個の主体として育ちつつあることの現れとして肯定的に受け止められるものです。しかし，Yくんのその思いは，いまやお母さんの願いや期待にときに対抗するかたちでその輪郭を際立たせるまでになっており，それによってお母さんはYくんが「自分とは違う存在」だと認めざるを得なくなってきています。しかも，その思いの表現はまさにYくんの固有性といわざるを得ない，Yくんに特有の表現となってきつつあり，またお母さんの働きかけへの応答もYくんらしい応答になってきつつあります。全体として，Yくんらしい存在様式をもち始めたという印象があり，そこにもYくんが一個の主体であるという理由があります。つまり，第三者の視点からみれば，Yくんが欲望の主体として際立つことは，その欲望の源泉，その欲望が帰属される場所としての個が周囲他者から際立つということであり，異なる欲望の源泉である周囲他者とときに対峙する面をもち始めてきているということです。

この第1と第2の側面は，Yくんが「主体である」ということを，根源的両

義性のところで述べた自己充実欲求との関連で理解することに繋がるものだといえるでしょうし，前章での議論に重ねれば，「私は私」の自分の思いを押し出す動き，自己発揮する動きに該当するといえます。

3) 他を他として受け止め始めている側面

しかし第3の側面として，第1の側面の末尾で述べたように，Yくんがそのように自分を際立たせる背景には，お母さんはたいていは自分をよい具合にしてくれるというお母さんへの信頼感や，お母さんが傍にいれば大丈夫というお母さんが現前することへの安心感が持続的に働き始め，それがあのエピソードのさまざまな局面に浸透していることを見逃すわけにはいきません。つまり，Yくんはお母さんの存在と無関係に自分の思いをストレートに押し出しているのではないのです。そのことは，新生児期や1カ月の頃の欲求の表出がありとあらゆる方向に発散されているのと比べてみれば明らかでしょう。お母さんとの繋がりが深まり，お母さんが自分をたいていは受け止めてくれることが分かりつつあるなかで，その受け止めてくれることを当て込んだ振る舞いをするようになっているのです。そのようなところにも，Yくんがいまや一個の主体だという理由（観察者にそのように感じられる理由）の一端があります。

あるいはまた，お母さんが離乳食をもってきて椅子に座らせてくれるのに自分から応じ，お母さんがスプーンを差し出すまでのお母さんの様子（魚の身を取る様子）をじっと見，スプーンが差し出されるのを待ち構えて口を開けて食べるという様子を見ると，お母さんは単に自分を受け止めてくれる人だというばかりでなく，お母さんにも思いがあるということに気づき始めていることが分かります。これは「主体である」ということを繋合希求性との関連で，あるいは前章の議論でいえば「相手を受け止める」ということとの関連で理解することに繋がります。

(2) お母さんが一個の「主体である」とはどういうことか

お母さんも当然ながら上記の意味での主体です。しかしながら，ここでのお母さんの主体としてのありようは，Yくんのそれとは明らかに異なって，極め

て錯綜しています。先にも触れたように、お母さんの「もっと食べてほしい」という思いは、一見したところでは、Yくんの「もういらない」という思いと単純に対立するお母さん側の思いであるように見えます。もちろん、それはこのお母さんの主観のなかに生じた思いであり、その意味ではYくんの思いと同じように個としての「私」の思いです。しかし、Yくんの「もういらない」はYくん自身の身体の内部から立ち現れてきたYくん自身のストレートな思いですが（その現れ方にはお母さんとの関係の歴史が刻まれているとはいえ）、お母さんのその思いはそれとはやや趣を異にして、「せっかく作ったんだから」といった自分の思いだけでなく、たくさん食べさせる養育者がよい養育者、たくさん食べる子が元気な子、といった社会通念や社会的役割期待を暗黙のうちに取り込んだなかでの思いでもあり、さらには、Yくんが「もういらない」と思っていることを間主観的に摑むなかでの思いでもあります。

　言い換えれば、ここでのお母さんの主体としてのありようは、Yくんの思いとは無関係に単に自分のなかに「もっと食べてほしい」という思いが湧き起こり、その思いをYくんの食べようとしない様子に真正面からぶつけようとしたものではありません。

　もしもお母さんが単に「もっと食べてほしい」という考えに捉えられ、それをYくんに押し付けるだけなら、Yくんとお母さんの関係はそれぞれの思いを互いにぶつけ合うだけの対峙する関係になってしまうでしょう。しかし、ここでのお母さんは「もっと食べてほしい」と思い、そこから単純に「もっと食べさせよう」と働きかけるのではなく、もう少し食べてほしいと幾度かスプーンを差し出していきながらも、しかしYくんの「もういらない」という態度をYくんの思いとして受け止めて、微妙に働きかけを調整し、そして最終的にはYくんの思いを受け入れる配慮を示しています。そこに自分が一個の主体でありつつ、なお相手を一個の主体として受け止めて対応するという、養育者としての主体のありようのもっとも本質的な部分があります。

　もちろん、Yくんはお母さんが自分を一個の主体と受け止めてくれるようには、まだお母さんを自分とは異なる思いをもった一個の主体と受け止めるまで

には育っていません。しかし，論点を先取りしていえば，このような養育者のきわめて微妙な対応を通して，次第に子どもは相手を一個の主体として受け止めていくことができるようになるのです。

ここに，いまだ対人関係の機微を潜り抜けてもいなければ，社会化を身に被ってもいない乳児の主体のありようと，すでに幾多の対人関係を潜り抜け，社会化され，社会通念や常識を身にまとい，しかも自分にとって大事な存在であるいたいけな我が子の思いを一個の主体の思いとして受け止めようという養育者の主体のありようとの違いがはっきりと現れています。その意味で，子どもと養育者の関係は紛れもなく非対等的であるといわねばなりません。にもかかわらず，すでにこのエピソードには，それぞれが自分の思いをもった主体として関わり合い始め，その思いと思いが複雑に絡んでいく様子が窺われます。これを第三者的視点から眺めるときに，「相互主体的な関係」と呼ぶというのが，本書での基本的な構図なのです。

(3) 主体であることの「厚み」の違い

これまでの議論を振り返って見ると，同じように「主体」という概念を用いながらも，Yくんのそれとお母さんのそれはその「厚み」において大きく違っているといわなければなりません。両者とも自己充実を目指す一個の欲望の主体であるという意味で，そのコアの部分は似通っているようにみえます。しかし，この時点におけるYくんの自己充実をめざす動きは，身近な他者との繫合希求性との関連でほんの僅かばかり屈折する面を見せ始めているものの，まだその大半はストレートに身近な他者に振り向けられているにとどまっています。Yくんの主体としてのありようは，これからお母さんとの関係をはじめ，多様な対人関係を潜り抜けるなかで，またこれからさまざまな社会化を身に被るなかで，その自己充実欲求が繫合希求性との兼ね合いで複雑に屈折し捩れて表現され，それが行動に現れていかざるを得ません。その過程を描き出すことこそ「主体としての育ち」という関係発達のテーマそのものです。

自己充実の屈折するかたちは実に多様です。詳しくは別に論じなければなり

ませんが，簡単にスケッチすれば，次のようなことがいえるでしょう。例えば，仲良しの相手と物の取り合いになるとき，その物を相手に渡せないという思いと，仲良しの友達がふくれて帰ってしまっては困るという思いが葛藤し，そのなかで，時には自分を貫き，時には仲良しの友達に譲るという自己充実の屈折が生じます。もちろん，それは養育者の「仲良しのお友達にも貸してあげて」という依頼や，仲良しの友達に貸してあげたことへの周囲の大人たちの賞賛，あるいは，貸してもらえなかった相手の子どもへの大人たちの同情など，子どものほめられて嬉しい気持ちや，慰められる相手への嫉妬心，さらには相手の子どもの悲しむ様子に共鳴する気持ちが自分に生まれたり，また渡してあげて相手が喜ぶ気持ちを感じて自分も嬉しくなり，人を喜ばせることのできる自分に誇りを感じるようになったりする，等々のことと無関係ではありません。そういうものをひっくるめて自分の自己充実のありようが屈折していくのです。

　いうまでもないことですが，一度そのような屈折が生じれば，子どもはいつでも相手に自分を譲れるようになるということではありません。仲良しの相手が嫌がっていることが子どもなりに分かるようになり（間主観的に分かるようになり），そこで相手の嫌がっていることをもうやめようという気持ちになることもあるけれども，しかし嫌がっていると分かっても簡単に譲れないこともあり，また嫉妬心（ねたみ）にかられたときには，かえって相手の嫌がることをわざとしたりすることもあり，その結果，衝突が起こってしまうこともしばしばあります。要するに子どもの対人関係はつねに微妙に動いていくしかないということですが，ともかくもそのなかで自己充実のありようが次第に屈折し，かたちを変えていきます。これが自己充実の観点からみた主体としてのありようの変化です。

　同じように，自分の思いが通らなかったときの不満の表現の仕方も次第に微妙なものになっていきます。最初のうち，自分の思いが通らなかったときの不満は，ストレートにそれを養育者にぶつけるかたちで表現されます。ところが，ストレートに表現しても通らないことがあるという経験と，養育者のいまの断固とした態度からそれが通りそうにないことが間主観的に摑めるようになると，

子どもは今度は甘えたり，すねたり，いじけたりする振る舞いに出て，養育者の態度の変化を期待したり，あるいは養育者になだめてもらうことでどうにか自分の気持ちを収めたりするというように，自己充実のかたちがかなり捩れたものになっていきます。そこには，断念を単なる断念に終わらせない，したたかな自己充実を目指す動きの一端が窺われます。

　さらには，周りの大人から賞賛を得ることも自分の一種の自己充実であるという経験を繰り返すことを通して，大人の面前ではよい子ぶる動きさえ幼いながらも見せるようになりますが，これも自己充実の捩れたかたちだといえるでしょう。要するに，繋合希求性の満足もまた自己充実に回収されるというかたちで自己充実が捩れることもあり得るということです。

　これまでみてきたのは，養育者をはじめ仲良しの友達など重要な他者や身近な他者たちとの関係のなかで自己充実のありようが次第に屈折していく事情でしたが，さらに周囲他者との関係が広がり，次第に禁止や制止，さらにはルールや規範にさらされるようになると，そうした現実原則との兼ね合いで自分の自己充実のありようを調整する原初的な自我機能が生まれ，それによって主体のありようはさらに屈折し捩れるようになっていくでしょう（その様相の一部は次章において提示される具体的なエピソードのなかに窺われます）。この自我機能は，その後，多様な対人関係の経験と社会生活のなかで，一面ではさまざまな防衛機制につながるかたちで強化され，他面では次第に柔軟さを増していきますが，それにつれて主体のありようもさらに複雑に捩れていかざるを得ません（これも具体的なエピソードで示す必要がありますが，残念ながら本書の範囲を超えています）。そしていずれはYくんのお母さんのように，子どもを一個の主体として受け止めるような懐深い構えがまさに自分の主体としてのありようだといえるようなかたちで，主体のありようは捩れつつその厚みを増していくのです。

　いまみたように，主体としての捩れが生まれるのは，自分の内側から溢れ出る力に対して外側から圧力が働くようになるからでもありますが，それだけではありません。肯定的にいえば，繋合希求性に導かれながら，周囲の人の気持

ちが間主観的に摑めるようになることをバネに，周囲の人と気持ちよく生活するために必要なこととして，自らの自己充実欲求の一部が屈折するかたちでそうなるといえます。これは，一人の子どもが個の欲望の主体でありながら同時に周囲の人と共に生きる主体になることを宿命付けられているという，つまり，「私は私であって私たちの一員でもある」という人間存在の根源的両義性に由来する面，つまり前章で見た主体であることの二面性，両義性の面に由来するものです。

しかし他方で，相手がどう出るか分かっているのに，それでも「だめ！」や「いや！」を押し出す1歳半から2歳前後の幼児の主体としてのありようを見ていると，他から映し返され，他から主体として扱われることを通して出来上がりつつある自分の輪郭を，周囲にぶつかることによって際立たせるというその振る舞いによって，自分で確かめているようなところがあります。それと同時に，それによって周囲の人が自分とは違う主体であることを確かめているようなところもあります。このあたりの事情については，種々のエピソードを通してもう少し考察を深める必要があるでしょう。

このように，一個の主体が捩れを身に纏いつつその厚みを増す過程は，単に規範やルールに晒されるからというだけではなく，むしろ身近な人たちとの間主観的な関係（相手の思いを感じ取ることによって対応を変えていく関係）を通して，その自己充実のありようがおのずから屈折していくことによっています。そしてそれを，第三者的に見れば，まさに子どもが身近な子どもや大人と相互主体的な関係を営むことを通してはじめて可能になるものだというのが，この間の議論の流れです。

第6節　相互主体性の見地から「育てる」という問題を考える

私はこれまで，従来の発達心理学には「育てる」という視点が含まれていないことを疑問に思い，そこから間主観性や関係発達という考えに辿り着きました。「育てる―育てられる」という関係のなかで子どもは一個の主体として育

第2章　相互主体性の観点から間主観性の問題を考える

っていきますが，そこに養育する側，保育する側の「育てる」「保育する」という営みのもつ重さがあることはいうまでもありません。本章のこれまでの議論，および序章や第1章での議論を踏まえ，「相互主体的な関係」つまり相互主体性の見地から「育てる」という問題をいろいろな角度から取り上げ直してみたいと思います。

⑴　「映し返し」再考

　これまで，「育てる―育てられる」という関係を取り上げて考察するなかで，私はメルロ゠ポンティのソルボンヌ講義録に出てくる「子どもと大人は向かい合わせに置かれた二枚の鏡のように無限に映し合うのです」という一文にヒントを得て，大人が子どものいまのありようを映し返すことの重要性を指摘してきました。子どもの存在をありのままに受け止め，そのありようを映し返すところを子どもが取り込むことによって，子どもは自分は可愛い子どもであるという自信（健康な自己愛の源）をかたちづくる一方，そのように肯定的に映し返してくれる人に信頼と安心を向けるのだと考えてきました。

　この考えは基本的に正しいと今でも思っていますが，しかし，そこに映し返す側の主体性の問題が絡んでくること，つまりその映し返す大人が，子どもを主体として受け止めて映し返しているかどうかが絡んでくることを，これまでは十分に考えてこなかったように思います。もちろん，『両義性の発達心理学』でもすでに，映し返しが単に物理的な鏡のようにあるがままをそのまま映し返すことではなく，そこに映し返す大人の側の複雑な思いが絡むことには言及しています。しかし，その場合でも，大人の側が自分の子どもイメージに合わせて映し返すからそうなるとか，大人の側に子どもを大事に思う余裕が無いから，あるべきかたちの映し返しにならないというように，大人の側の事情をもとに映し返しのありように変化が生まれるといった議論にとどまっていました。

　それは単に，子どもも主体，しかし大人も主体なのだというかたちで，大人が一個の主体であることをいわば円環のなかに閉じ込め，映し返しが適切にならない場合の対応を大人にも都合がある等の，半ば大人を弁護するかたちにと

どまり，その上で，子どもには愛している，大事に思っているという映し返しが不可欠なのだと主張しているにすぎないところがありました。しかしながら，いま「相互主体的な関係」という考え方に立つとき，そのような議論の仕方は，最初から子どもと大人をそれぞれ円で括ってその中に閉じ込めるような議論の仕方だったと気づかされます。必要なのは，やはり大人の側にどのような事情があるにせよ，子どもを主体として受け止める姿勢があるかどうかで映し返しの内容は違ってくるといわねばならなかったのです。

　鏡の比喩はあくまでも比喩にすぎず，また大人は一般的に子どもを映し返すのだというのでもなく，やはり一個の主体である大人が，子どもを一個の主体として受け止める際にその映し返しがなされるのです。そしてそうである限り，映し返しは常にある特定の大人の映し返しなのであり，それゆえそれが子どもにとってもつ意味も，人によって明らかに異なってくると考えなければなりません。相互主体的な関係が築かれたなかでなされる映し返しと，そのような関係が築かれていないところで，単に大人が「〇〇ちゃん，可愛いね」と映し返すのとではまるで意味が違ってくるはずなのです。

　ここから，保育の場でよく見られる「よくできたね」「すごいね」といった映し返しのことばの氾濫が，しかし子どもにはまるで響いていないことがしばしばあるという事情が理解できるようになります。というのも，それらのことばの氾濫は，子どものことを認めなければ，受け止めなければという保育者の余裕のない思いから出ていることが多いからです。そのような場合，一見，子どもを認めているようでいて，子どもと共にあることを喜んでいるふうでも，子どもの思いに寄り添っているふうでもないのが大半です。子どもが求めているのは，そのような思いの籠らない「よいことば」ではなく，自分が本当に主体として受け止められていることの確認であり，その意味での映し返しなのです。つまり，その「よいことば」を紡ぐ保育者が子どもを主体として受け止めているかどうかによって，子どもはそのことばに，自分が真に認められているかどうか，自分が映し返しに値するかどうかを感じ分けることができるのです。

　このように，養育する人，保育する人が子どもの前に立てば自動的に鏡にな

るというのではなく，子どもを主体として受け止める構えの下にあるかどうかが大きく関わってくることが分かります。

(2) なぜ「させる」では駄目なのか

　本書のこれまでの議論のなかで，主体として受け止めることが先決で，大人に良かれと思うことを子どもに一方的に押し付け，何かを「させる」という対応では，子どもは主体として育たないということを随所でいい続けてきました。いまの養育や保育や学校教育を振り返れば，その対応のほとんどは「～をさせる」という枠の中で動いているとさえいえそうですから，それがどうして駄目なのかを，やはりここでもう一度確認しておかねばなりません。その際に必要になってくるのが，「主体として受け止めて主体として育てる」という大人側の姿勢と，「主体として受け止められて主体として育っていく」という子ども側の「なる」に向けての動きを繋ぐまさに「相互主体的な関係性」です。

　この「させる」という働きかけは，大人の側にあるイメージが出来上がっていて，そこに向かって子どもを引っ張ろうとするときには必ず持ち出されてくるものです。そして，その「させる」働きかけが事細かで強いほど，子どもは敷かれたレールの上を走るように，何も自分の頭で考えることなく，一直線に事に臨むでしょう。それによって到達点に早く達するという大人の願いに合致する結果が得られます。そのような事情にあるために，忙しい家庭環境でも，子どもの思いはそっちのけに，早く「～をさせる」という動きが頻繁に見られるようになり，また保育や学校教育のなかでもその動きが目立つのでしょう。

　しかし，それは大人の都合には合致していても，子どもが自らするという主体的な行為にはなかなか繋がりません。「させられてする」ようになったものは，させる大人が目の前にいないときは，「そうしない」動きに取って代わられるのです。ですから，もしも大人が何かを子どもが身につけてほしいと思えば，「させる」ではなくて，子どもがそうしてみたいと思えるようにうまく誘うことが必要になってきます。

　例えば，1，2歳頃の子どもが危険なことをしはじめたときに大人が示す制

止や禁止にそのことが端的に現れてきます。そこでもし大人の関心がその行為を止めることだけに向かうなら、当然、「やめて！」「やめなさい！」「だめよ！」というような行為をストップさせる強いことばかけになるでしょう。しかし、幼い子どもには、今自分がやろうとしていることが危ないということが分からないし、それを止める大人の理屈（怪我をするよ！　壊れるよ！）も分かりません。

　道路への飛び出しや火傷の危険など、とっさの場合は別にして、子どもを主体として受け止めることのできる大人は、子どもがしようとしていることが子どもの興味に発しているということを摑むことができます。そうすると、とにかく止めさせようとするのではなく、やってほしくないという自分の思いを伝えながら、子どもの興味がそこから別の方向に向かうように、こっちが面白いよと何か他の面白そうなものを提示するとか、こんなのもあるよと別の玩具を目の前に置くとか、あるいはおやつにしようとか、さまざまな働きかけをするはずです。これはまだ危ないことが分からない子どものいまのありようを受け止めるからこそ可能になる対応です。目の前の物にすぐに気持ちが惹きつけられてしまう１，２歳児では、大人の提示したことに「あ、やってみよう」「あ、それ面白そう」と気持ちを動かして、その誘いに乗っていくことができるでしょう。それが４，５歳児になれば、多少とも分別がついてきて、こうするとこういう危険なことになるという大人の理屈をある程度理解できるようになり、危ないことを分かってやっているときなどは、禁止や制止をしてもそれが子どもに届きます。それがまさに相互主体的な関係です。

　こういう対応に対して、子どもはその大人が大体自分によくしてくれる人だというようにその人に信頼を寄せ、大人の側の「やってほしくない」という気持ちがだんだん分かることに繋がっていくのです。もちろん、子どもがある程度大きくなれば、そうしてほしくないという大人の気持ちをことばでしっかり伝えていく必要があるのは当然です。

(3) 「なる」の芽を摘まない

　前項とほぼ同じことを少し違った角度から議論してみましょう。大人が子どものためによかれと思うことを強く「させる」かたちで身につけようとさせることがなぜよくないかといえば，いま見たように，子どもが自ら進んでという子どもが主体であることを受け止め切れていないからです。そしてそれは，前章の議論を踏まえれば，子どもの主体としての育ちの根幹に関わる，「主体として受け止めてもらうことによって，芽吹き始めた「なる」への芽が自ら伸びていく」という構造，つまり，自ら気づいたり，見つけたり，分かろうとしたりする気持ちが，その「させる」働きによって押しつぶされ，その芽が摘まれてしまう結果に繋がります。

　大人の敷いたレールの上を走ることは上手だけれども，レールが敷かれていなければ，たちまち立ち往生してしまう子どもや青年を見るにつけ，その子どもに内在している「なる」の芽が，周囲の大人の強い働きかけによって摘まれてしまったのではないかと思わずにはいられません。

　障碍の子どもへの対応も同じです。早く結果を作ろうと焦るあまり，繰り返し働きかけて行動のパターンを身につけさせるといういわゆる療育型の対応は，短い時間スパンでは一定の「成果」をもたらすという錯覚を生みますが，多くの場合，それはその子の生活に役立てられていくことはなく，「させられて受身になる」ということだけが身につく結果になってしまいがちです。

　幼い子どもも，障碍の子どもも，自らのうちに成長への芽，「なる」に向かう芽が潜在しているのであり，それが芽吹くようにするには，まずはその子を一個の主体として受け止め，その子の思いを尊重することが先決です。早く力をつけるという触れ込みの，早期教育を目指す動きは，確かに現代の若い養育者たちの心を揺さぶり，我が子が遅れを取るのではという不安を掻き立て，たちまちそのような動向が広がるという文化状況にあります。しかし，それは本当に子どものためなのか，大人の不安を和らげるための対応なのか，そしてそのときの子どもの思いはどうなのか，やはりそこでも子どもを主体として受け止めているかどうかを問題にしていく必要があるでしょう。

逆に，大人の側が養育のあるべきポリシーに凝り固まって，日々付き合いのある子ども社会のなかで子どもがいつのまにか抱くようになった思いを，それが大人のポリシーに合わないからといってすべてシャットアウトするのも，子どもの「なる」の芽を摘む行為に繋がります。というのも，子どもの思いを受け止める部分が欠落するために，結局は大人の管理的な発想に子どもを従え，子どもを受身にする一方，大人のそのような強硬な態度だけを子どもが取り込んで，自分の思うように世界を切り開いていけない鬱憤を，他の弱い子どもをはけ口にしてそこに吐き出しかねないからです。一見聞き分けのよい従順に見える子どもが，自分よりも弱いとみた子どもに高圧的に出ることが多いのはそのためでしょう。

　たしかに，大人も主体として生きてきて，自分なりの価値観やポリシーをもってこれまでの人生を送ってきたに違いありません。それ自体は大事なことですが，それをそのまま子どもに押し付けてよいかどうかは別問題です。子どもを主体として受け止め，子どもの思いにも耳を貸しながら，自分の思いや考えを子どもに示すという姿勢で対応し，その上で両者のあいだに落としどころを見出していくような対応がやはり必要です。その押し問答を省略して，大人の高圧的な姿勢を示すのは，結局は子どもの「なる」の芽を摘むことになるだけなのです。

　このことを振り返れば，「相互主体的な関係」のなかで子どもが主体として育つという問題は，養育はもとより，保育や学校教育全体の抱えている今日的課題を覆う極めて大きな問題であり，この視点から保育や教育の実践問題に迫っていく必要があります。

(4)　なぜ「ほどよさ」が必要なのか

　これまで私は，これまでの間主観性の議論がタイト過ぎる印象があったと述べてきました。実際，『原初的コミュニケーションの諸相』の184頁に示した「情動の舌」の図は，二人の関係が時間の流れのなかで馴染んだものになっていく過程を描き出したものでした。つまり，ほとんど舌が伸びていない状態A

に始まって，次第に情動の舌が相手に伸びるようになり（状態B），ついには子どもの情動領域を覆うまでになり（状態C），そうしているうちに子どもの側からも情動の舌が伸びてきて，関わり手に届くようになるというように，時間経過のなかでのいわば「発達図式」があるかのような説明になっていました。つまり，状態Aよりも状態Bが，状態Bよりも状態Cが「よりよい」と考え，状態Cが理想的と考えるところがタイトな印象に繋がっていたのです。

　しかしながら，確かに一時的には情動の舌が相手の情動領域まで伸びるという面はあるにせよ，相互主体的な関係の観点に立てば，情動の舌を伸ばしたままの状態が持続することなどあり得ないことも指摘しておく必要があったはずです。つまり，関わり手であれ子どもであれ，次の瞬間にはそれぞれがおのれの主体の固有性に回帰することを考慮に入れる必要があり，そうすれば，状態Cから状態Aに回帰することがあることを含めて，さまざまな情動の舌の伸び方が二人の関係の時々刻々のありようを示しているのだと議論する必要があったでしょう。にもかかわらず，状態Aが関係の浅い状態，状態Cが関係の深まった状態というように，一種の「発達図式」として受け止められてしまったために，経験を積んだ人はいつでも状態Cを実現できるのだと理解されてしまったり，状態Cを目指して関わっていけばいいのだというふうに理解されてしまったりしたところがありました。

　こういう議論の運びが全体として「硬い」感じを醸し出していたのです。例えば，子どもが泣いているときの養育者の対応を考えてみると，先の情動の舌のAは「ああまた泣いているなあ，うるさいなあ」，Bは「少し怒っているかな」，Cは「あまり泣かせているのも可哀想，そろそろ行ってあげよう」というように，同じ一人の養育者の思いの推移に対応していると考えて十分だったはずです。もしも赤ちゃんが泣けばいつも状態Cになる養育者がいるとすれば，それこそ母子密着型の好ましくないパターンだとさえいえます。

　ここに，このタイトな感じを脱却する「ほどよさ」が必要になる理由があります。養育者が子どもを「分かる」というときには，前の節でも触れたように，ぴったり分かる，しっかり分かるから，子どもの思いがすぐには伝わらない，

しっかりとは分からないまで，かなりの幅があり，それが養育者がもつべき「ほどよさ」なのです。特に養育者が「はっきりとは分からない」という後者の場合，子どもの側からすれば，自分の思いがすぐには伝わらない，養育者の対応は自分の思いとはずれていると感じられるわけでしょう。このとき，子どもはどうして分かってもらえないのか，どうすれば分かってもらえるのか，などと養育者のことをいろいろと考え始めます。ここに，両者のあいだに生まれた裂け目を子どもが自ら埋めようとして，いろいろに考えたり，工夫を凝らしたりし，それによって養育者（相手）にもいろいろな思いがあるのだということを認識し始めるのです。ここに，「ほどよい」対応がなぜ必要であるかの理由があります。

　確かに，赤ちゃんが泣き続けているときに，「さっきミルクも与えた，オムツも替えた，それなのにどうして泣くの？」と赤ちゃんの泣く理由が分からない場合があります。このとき養育者には赤ちゃんの負の vitality affect が確かに伝わってきますが，その理由が分からないからといって養育者が焦り始めると，今度はその負の vitality affect に養育者自身が共鳴・共振してしまって，次第に養育者自身が苛々してくることになります。これは「理由が分からない」ことから生まれる負の連鎖です。

　これに対して，少し経験を積んだ養育者ならば，その事態の負の vitality affect を感じるときに，「あれ？　どうしたのかな？」というように「理由の分からなさ」を含みつつ，「ああ，（きっと）赤ちゃんは何か嫌な気分なんだ，抱っこしていればそのうち機嫌が直る」とか，あるいは「これはいつもとは違う，何か大変なんだ」と赤ちゃんの様子をしっかり見たり，熱をみようとしたりというように，しっかりとではないにせよ，アバウトに「分かる」ことができます。そしてそのようなアバウトな「分かる」を基に対応していっても，たいていは大丈夫だという経験則（おおらかさ）が，かえって赤ちゃんに対するゆったりした対応を導き，それが養育者側に肯定的な vitality affect の動きを生み出して，それがまた赤ちゃん側に伝わるというかたちでよい循環がめぐり始める契機になるのです。

これに対して，赤ちゃんの泣きに途方に暮れてしまう養育者の大半は，そのようにアバウトに「分かる」のではなく，「原因が分からないからどうしてよいか分からない」と考えて途方にくれてしまうようです。実際には泣いていても原因が分からない場合はしばしばありますから，普通であれば，原因が分からなくてもまずは抱っこしてあげよう，子どもはいま何か嫌なのだ，機嫌が悪いのだ，怒っているのだと自然に受け止めます。それが主体として受け止めるという構えです。その点からすれば，どうしてよいか分からないと途方に暮れるのは，子どもを主体と受け止める構えではなく，むしろ原因除去による問題解決型の構えだといわねばなりません。それはまだ人の気持ちを受け止める構えが十分に身についていないことの現れ，つまり主体として十分に熟していないことの現れだといわねばなりません。

　そのような場合を振り返ってみれば，主体として受け止める態度は，気持ちを持ち出すにしても「いつもすでに完璧に」ではなく，「ほどよさ」に通じています。つまり，ほぼいつも子どもに気持ちを向けているのだけれども，時には途切れることもあることによって，子どもは養育者の懐のなかで或る自由度を得ていろいろなことに自分で向かうことができ，しかも，自分が求めたときに養育者はいつも完璧に対応してくるわけではないことを経験することによって，却って養育者を一人の主体として受け止める可能性さえ生まれるのです。ウィニコットの「ほどよい」という考えを踏まえても，張り詰めた余裕のない「完璧さ」はむしろ子どもにも養育者にも好ましくなく，なぜそうかといえば，結局，お互いに主体としてその場を生きられなくなるからです。

　同様に，間主観的に「分かる」に関しても，完璧に分かる，正確に分かることが目指されるのではなく，「ほどよく」分かることが必要だということに気づきます。そして「分からない」から対応ができないのでなく，「分からなくても」主体として受け止めていれば，自然に対応が紡ぎだされてくるのです。

(5)　養育者による「情動調律」という問題

　スターン（1985）は，子どものいまの情動のありように養育者が相乗りしな

がら，その情動を少しずつ調律して，いつのまにか養育者の願うところに導いていくというように，養育者が子どもの自己（self）を調整する働きを情動調律と呼びました。ヨチヨチ歩きの子どもに「よいしょ，よいしょ」と掛け声をかけたり，縄跳びをする子どもの動きに手拍子を打ったり，鬼ごっこで鬼になった保育者が笑顔で逃げ回る子どもを追いかけながら，「逃げて，逃げて，よーし，捕まえるぞー！　ほらほら！　捕まえた！　捕まった！」と「捕まえる―捕まる」動きに合わせて大きな声を出したり，あるいは眠くなってむずかりかけた子どもを優しく抱いて，穏やかにパッティングしたりするなどがこの情動調律に当たります。それは子どものいまの情動の動きに，大人も自らの情動を動かして，子どもの情動の動きがさらに膨らむように，あるいは逆に子どもの情動が沈静化するように働きかけるというものです。つまり，子どもが面白いと思っている活動がさらに面白くなるように，苛々した気持ちが次第に収まるようにと願う大人が，半ば無意識のうちに自分の情動を動かして，子どもの正負両面の気持ちに働きかけ，それを調整しようとするものです。これは大人の子どもへの働きかけのなかでもきわめて重要な意味をもつものです。

　スターンは乳児に対して情動調律を行っている養育者に対して，その調律を中断させ，いまなぜそれをしていたのかとたずねたところ，養育者たちは一様に戸惑いながら，しかしその多くは「赤ちゃんと一緒にいたかったから」と答えたといいます。その答えが養育者のこの働きかけを真に掬い取るものになっているかどうかはともかく，情動調律は大人が子どもの傍らにいて，授乳やオムツ替えのような日常的な関わりとは違ったかたちで子どもに関わる一つのかたちであることは確かです。そして，特に何かの目的があるわけではないのに，(子どもを主体として受け止める構えの下で)「そこに一緒にいる」というのは，それだけで子どもの側からすれば安心感が得られ，自分の行為や活動が養育者や保育者に認められている，喜んでもらえていることが確認できるという意味をもつでしょう。つまり，ゆったりと子どもの傍らにいて，子どもの遊ぶ姿を見守る対応も，何かあったら養育者がいるから安心というように，子どもにとっては情動調律の意味をもち得るのです。

その意味では，情動調律は子どもに自発する活動を支えるものであり，まさに子どもを主体として受け止める対応だといってもよいものです。しかしながら，子どもの気持ちを常に大人の願った姿にもっていくというかたちになると，それは情動調律というよりももはや情動制御であり，これが過ぎると，子どもを主体と受け止めることよりも，大人の思いに向かってコントロールすることになり，子どもの主体としての育ちが危うくなってしまいます。ここにも大人の関わりの「ほどよさ」が必要になります。かつての日本文化では，赤ちゃんの首が据わった後には，赤ちゃんがぐずると抱っこするよりもおんぶして，養育者は家事をしながら赤ちゃんのぐずりにつきあうというパターンをとっていました。あるいは子守役の子どもが赤ちゃんをおんぶして子守をするという姿もありました。このおんぶなどは，無理に情動制御することなく，うまく情動調律する対応だったといえます。そのような対応の下で，赤ちゃんは大人の温もりや大人の息遣いを肌で感じ，眠ってしまうことになっていたのです。

　このことが本節の第1項の「させる」働きかけの議論と重なってきます。問題は特に子どもの負の情動を調律するところに現れてきます。

　子どもが泣き止まなかったり，ぐずり続けたりといった負の状態にあるとき，これへの対応は一歩間違えば虐待に繋がりかねない危うさを抱えます。というのも，子どもの負の情動（vitality affect）が養育者にも伝わってくるからです。しかし，それに簡単に共鳴・同調することなく，多くの養育者や保育者は「ああ，イヤになったね」と子どもの気持ちをことばにしてやりながらも，しかし，その負の vitality affect がわが身に伝わってくるにまかせることなく，むしろ自分の身体の状態をその負の vitality affect とは異なる，ゆったりした，落ち着いたトーンの vitality affect にもっていって，それが子どもに伝わるようにするでしょう。それが「よしよし」ということばになったり，抱きかかえてゆったりパッティングすることになったり，あるいは優しい子守唄を低い声で歌う対応になったりすることもあるでしょう。それがまさに情動調律です。

　それは大人の働きかけでありながら，子どもを主体として受け止める対応であり，子どもが自分で負の vitality affect を鎮めていくのを「支えながら待

つ」，それに「一緒につきあう」という内容になっています。子どもが負の状態に陥ったときに，そこから自ら抜け出すのを支えながら待ち，それに一緒に付き合うというのは，いまの乳児期の子守唄やパッティングとはかたちこそ違え，幼児期に，あるいは学童期や青年期に至っても，傍らにいる大人に求められる対応でしょう。先に示した保育の場の例，つまり，年長のＫくんを保育者が膝にしばらく抱いているという例などが，この負の状態を抱える対応の例だといえます。

しかしながら，いまのわが国の現状は，この子どもの負の状態を大人が抱えるという場面において，むしろ大人の気持ちを前面に出した情動制御になってしまっていることがあまりにも多いように思います。その典型が「うるさい！」「泣き止みなさい！」という対応です。これはまさに子どもを主体として受け止めることができず，負の情動を抱えきれない自分の思いを吐露しただけのことばです。これは負の情動を排除し，大人の願った姿になるように子どもに「させる」働きかけです。そして負の情動を抱えきれない対応が，子どもの信頼感を壊し，むしろ対応する大人に不信感を生むきっかけになることさえあるはずで，子どもの心の育ちを考えるときに，極めて重大な意味をもちます。

特に，負の状態を抱え切れなかったときに虐待が生まれることを考えれば，そして，先にも述べたように，虐待への対応は単なる心理的ケアで収められるものではなく，一生涯引きずる可能性のある怖いものであることを踏まえれば，子どもの負を抱えるという問題は，まさに子どもを一個の主体として受け止めるかどうかの試金石になる局面だということになります。

同じような負の状態にある子どもを，ある養育者や保育者は上にみたように抱えることができ，ある養育者や保育者は抱えることができないのはなぜかを考えるとき，いくつかのことを指摘することができます。一つには，養育者や保育者に心の余裕があるか否かです。余裕がなければ，子どもの負の情動は容易に大人の側に浸透して，大人自身の余裕のない情動状態をさらに増幅し，イライラを募らせることになります。もう一つは，原因除去，問題解決型の発想に立つか，子どものありのままを「仕方がない」と受け止めるかの姿勢の違い

です。原因が分からないから立ち往生して途方に暮れるという若い養育者や保育者が目につきます。それは「育てる」という営みを「育て方」に還元してマニュアルを求める姿勢に通じています。それはまた,「子どもを主体として受け止めて」という養育者や保育者に本来求められている姿勢が十分ではないことによっているでしょう。三つ目には,やはり経験の問題です。経験が浅いうちは負の状態の推移がなかなかつかめず,つい苛々してしまいますが,経験が積み重なるに従って,この状態ならこう対応していれば大丈夫といった経験知が働いて,その場での焦りが消え,これが一つ目の余裕に繋がるように思います。

　ともあれ,負の情動調律は子どもを主体として受け止め,それによって子どもが徐々に主体として育っていくのを支えるという,相互主体的な関係の営みの根幹に関わるものだということができます。

(6)　子どもは徐々にしか主体になっていけない

　子どもは周りに主体として受け止めてもらうなかで,少しずつ両面を備えた主体に育っていくのであって,一挙に育っていくのではありません。そこには,日々,倦むことなく子どもと付き合う大人（養育者や保育者）の主体として受け止める関わりがあり,それを抜きに一足飛びにその育ちを期待することは不可能です。にもかかわらず,今の日本文化の現状は,目先の「早い発達」への期待に目を奪われて,その日々の営みを倦まずたゆまずというところからはるかに遠いところにやってきたまま,相変わらず「させる」働きかけに奔走しているように見えます。その結果,主体としての「私は私」の面が育っていない子どもや,人を人とも思わぬ自己中心的な振る舞いをして,主体としての「私は私たち」の面が育っていない子どもを大勢作り出してしまったのですが,それを簡単に修復して両面を備えた主体に育てることなど,容易にはできないことを養育者も保育者も教育者も銘記すべきなのです。

第7節　間主観性の概念の射程

　これまでの議論は，そのほとんどが誕生間もない乳幼児期の「子ども―養育者」関係における間主観性の問題でした。しかしこの概念は，養育の場に限らず，保育の場，教育の場における対人関係の具体的な問題を念頭に置くとき，あるいは青年期にある人と周囲にいる人との関係の問題を念頭に置くときにも有効なはずです。そして，そのような具体的な問題から，この概念のさらなる広がりが見えてくるでしょう。この節ではそのなかから，2，3取り上げてみたいと思います。

(1)　似非「受け手効果」について

　初期の「子ども―養育者」関係の間主観性の問題は，序章でも触れたように，原初的コミュニケーションにおける情動共有の問題に広がり，それを梃に，障碍のある子どものコミュニケーションの問題，つまり通常の話しことばがまだ現れない重い障碍の子どもの教育におけるコミュニケーション問題へと広がっていきました。大人が言語的に働きかけても明確な応答が得られない，快や不快がかろうじて表出できるだけに見える重い障碍の子どもとのコミュニケーションを考えるとき，子どもに表現させようとする前に，まずは大人の側が子どもの気持ちを間主観的に摑んで対応することが必要になります。そしてそれはほとんど，乳児期初期の養育者の対応と重なってきます。

　誕生後の数カ月のあいだは，たいていの場合，乳児が養育者に訴えているわけではなく，いまだ不快な状態を外に表出しているに過ぎないことがほとんどです。にもかかわらず，養育者はその表出を「自分に訴えているのだ」と受け止めて，対応しています。その受け止めがどこまで正しいか，養育者の思い込みにすぎないかを議論し出せば，本章のこれまでの節で触れたように，「薮の中」に入り込みかねません。どこまで正しいかはともかく，養育者は「ああ，○○ちゃんは，こうしてほしいのね」とあたかも乳児がしてほしいことを養育

者に訴えているのだと受け取って,「じゃあ,こうしようね」と対応を紡ぎだしていっています。そして,もしもその対応が功を奏さなければ,あるいは嫌そうな表情や声のトーンから,その受け止めが間違っていることが分かれば,そこから対応を修正していくのが常です。それが日常生活の現実です。そこでは,受け止めの正しさが問題であるより,結果をフィードバックして,もしも受け止めがずれていることに気づけば,それを修正するところが肝心です。つまり,間主観的把握は,それが絶対の真実を保障してくれるものでない以上,いつも「こう把握してよいのか？」という問いと背中合わせになっているのでなければなりません。「これでよいのか？」という問いが消えて,「これでよいのだ」と自分の対応をすべて肯定してしまえば,まさに子どもの思いを受け止めることとは逆の,自分の思い込みに子どもを引き入れることになってしまいかねません。

　このことを,保育の場や教育の場に引き寄せて考えてみましょう。以下はある重度の子どもの通う養護学校を訪れたときのエピソードです。

　　重度の肢体不自由養護学校の給食の時間のときのことです。嚥下の難しい全面介助の必要なKくんに担当の先生がスプーンでおじや状にしたご飯を口に入れてやっていました。「この子はね,ご飯が好きなんですよ,ね,Kくん」とKくんに相槌を求めながら,その先生は私に話しかけ,スプーンを運ぶ手を緩めません。子どもは確かにスプーンが来ると口を開けて受け入れていますが,口の中にはまだ嚥下のすんでいない先のスプーンのご飯が残っています。そのため,口いっぱいに頬張るかたちになり,かえって嚥下が難しくなっています。見ている私の方が息苦しくなってくるのですが,担当の先生はなおも「パンはだめなんですけど,ご飯は好きよね,○○くん」とさらにスプーンを近づけます……。
　　Kくんは他の子どもに比べて食事の量が多く,それゆえ体も大きく,食事に向かう気持ちも確かに他の子どもより強い感じです。この子の食事に向かう意欲は,その先生ばかりでなく,傍らで見ている私にも間主観的に感じ取ることができます。しかし同時に,傍で見ている私には,繰り出されるスプーンが早すぎて,その子が嚥下が難しいと感じていることも間主観的に把握されます。ところが,担当の先生にはそのようには感じ取れないのか,繰り出されるスプーンの速さを修

正することができません。そのうちに，Kくんが喉をつまらせたところで，やっと先生はスプーンを差し出すのを止めたのでした。

　さて，こうした事態をどのように考えればよいでしょうか。これまで議論してきたように，乳児は本当は養育者に訴えているわけではないのに，たいていの場合，養育者は乳児の泣きのトーンを自分に訴えているのだと（間主観的に）受け止めて対応します。私はこれを養育者の「受け手効果」（思いなし効果）と呼び，乳児期初期の「子ども―養育者」関係を駆動していく重要な役割をもつものと認めてきました。つまり，乳児の泣きの情動のトーンを私への「訴え」として間主観的に受け止めるからこそ，乳児への次なる対応が紡ぎ出されるのだとしてきました。

　こうした養育者の「受け手効果」は，養育者からすれば「受け手効果」などではなく，まさにそのように感じ取られたものです。しかし，その間主観的な把握は時に乳児の情動の実態からずれていることもあります。先に触れたように，養育者の意識にとってその把握が真実かどうかは，「紛れもなく」から「あやふや」までの実感の幅に依存していますが，一般には乳児の次なる行動によって「検証」されたり，修正されたりすることになります。そして，養育者がこの修正に開かれるのは，養育者が子どもを一個の主体として受け止めようという暗黙の構えの下にあるからです。さもなければ，修正されずに当初の「受け手効果」のまま突き進むことになってしまうでしょう（それがこれまでの議論でした）。

　そこから考えると，先の先生の場合は，「この子はご飯が好きなのだ」というこれまでの経験知と，その子の食事に向かう強い意欲が間主観的に把握されたこととが混じり合ったことによって，かえってフィードバックがかからなくなったということなのかもしれません。

　この種の似非「受け手効果」の事態は，しかしながら，フィールドでの対人関係にはしばしば見られるものです。保育の場においてしかり，教育の場においてしかり，臨床の場においてさえ，これを完全に免れるのは難しいかもしれ

ません。ここに，間主観性の問題の難しい局面があります。間主観的な把握が得られなければ対応が導かれませんが，そこに明らかな間違いも生じうるのです。

　この問題は確かに難しいと思います。しかし，そこでフィードバックがかかるかどうか，修正に向かって開かれるかどうかは，究極のところ，当事主体が当の子どもを一個の主体として丁寧に受け止めていこうとしているかどうかにかかっている，と差し当たりいう他はありません。

　同じことは保育の場にもいえます。最近の保育の場を見て残念に思うのは，褒めて「させる」という対応によって子どもを動かすことに慣れてしまった保育者が，子どもが本当は嫌がっているのに，その気持ちを間主観的に把握できないまま，「○○さんは，これがやりたかったのよね」とあたかも子どもの気持ちを間主観的に摑んで対応しているかのように事態を動かしていくことが多いことです。あるいは，子どもが保育者の作り出す流れに表面的に乗っていくときに，それをあたかも「子どもがこれを望んでいるからこうしたのだ」というかたちで，いわば似非「受け手効果」を発揮してしまうことです。こういう保育者は，自分の意図した結果が生まれているだけに，結局は子どもの気持ちが摑めないままに推移して，その摑めていないということに気づけないのです。

　こうした動きをしばしば目撃すると，保育は保育者の間主観的な把握を軸に動いていくものなのに，その間主観的把握がいかにも悪しき意味での「主観的なもの」であるという印象を拭いがたくなります。これでは「間主観的アプローチは結局は恣意的だ」という外部からのそしりを免れ得ないでしょう。私たちの間主観的アプローチの主旨からすれば，これは観察主体＝実践主体の内部でのチェック機能（それが子どもを一個の主体として受け止める配慮性から導かれるというのがこれまでの議論の主旨です）によって克服すべきものですが，それは往々にして不十分です。それゆえそれを免れる道は，経験を積むことと，複数の実践主体＝観察主体による相互チェックないしは相互的スーパーヴィジョンを経由するルートでしょう。

(2) 子どもが大人の気持ちを間主観的に受け止めるという事態

さて,これまでは,この「私」に「あなた」の広義の情動の動きが「分かる」「摑める」というアングルから間主観性の問題を議論してきました。つまり,相互主体的な二者の関係を,一方の側,特に「私」の側に引き寄せて,「私にあなたの気持ちや情動の動きが分かる」という枠組みにおいて問題を考えてきたといえます。それは私自身が養育者の立場であったり,研究者の立場であったりしたからでしょうし,少なくとも私にどのように「分かる」かが主たる関心だったからです。

しかしながら,当該二者関係の相手側では間主観性の問題はどうなっているのでしょうか。単に私の側で考えてきたことを相手側に引き写せばすむことなのでしょうか。

子どもの心の育ちや主体としての育ちの問題に目を向けようとする私たちのアプローチからすれば,子どもが養育者の気持ちを間主観的に受け止めるといういまのテーマは,養育者が嫌がっているのが分かる,養育者が喜んでいるのが分かる,ひいては養育者の意図が分かるという,トレヴァーセンの第2次間主観性の問題に通じています。彼らの議論では,9カ月を過ぎる頃に,創発的(emergent)なかたちで相手の意図が摑めるようになるといい,それによって第2次間主観性のステージに移行するとのことでした。この議論の運びはいかにも個体能力発達論的に見えます。これに対してわれわれの見方では,これまで繰り返して述べてきたように,これは一個の主体として受け止めてもらう経験,つまり自分の気持ちを養育者が間主観的に把握しそれに則って対応してくれる経験がまず先行し,その養育者への信頼とその裏返しとしての自分への自信が生まれ,その結果,養育者への取り入れ同一化のメカニズム(「まねぶ」という働き)が働いて,今度は子どもの側が少しずつ養育者の思いを受け止められるようになるというかたちで成り立つものだと考えます。一般的,蓋然的には,そのような展開が9カ月を前後する頃に起こるということはできるかもしれませんが,それがあらかじめ個体の能力として組み込まれていて,それがその時期に発現してくるというのは,多くの発達臨床事例と合致しないように見

えます。やはり，養育者への信頼や自分への自信といった子どもの心の育ちが先行していることが，子どもが養育者の思いを間主観的に摑む一つの必要条件ではないでしょうか。そこから考えれば，子どもが養育者の気持ちを間主観的に摑めるようになって初めて，子どもと養育者の関係は真の意味で相互主体的な関係に移行したといえるのだ，といえそうです。

　しかしながら，このような議論の仕方をすると，大人の方が相手の気持ちを間主観的に摑む力が豊かで，子どもの方はこれから徐々に進んで大人の力に近づいていくというような，従来の発達図式にまたもや絡め取られかねません。もちろん，これまでも見てきたように，大人と子どもの圧倒的な経験の厚みの違いが主体としての厚みの違いをもたらし，大人の側が広く分厚い配慮性を身につけていることが多いというのはその通りです。しかし，相手の気持ちを摑むという点でいえば，例えば保育の場にまだことばが十分でない障碍の子どもが入ってきたときに，かえって保育者よりも他の子どもたちの方が，当の障碍の子どもの思いを間主観的に摑むことが容易な場合があるようにも思います。実際，「せんせい，〇〇ちゃん，こうしてほしいって」と障碍の子どもの思いを代弁できる子どもは決して少なくありません。そして間近に見ていて，観察者の私にもその子の代弁する通りだと思えることがしばしばなのです。

　ここで，間主観的な把握は広義の情動の動きを基盤になされると述べてきたことを思い起こせば，かえって幼児の方が感性的な世界に豊かに開かれている分，そのように容易に把握できるということなのかもしれません。よく，「どのようにすれば子どもの気持ちが摑めるようになるのでしょうか」という質問を受けますが，いまの幼児たちの例にそのヒントを見出すべきなのでしょう。

　第1章の末尾で保育園の子どものお泊りのエピソードを取り上げた際に，子ども同士で相手の気持ちを摑むところをクローズアップしましたが，本来はそのような保育の場の子ども同士の関係をつぶさに観察することを通して，子ども同士が相手の，また子どもが大人の思いを間主観的に摑むところ，そしてそれに基づいて相互主体的な関係を展開していくところを，これから押さえていく必要があります。

⑶　間主観的に分かってほしくないという青年たちの主体のありよう

　間主観的な把握，つまりこちらが相手を「分かる」ということは，似非「受け手効果」を議論したことを踏まえれば，必要なことでありながら危険な一面をもつことを認めざるをえません。そして，これから相互主体的な関係を議論していくときに，この問題がかなり重要な意味を帯びてきます。

　私の青年の頃を思い起こせば，その当時の私は自分が「一個の主体だ」といえるように（そのように意識したわけではありませんが），自分を何とか周囲から切り分け，自分独自の固有の領分を自分の周りに築きたいと思っていました。それは青年が主体として自己形成していくときの，おそらく避けて通れない道ではなかったかと思います。そのような思いでいる私にとって，私の周りにいる大人たちがしたり顔に，「きみがそう思っていることは分かるよ，誰もがそうして大人になるんだから」というふうに「分かられる」のが無性に嫌で，それこそ纏わりつく蜘蛛の糸を振り払うような気分でいたことが思い出されます。

　そして，大学でいま学生を指導する立場になったときに，まさに学生たちのなかにかつての自分を見る思いをするときがあります。ただし，今回は私が「分かる」側で，学生の方は私に「分かられる」側であるところに，世代間の反転があります。ある場面で，「あなたが何に苦しんでいるか，分かるけどね」と私がその学生の様子から，一定の理解を示すことばをかけるとき，それはときには教師が学生にかける無数のことばの引き出しのなかから，一つの常套句を取り出してそのように言う場合が皆無だとは言いません。しかし多くの場合，やはり間主観的にそのように「分かる」からそう言うということが決して少なくないのです。ところが，学生のなかには，かつての私のように，そのような「分かられ方」を実に嫌そうに受け止めている様子が窺えるときがあるのです。「あんたに，自分のいまの苦しみや悩みが，そんなに簡単に分かってたまるか」という様子なのです。それは「あんたの分かるは全部間違っている」というのでは必ずしもなくて，むしろ見透かされるのが嫌だ，というような気分だとでもいえばよいでしょうか。

　アルコールが入った席などで，そのあたりを学生に話してみると，実はそう

だったというような「裏」がとれるときもあり，いまの議論は，私自身の青年の頃を振り返っても，またいまの青年を間近にみても，あながち的外れではなさそうです。そして，そのように思うのは，どうやら自分という主体の輪郭をはっきりさせておきたいタイプ（おそらく私もそこに入るのでしょう）の青年たちなのです。実際，こちらが「分かる」と言うと「分かってもらえた」ととても喜ぶ学生もいるのですから。

　もちろん，私が青年だったころも，「分かられる」ことが嫌でありながら，しかし「分かってほしい」という気持ちも心の奥底にはありました。その意味で，青年の主体としての内面は両義的だといわねばなりません。「分かってほしいけど，分かってほしくない」のです。いまの「分かってほしくない」タイプの学生も，ではまったく無視しておればよいのかといえば，やはり気にかけてはほしいのでしょう。

　いまの議論を振り返ってみれば，前章で主体としての「なる」の問題として議論したことと，周囲がその主体の「思い」を分かるという間主観性の問題が，深いところで響き合い，絡み合っていることがわかります。養育者の「分かる」という間主観的な把握を起点に動き始めた相互主体的な関係は，子どもの主体としての育ちを大きく支えながら，しかし，子どもが自らの主体としての輪郭を際立たせようとするときには，その「分かる」関係が足枷のようにも見えるという位相を，一度は潜らなければならないのかもしれません。

　ともあれ，この章での間主観性の概念の多面的な考察を通して，相互主体的な関係の問題をようやく俎上に載せることができます。

第3章　乳幼児期における相互主体的な関係

　第1章で見たように、乳幼児はそのあるがままで「一個の主体である」わけですが、しかし、あるべき主体のありように向かって「なる」存在でもあります。そして養育者や保育者は、一足先にそのあるべき「なる」に向かって生きてきて、いまなおその過程を進行中の人たちです。そのことを踏まえれば、これまで「子ども―養育者」関係や「子ども―保育者」関係と呼んできた子どもと大人の関係は、「一個の主体である」という点では同じ主体同士でありながら、主体としての「なる」の水準が異なる者同士の関係、その意味での相互主体的な関係とみなされなければなりません。

　この章では、乳幼児期の相互主体的な関係のありようを、具体的なエピソードを通して提示し、その関係がどのように動いていくか、またその関係を構成する各主体の（特に子どもの）の主体としてのありようがどのように変容していくかを、明らかにしていきたいと思います。

第1節　子どもに主体としての二面性が育っていく経緯（理論的概観）

　この問題については、すでに第1章である程度考察したのですが、ここではそれを振り返りながら、もう一度それを辿り直してみたいと思います。

(1)　子どもが主体であることの意味

　主体であるとは、常識的な理解からすれば、まずもって一人の子どもがこの世界を生きる主人公であるという意味、つまり、その子が周囲の人とは異なる自分の考えをもち、自分の意思で行動し、自分の感情を素直に表現でき、自ら

周囲の人と関わり合っていこうとするという，子どもの肯定的，積極的な面を言おうとしたものでしょう。裏返せば，自分を前に出せない，人の言いなりになる，自分の殻に閉じこもる等々の否定的な面とは逆の，その子の自主性，進取性，独自性（固有性），積極性という肯定的な面を，この主体ないし主体性という概念に仮託して理解しようとしてきたのだと思います。

　しかしながら，いま述べた常識的な主体理解を少し掘り下げてみると，また違った面が見えてきます。例えば，子どもの生きる世界は決して無機的な世界ではなく対人的な世界です。その対人世界においては，自分が主人公であると同時に，他者もまた同じように主人公です。だとすれば，一人の子どもは世界を生きる主人公には違いありませんが，自分中心で周囲が自分に隷属するという意味での主人公ではなく，お互いが主人公であり，お互いを主人公と認め合うなかでの主人公だといわねばなりません。

　主体という概念は，確かに，周囲からその子どもを切り分け，その自主性と進取性，つまり活動主体として「自ら進んで振る舞う」という肯定的，積極的な様相をその身体の固有性（唯一無二性）と結びつけて理解することを促します。けれども，人間が周囲の人と共に生きることを宿命づけられている存在であることを踏まえれば，そのような「自分を押し出す」「自己発揮する」というような，個に閉じられる面に力点を置いた主体理解だけでは明らかに不十分です。子どもの内部には自ら他者を求め，他者から認められ，他者を認めるなかで，他者と共にあることを喜び，そのなかで自分に尊厳を感じるというように，周囲に開かれることが同時に主体としてのありようでもあるという面があるはずだからです。つまり，「自ら進んで」という主体としての様相は，確かにその子どもの独自性や固有性にも通じていますが，同時にそれは周囲の人たちと関わり合うことにも通じているはずなのです。泣いている他の子どもの気持ちが分かってなぐさめる，皆と楽しく遊ぶために自分からルールを守ろうとする等々の，子どもの愛他的，社会的な行動は，それが周囲から強く求められた行動，嫌々ながらにさせられた行動でなく，そうすることが自分にとって大切なことだと自分が思っている限りで，それらの行動もまた十分に主体的なのです。

さらに，すでに第1章で見たように，主体という概念は「いまのあるがまま」の位相を指す意味でも用いられます。だとすれば，主体としての様相は上記の肯定的，積極的な面ばかりでなく，負の面，否定的な面をも含みこんでいるはずです。例えば，周囲の人と関わり合うなかで，思い通りにいかずに気持ちがくじけたり，悔しかったり，途方に暮れたりといった，挫折を経験することもしばしばあるはずです。これもまた主体としてのありようだといわねばなりません。
　繰り返しますが，主体ないし主体性という概念は，「自分を押し出す」「自己発揮する」という肯定的な意味においてばかりでなく，周囲に開かれるという意味において，つまり相互に主体として認め合うことができるという意味において，さらには正負両面の現れをも包含するという意味においても理解されるのでなければなりません。

(2) 子どもを主体として尊重する理由
　ところで，保育の世界ではなぜこれまで「子どもを主体として尊重する」というスローガンが掲げられてきたのでしょうか。私の考えでは，それは集団保育のかたちそのものが，個々の保育者の意向にかかわらず，一人ひとりの子どもに対して周囲と協調すること，集団として行動することを求め，また身辺自立や社会性の習得を強く求める傾向にあるからです。つまり，そこでは大人主導になりがちで，どうしても子どもに「こうしましょう」「こうしなさい」と「させる」ことが多くなり，そのために，子どもは自分を主張したり，自分を素直に表現したり，自分のやりたいことをしたりする面が弱くなりがちだからです（これらの面はみな，本来は子どもがこれから対人関係を営んでいく上に重要な面です）。
　そのような大人主導の保育のあり方に異議を唱え，保育は大人のためにあるのではなく，あくまでも子ども自身のためにあるのだという点を強調しようとするとき，大人の側にはまずもって子ども一人ひとりが「自ら進んで」「自分の意思で」「自分を押し出して」というように，それぞれが自己発揮する面を

もっていることを尊重する姿勢が求められます。こうしてこれまでは，そのような個の自己発揮する面を「主体的」として強調してきたのでした。それを煮詰めれば，主体であることの尊重とは，何よりもまず，「大人とは違うその子独自の考えや意図を尊重する」という意味であることが分かります。

「子どもを主体として尊重する」という文言は，多くの場合，いま見たような子どもの独自性や自主性を尊重するという意味において理解されますが，しかしそればかりではなく，いまだ未熟な子どもが保育の場でさまざまな負の様相を呈するとき，それを養護の観点から優しく抱える必要があるという意味においても理解されてきたはずです。これが第1章で「主体として」の主体は正負両面の意味，つまり「その子のいまのあるがまま」を指し，そういう子どもの様相を「主体として受け止める」のだと述べた理由でした。

そのことを踏まえれば，主体であるとは単に自己発揮する面を押さえるだけでは十分でなく，負の様相を呈することをも押さえると同時に，しかも，周囲の人も同じように正負両面を備えた主体であるということをお互いに認め合えてこそ真の主体だといわねばなりません。これまでは「自己発揮」や「独自性」「固有性」の面での主体性は語られてきましたが，相互に正負両面を備えた主体として認め合い，相手を尊重するという面においても，子どもが一個の主体であることをもっと積極的に語る必要があったのではないでしょうか。

つまり，子どもは，自分の考えや意図が自分のものであると気づくだけでなく，また自分がときにくじけ，弱い気持ちになることに気づくだけでなく，自分以外の人もまた，やはりその人独自の考えや意図をもち，負の状態に陥ることがあるのだということがまず分かるようにならなければなりません（相手の気持ちが間主観的に摑めるようにならなければなりません）。また自分の考えや意図が周囲の人から尊重してもらって嬉しいように，自分もまた周りの人の考えや意図を尊重できるようにならねばなりません。このように，自分が正負両面をもった一個の主体であることと，周囲の人もまた正負両面を備えた主体であることを認めることができて初めて，子どもは対人関係のなかで真の意味で一個の主体であるといえるのです。関係を構成する各項（子どもや大人や他の子

ども)が,「自ら主体として生きつつ,相手を主体として受け止める」というかたちで関係を取り結ぶ様を,「相互主体的な関係」と捉え,ときにこれを簡単に「相互主体性」と呼ぶというのはこの意味においてです。

　いま,主体であることの必要条件の一つとして,相手の気持ちや感情を間主観的に把握することができることを取り上げましたが,ここでの間主観性は,むしろ自分の今の気持ちや感情とは<u>異なる</u>相手の気持ちや感情が間主観的に摑めるということです。言い換えれば,自他のあいだに亀裂が入って,自と他がそれぞれに切り分けられるなかで,お互いが相手の気持ちを間主観的に摑めるようになるという,トレヴァーセンの第2次間主観性の成り立ちが相互主体性を語るための必要条件の一つであり,その上で,相手のその思いや感情を尊重することができるようになるというもう一つの必要条件が満たされるとき,子どもは真の意味で一個の主体だといえるということです。

　そうしてみると,子どもの主体としての育ちにはいくつかのステージがあるということになりますが,では,子どもはどのような経緯を経て,一個の主体として自己発揮し,かつまた相互に主体として認め合えるようになるのでしょうか。

(3) 子どもが両面を備えた一個の主体となる経緯

　これまで,子どもが自己発揮するだけでなく,相互に主体として認め合って対人関係の輪を広げていこうとすることも,子どもの主体としての育ちの現れだと述べてきました。しかしながら,こうした両面は子どもに内発する動きでは必ずしもありません。子どものそのような主体としての育ちは,第1章でも述べたように,まずもってその子どもが周囲の人たち(とりわけ自分にとって大事な大人たち)と取り結ぶ対人関係のなかから生まれてくるものです。そこに,大人の(養育者や保育者の)大きな役割があります。その間の事情を,乳児期から幼児期にかけて大雑把にもう一度スケッチしてみましょう。

　　　①子どもを大事に思う大人は,子どもに関心を寄せ,子どもの存在を認め,いろいろな場面で子どもの気持ちや子どもの行為をまさにその子の思

いや行為として受け止めようとします。子どもは，そのように大事にされ，受け止められ，認められることを通して，まずは自分に自信をもち，また受け止めてくれる相手を信頼することができるようになり，その相手を自分にとって大事な人，大好きな人と受け止めるようになります。こうして子どもは自分を信じてますます自分を前に押し出し，自己発揮することができるようになってきますが，そのとき大人は子どもの思いを尊重しながらも，時には子どもと目の高さを合わせて一緒に考えたり，一緒に何かをしたり，あるいは子どもがするのを見守って待ったりすることが必要になります。

　②身体・運動・認知面の発達とともに子どもにできることが増えてくると，①で培った自信や信頼感を梃に，「こうしてみたい」「こうしたい」というように，探索する姿や自分を押し出す姿が前面に出てきます。ところがそうなると，子どものそのような自己発揮振りはエスカレートして次第に周囲の人たちと摩擦を起こすようになり，大人はそれまでのようにすべてを認める対応はできなくなります。そこで，大人の思いを子どもに伝えたり，教えたりする必要が生まれ，またその自己発揮の度が過ぎれば，時には叱る必要も出てきます。要するに「しつけ」に通じる対応が必要になってきます。

　③そのような自他の境界がはっきりしてくるなかで，子どもは自分の気持ちを受け止めてくれる大人の側にも，自分とは違う思いや気持ちがあるのだということが漠然とではあれ気づくようになってきます。そしてそのような大事な大人が自分に頼むことならば聞き入れよう，聞き入れて大事な人が喜んでくれるのは自分も嬉しいというかたちで，時には子どもの方が大人の思いを受け止めることもできるようになってきます。こうして次第に「お互いが相手を主体として認め合う」ことの原型ができ上がってくるのです。

　要するに，子どもを一個の主体として尊重する大人の対応を出発点に，次第に子どもは自己発揮する主体として立ち現れる一方，自分を主体とし

て受け止めてくれた人を今度は自分が主体として受け止めるというかたちで，相互に主体として認め合うという意味での主体に育っていきます。これが自己発揮しつつ周囲の思いを受け止めるという，対人関係の基本に繋がっていくのです。

本章では以下に，①〜③の過程をこれまで『原初的コミュニケーションの諸相』と『両義性の発達心理学』に収録した1歳半までのエピソードと，『保育を支える発達心理学』にスケッチしたそれ以降のエピソードを再提示しながら，それらのエピソードを「相互主体的な関係の変容」と，「子どもの主体としての育ち」という二つの観点から再吟味していきたいと思います。

第2節　1歳前から1歳半にかけての相互主体的な関係

前節の①の前半は，大人が未熟な子どもをいわば「受け手効果」によって一個の主体と受け止めて対応することが中心になります。これは「相互主体的な関係の萌芽段階」と呼べそうですが，これについては，これまでの著書にかなり詳しく述べてきましたから，ここではそれを割愛して，この節では①〜②への変わり目にあたる，9カ月頃から1歳半頃までの相互主体的な関係を「相互主体的な関係の初期段階」として取り上げていくことにします。それは，子どもの主体としての輪郭がかなり明確になり，子どもの思いと養育者の思いが必ずしも重ならない局面が表れて，外部観察的には子どもと養育者のあいだに亀裂が入り，別個の主体であるという印象が際立つようになる段階を指しています。以下，具体的なエピソードを提示していきましょう。

(1)　主体としての輪郭が際立ちはじめる

エピソード　1　「家の中で不満が爆発」（Y：9カ月21日）

Yくんは初めての戸外での遊びで，最初は慎重で半ば恐る恐るでしたが，次第に砂いじりに興味を示し，砂を握っては落とすことを盛んに繰り返していました。そのうちに，座った状態のまま，前屈みになって大きく手を動かして砂をかき集

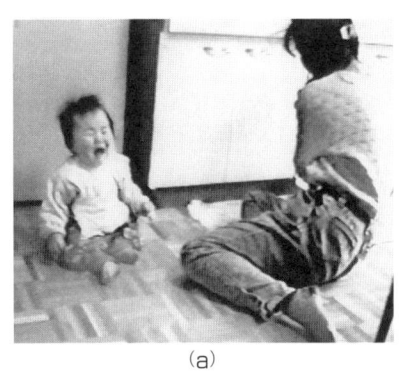

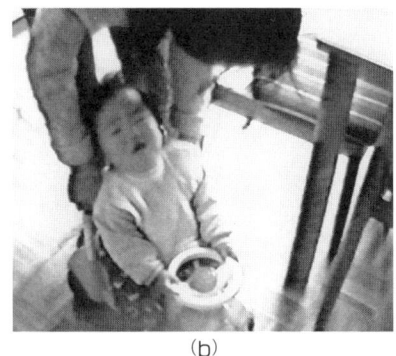

第 3 章　乳幼児期における相互主体的な関係

　　　　　(a)　　　　　　　　　　　(b)
エピソード 1　家の中で不満が爆発

めたり，握った砂を放り投げるようにしたりと，だんだんエネルギッシュになってきました。ところがその日は大変に寒かったので，子どもを連れて出た余所の大人たちも，今日はこの辺でと戸外の遊びを切り上げ，各自子どもを連れて家に入り始めました。Yくんのお母さんも「Yくんもお家に入ろうね」と声をかけてYくんを抱き上げ，アパートのなかに連れて入りました。そのときにはYくんは大きく抵抗しませんでしたが，連れて帰られたことがよほど不満だったようです。

　家に帰ってお母さんがYくんの手を洗おうとするのにも不満そうで，なかなか洗わせようとしません。手を拭く段になるとますます不機嫌になって，「アアーッ」と強い調子で泣き声をあげ始めました（写真 a）。お母さんはYくんの不機嫌の理由が分かっているので，Yくんをなだめるように，「そんなに砂遊びがよかったの」と言います。

　手を拭き終わると，お母さんはYくんの機嫌をとりなそうと，最近Yくんが気にいっている幼児用の室内自動車にYくんを乗せ，後ろから押して食堂のテーブルの回りを何度もぐるぐる回ります。Yくんは動かしてもらっているときは何とか気持ちを鎮めていますが，それでも不満な様子がありありで，お母さんがちょっと動かすのを止めると，腰を浮かして「何だ，何で止めるんだ」と言わんばかりに不満そうな表情で，押すことを催促します（写真 b）。仕方なくお母さんはまた自動車を押し始めます。何度もテーブルの周りを回ってくたびれたお母さんが，押すのを止め，手で自動車を前後に動かすようにすると，Yくんは大きな泣き声で怒ります。憤懣やるかたないという表情です。仕方なくまたお母さんは少し自動車を動かしますが，Yくんの機嫌はなおらず，自動車に乗ったまままとうとう大泣きになってしまいました。お母さんは仕方なくYくんを自動車から降ろし，

191

「じゃあ，おやつにしようか」と対応の転換を図ることになりました。
〈考察1〉
　このエピソードは，もっと戸外で遊びたかったのに，お母さんが家に連れ帰ったということでYくんが不満を爆発させてしまい，それをお母さんが何とかとりなそうとするというものです。Yくんにとっては初めての砂遊びで，最初こそちょっぴり不安そうに慎重に構えていたものの，すぐに砂遊びが気に入って，興奮気味に遊んでいたことをお母さんは知っています。寒いから連れて帰らざるを得なかったけれども，Yくんがもっと遊びたかったということ，そして手を洗ってやろうとしてもいつものように協力しないのはそのせいだということが，お母さんには（そして観察者にも）十分に分かっていました。
　Yくんのお母さんは，Yくんの強い不満が分かっていますから，何とかそれを紛らそうとYくんのお気に入りの自動車に乗せて押してやります。台所の食卓テーブルの周りを何度も何度も押して回る姿は，観察者として見ていて微笑ましいというより，養育者は大変だという思いの方が先に立ちます。そのように押して動かしてもらってもYくんの不満は解消されず，渋面のままです。お母さんの方がくたびれてきて押すのを止めると，「何だ何だ，何で止めるんだ」という感じで大変なむずかりようです。そして最後には大泣きになって，やむなくお母さんは最後の切り札として「おやつ」に切り替えることになったのでした。
　さて，ここでのお母さんのYくんへの対応は，誰でもこうするものというように一般化することはできません。養育者のなかには「お外は寒かったから，仕方なかったでしょ，また今度ね，だからもう機嫌なおして」と理詰めで子どもを押しきってしまう人もいるでしょうし，Yくんのお母さんのように，ひたすら子どもの気持ちを紛らす対応を考える人もいるでしょう。現に，もう少し前の月齢までなら，ちょっと方向転換してやるだけで簡単に子どもの気持ちを紛らすことができたはずです。また，養育者のなかにはもっと高圧的に「泣くんじゃないの，お外はもう終わり！」と強い態度に出て，子どもの不満な気持ちを押さえつけてしまう人もいるでしょう。そのいずれが良いかは何ともいいかねます。ただ，このような場面での対応には大きな幅があって，そのいずれを紡ぎ出すかは養育者一人ひとりの主体としてのありようによるというのがこれまでの議論でした。しかも，「いま，ここ」でのYくんの不満の持ち方は，これまでのこの親子の関係の歴史をその背後に抱えているわけですから，その対応の仕方もその歴史と切り離しては考えられないことになります。

このエピソードに立ち会ってみてまず私が思うことは，養育者であるこのお母さんの大変さをしみじみ感じさせられる一方で，Yくんがこれほど強く不満を表現できることを微笑ましく思わずにはいられないということでした。第1子であるYくんは，これまでお母さんの優しい丁寧な関わりのなかで，「欲することは皆かなう」という万能感に近いものを生きてきたといってもよいと思います。せっかく自分が楽しんでいることから突然引き離されてしまうような事態は，Yくんの世界においてはその万能感が崩されるような事でもあったわけでしょう。一見したところ，Yくんの不満はお母さんに向けられているようですが，その実際の様子は，「お母さんが悪い，お母さんが思い通りにしてくれない」とは書き出せない感じでした。つまり，こうなったのはお母さんのせいだというように理由をお母さんに帰属し，従って不満をお母さんに「向けて」表したという感じではありませんでした（もう少し年齢が上がればそういう感じになったでしょうが）。むしろいつもの魔術が効かないのはなぜだと言わんばかりなのです。不満はお母さんに向けられるというより，すべてのことに向けられ，自分の状態も含めて今の状況すべてが不満で受け入れられないという感じなのです。

　ウィニコット（1965）が教えているように，いずれ子どもは万能感という錯覚から脱錯覚して「自分の思い通りにいかないこともある」ということを学ばねばなりません。いまのエピソードなどは，そのような大切な機会の一つなのだと思われます。そしてその際，これもウィニコットが教えているように，その不満の爆発にそれまでの優しい養育者が怒り狂うことなく優しくあり続けることが，その脱錯覚を支えるのだということも，このエピソードを見ているとなるほどと思われます。おそらく，それまでの受け止め・受け入れる関わりのなかで自己身体をはみ出してお母さんのところまで肥大していたYくんの主体としてのありようが，このような機会を何度も経験することを通して，次第に自己身体へと限局されるようになっていくのでしょう。ということは，Yくんがこのように不満を表出できるということの裏に，これまでお母さんからどれほど丁寧に扱われてきたか，どれほどたくさんYくんの思いを貫いてこれたか

が透かし彫りに見えるということでもあります。それが，私がYくんの不満の爆発を「微笑ましい」と感じた理由なのです。なるほど子どもの気質の違いも無視できないかもしれません。しかし手厚い養育を受けられなかった子どもたちが，欲求を阻止された場面でこれほどの不満を表すことができずに，そのままそれを自分自身で呑み込んでしまうことが多いということを考え合わせると，Yくんのこの不満の爆発は，それが可能になる背景があることを思わずにはいられません。

　Yくんのお母さんの対応は，この時点ではまだYくんに添うことを中心に組み立てられているようです。しかし，この頃から，養育者のなかには「しつけ」の意識をもつ人も出てきて，自分の思いのなかに子どもを強く巻き込む動きが見られるようになってきます。ここに，子どもに添うのか引っ張るのかの微妙な力学が生まれ，それまでの単純に子どもに合わせていけばよかった関わりとは少し違う次元に移行するように思われます。それが自他の裂け目を次第に深める契機となるとともに，子どもが主体として際立つ契機にもなるようなのです。その意味では，子どもの生活圏が広がることによって養育者は子どもの気持ちを調整する必要が増え，それが子どもと養育者のあいだに亀裂をつくる結果となりますが，それによって子どもの主体としての輪郭がさらに際立つと同時に，自分にとって大事な養育者が別の存在（主体）であるということに子ども自身が気づいていくことにも一役買うのです。

(2)　養育者による禁止や制止の始まり

　この時期に，子どもが一個の主体であるということが際立つのは，何よりも養育者の思いと子どもの思いが食い違い，そこに衝突や対立が見られるときです。このとき，見まごうことなく，子どもは養育者とは分断された，自分の思いをもった一個の主体であると観察者には見えてきます。そして，それがどこに向かって収斂していくかに，二人の相互主体的な関係が立ち現われてきます。これが本格的になるのは2歳過ぎからですが，1歳から1歳半の頃にもその萌芽形態が見出されます。ここではYくんの日常のなかでお母さんから制止や禁

止を加えられ、お母さんに叱られる場面を一つ紹介し、そこでのYくんとお母さんそれぞれの思いに迫ってみたいと思います。

エピソード　2　「どうして、そうするの！」（Y：1歳0カ月29日）

　　今日はYくん宅での合同の観察日です。YくんとHちゃんはたくさんのオモチャのなかで遊んでいます。Hちゃんがカエルの人形を持っていると、そこにYくんがやってきてHちゃんのもっているカエルの人形を「ンー」と言って取りあげました。Yくんのお母さんは低い声で「ア、ア、アーア」と賛成しかねるというトーンの声を挟み、「Hちゃんがもっていたんだよ」とたしなめますが、Yくんはまったく頓着しません。Hちゃんのお母さんは別の人形をHちゃんに渡し「Hちゃんはそれでいい？」と訊ねます。Yくんのお母さんはYくんのお気に入りの犬のヌイグルミをHちゃんの傍に「ワンワン」と言いながら置いてやります。Hちゃんがそれに手を伸ばしかけたところにYくんがさっとやってきて、「ンアア」と言いながら再びさっと取りあげました。Yくんのお母さんは困った顔で黙って見ています。その間にHちゃんはコアラのヌイグルミを見つけ、それを取るなり胸に抱いて「ネンネ」と言い、Hちゃんのお母さんも「ネンネ」とミラリングして、「Hちゃんはコアラをネンネさせるのね」と同調します。

　　そこでYくんは手風琴を手にしてそれをブーカ、ブーカと鳴らします。その音にHちゃんが振り向き、そっちに気持ちを向けます。Hちゃんのお母さんが「Hちゃん、行ってごらん、ピーコ、ピーコって」とHちゃんに貸してもらうように促します。Hちゃんが行きかけたところで、Yくんのお母さんはまた衝突になると思って「あーあ」と声をだしました。しかしHちゃんはYくんの手風琴のとこ

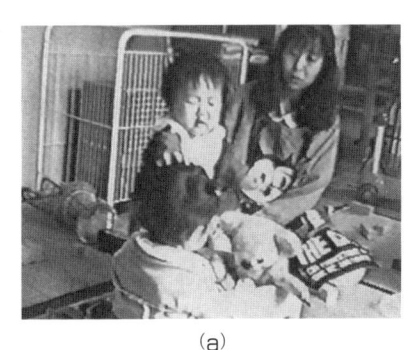

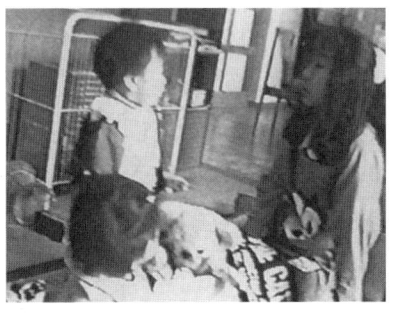

(a) (b)

エピソード2　どうして、そうするの！

ろには行かずに，傍にあったピョンキチの人形を手に取ります。Yくんのお母さんはほっとした表情になります。お互いにしばらくそのオモチャで遊んでいましたが，Hちゃんのお母さんが木製の自動車にコアラの人形を積んで動かしてやると，Hちゃんが興味を示してそれに近づこうとし，Yくんのお母さんも動いてきたそれをHちゃんに向かって動かしてやりました。それを見ていたYくんがさっと近づいてきます。Hちゃんのお母さんは「あ，壊し屋さんがきた」と冗談めかしていいます。YくんはHちゃんを押しのけようとして，Yくんのお母さんが止めようとする間もなく，Hちゃんの頭を叩いてしまいました（写真a）。その瞬間，Yくんのお母さんは「どうして，そうするの！ 痛いでしょう，そうすると」とYくんを叱り，Yくんを真正面から睨みつけました（写真b）。一瞬Yくんは体を硬くしますが，次の瞬間，Yくんは怒りをぶつけるように両手を振り下ろしてコアラの人形を叩きます。そしてその場を離れて向こうに行ってしまいました。

〈考察2〉
　Yくんがお母さんに本格的に叱られたのを私たちが見たのは，これが初めてだったように思います。合同の観察を始めた頃はまだ幼く，せいぜい欲しい人形を取り合い（引っ張り合い）になる程度でしたが，1歳を過ぎるともう少し複雑な友達関係になってきます。
　今日はYくんのホームグラウンドだということが，この日のYくんの行為の背景になっています。今日はどうやら虫の居所が悪いらしく，Hちゃんがオモチャを手にすると何でも取りあげなければ気が済まない様子です。Yくんにしてみれば，「それはボクのだ」と言いたいのでしょう。Hちゃんのお母さんの手前もあり，Yくんのお母さんとしては気が気ではありません。YくんがHちゃんからオモチャを取りあげるたびに，Yくんのお母さんは困ったという顔をし，何とか他のオモチャでHちゃんをとりなそうとします。いつもYくんの「思い通り」に合わせてきたYくんのお母さんにしてみれば，「これはボクのだ」というYくんの気持ちが分かりますから，YくんがHちゃんから取りあげても「ダメ！」とはなかなか強く言えないのでしょう。「Hちゃんが使っていたんだよ」とたしなめる程度にとどまります。お母さん自身，これまでYくんを人前で本格的に叱ったことはなかったのかもしれません。
　Yくんが手風琴を鳴らして，Hちゃんがそっちに行きかけたとき，お母さんは衝突になりはしないかとはらはらしています。幸い，Hちゃんが途中でピョンキチくんのヌイグルミの方にいってくれたので，ほっと胸をなで下ろす気持ちです。

そこにコアラのヌイグルミを自動車に乗せる面白そうな遊びが始まり，Hちゃんのお母さんが押した自動車がYくんのお母さんの座っているところに動いてきたので，Yくんのお母さんはそれをHちゃんの方に押し返してやりました。それを見たYくんがさっと近づいてきてHちゃんと衝突します。叩いたといっても1歳になったばかりの子どものすることですから，頭に触った程度で，Hちゃんも泣きません。しかし，さっきからの「乱暴」の累積もあって，お母さんとしてはここは叱らなければなりません。ここにはじめてYくんとお母さんが真正面から睨み合う場面が生まれます。Yくんにはこれまでにない経験だったのでしょう。その不満をどこにぶつければよいのか分からず，腹立たしい気持ちを両手を強く振り下ろし，下にあったコアラを叩く結果になりました（コアラを叩こうとしたようには見えませんでした）。

　お母さんが何でも自分の思い通りにしてくれるという全能感は，もういろいろな場面で崩されてきているはずですが，それでもいつも一緒で味方のはずのお母さんが，何でそうなるのか分からないというのが，Yくんの腹立ちの中身ではないでしょうか。お母さんにしても，いつも可愛いYくんがなぜ今日はこんなにも乱暴でいい子をしないのか分からない，という思いだったに違いありません。しかし，その叱る行為は，単にYくんの行為を受け入れることができないからだけでなく，Hちゃんのお母さんや観察者の手前，叱らねばならないという部分もあったようです。規範というものが社会的な意味合いをもち，複数の大人が現前する場は自分とYくんだけで成り立つ場ではもはやないからです。それがホームグラウンドであるにもかかわらず生じているところに，叱る行為が裏側で捩れる理由があります。

　Hちゃんのお母さんにしてみても，本当はYくんに「どうして叩くの」と言いたいのに，Yくんのお母さんの手前，ストレートに言えないという事情があります。「壊し屋さんがきた」というのが精一杯の抵抗です。

　このように，合同の観察の場面は複雑な力学が働く場で，それゆえに，年齢の近い複数の親子が一緒の場を過ごす意味があるのだと思われます。お互いがいろいろなことを思いながら，それをストレートにぶつけるのではなく，さまざまな配慮を働かせながら関係を維持するところに，日本人の社会性があるからです。それはまさに「生きられ両義性」の場だといえるでしょう。おそらくそのような経験を通して，養育者自身も社会的に成長を遂げていくのです。

それはともあれ，YくんはHちゃんが遊びに来てくれることは嬉しいのですが，人の使っているものを横取りするのは人の気持ちを踏みにじることであるというように，Hちゃんの気持ちを受け止める側面はまだ育っていません。これからこのような叱られる場面をたくさん経験し，膨らみ過ぎた自分を等身大に維持し，して良いこと悪いことの分別を次第に身につけていかねばなりません。しかし，あくまでもそれは「次第に」であって，今すぐではないことを銘記しておく必要があります。

　ここに示したのは拍手喝采とはいかない「負の事象」ですが，しかしそこに，次第にはっきりしてくる子どもの主体としての輪郭を見る思いがします。それまで可愛がられてきたからこそ，そのように自分を押し出せるのであり，それはこれまでの養育の成功を物語るものですが，これからはそこに次第に「捩れ」が生まれ，他者と一緒であることを喜ぶ正の体験と，他者と一緒だからこそぶつかる負の体験を通して，他者に自分の気持ちを譲ったり，してはいけないルールを守ったりというように，自分の気持ちを常にストレートに出せるわけではないということを学んでいかねばなりません。

(3) せめぎあいの始まり

　子どものこうしたいという思いと，養育者のそうさせたくないという思いがぶつかるとき，そこにせめぎあいが生まれてきます。ここではその初発のかたちが窺えます。

エピソード　3　「ゼリーをどうしても自分で食べたいんだ」

（Y：1歳1カ月22日）

　　先ほどオモチャの自動車をベランダから落として叱られたせいでしょうか，少しぐちゃぐちゃ言い出したYくんは，お母さんの膝にしがみつくようにして抱っこを求め，お母さんはYくんを抱っこして台所の方へ行きます。どうやらお母さんは牛乳を与えるつもりだったようですが，Yくんは冷蔵庫の上に何かあることを知っているらしく，指差してむずかります（写真a）。それに折れて，結局お母さんはカスタード・プリンの容器に作っておいた自家製のゼリーを冷蔵庫の上

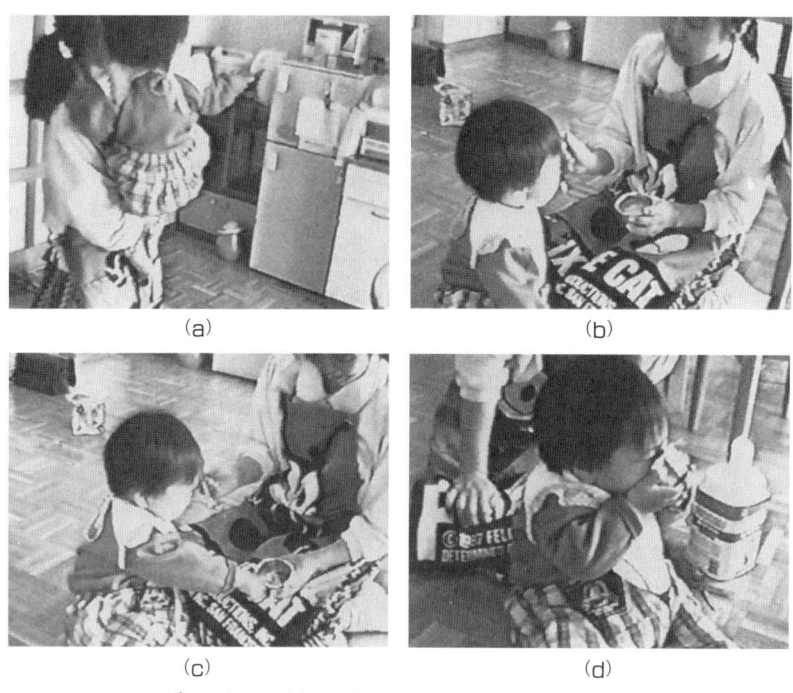

第3章　乳幼児期における相互主体的な関係

(a)　(b)
(c)　(d)

エピソード3　ゼリーをどうしても自分で食べたいんだ

の容器から取り出してきます。「3時のおやつにするつもりだったけど，10時のおやつにするわね，でもよく知っているねー」と感心したふうに言います。お母さんは床に座り，立っているYくんに「ちゃんこして，ちゃんこして」と促すと，Yくんはすぐにお座りの姿勢になって食べさせてもらおうとします。「こういうことになるとYくんはいい子になるんだから」とお母さんは観察者に話しかけながら，大きなスプーンで一さじ食べさせました（写真b）。「どうですか？」とお母さんはYくんに味を聞きます。「おいしそうだなー」と観察者が声を挟みます。「おいしいですか？」とお母さんが再び尋ねます。Yくんは自分からお母さんの方に近づいてもう一さじ食べさせてもらいます。「おいしい？」「おいしい」とお母さんはことばの抑揚を変化させてYくんの気持ちを確かめようとします。一さじごとにYくんは催促の「あ」という声を挟みます。「お外にでるときと，お菓子を食べるときは，とてもいい子になるんです」とお母さんはまた観察者にいいます。

　お母さんがスプーンの上のゼリーを「プルンプルン」といって揺らしながらY

199

くんに近づけると，Yくんは口を持っていって食べ，「ンアー」と声を発して舌鼓をうちます。「そんなにおいしいですか」「作っておいた甲斐があったというもんです」とお母さんが言います。そのうちに，Yくんはゼリーの入った容器に指をもっていきます。「触ってみたかったの？」とお母さんが言っている間に，Yくんはゼリーに指を突き入れました（写真c）。お母さんは「ジュボジュボジュボ」と映し返すなり，「お手手洗ってないからダメよ」と容器を取りあげ，再びスプーンで掬ってYくんの口に入れます。Yくんは一口食べるとまた触りに行きます。「お手手拭き拭きしてあげるから」と濡れティッシュを取りに行く間に，Yくんはゼリーの容器のところにいって指を入れようとします。「ちょっと待って！」とお母さんが言いますが，Yくんはかまわずゼリーに指を突っ込みました。
「お手手じゃなくて，スプーンで食べてごらん」とお母さんがいうのを聞かずに，Yくんは容器ごともってそれをすすります。お母さんは「おいしいですね」と言いながらYくんにスプーンをもたせようとしますが，Yくんはそれを放り出してまた容器ごとすすります（写真d）。それからYくんはビデオカメラの方を向いて「ンアー」と満足そうな声を出し，舌鼓をうちます。お母さんがスプーンでゼリーを掬ってYくんの背後から食べさせると，Yくんは一旦は口に入れたものの，すぐにぽろりと吐き出して，「ン，ン，ン」とむずかった声を出します。「なーに，何で出すの」とお母さんがたしなめました。「自分でしないといけないのね」と観察者がYくんの気持ちを代弁してやると，「へー，そうですか，そうですか」とお母さんはちょっと不満そうにいいます。Yくんは容器ごと顔に持っていって中のゼリーを食べようとします。「口に入っているの？」「食べさせてあげようか？」とお母さんが訊くと，Yくんは嫌だとばかりに「ン，ン」と否定の声を発します。「自分でするの？」とお母さんは確かめますが，やはりYくんは自分で食べなければ駄目のようです。ぐちゃぐちゃになったゼリーが口の中に入ったらしく，Yくんは満足そうに「ンアー」と声を出して，また舌鼓をうちました。

〈考察3〉
　手が滑ってベランダから自動車を落とし，お母さんに「メッ！」と叱られたせいでしょうか，Yくんは少しぐずってお母さんに抱っこを求め，結局食べ物の要求になりました。
　お母さんも叱った後味の悪さがあったのでしょう。抱っこに応じ，冷蔵庫の上にある食べ物の要求にも予定を変更して（3時のおやつをいま与える）比較的簡単に応じました。その代わりというように，お母さんはYくんにちゃんとお座り

しなさいと要求すると、Yくんはこれに簡単に応じます。自分の要求や欲求を満たすためには、お母さんの言うことを積極的に聞こうというわけです。お母さんが観察者に向けていう言葉に、Yくんが譲歩する条件が示唆されています。別のエピソードではオムツを替えるのとおせんべいをもらうのが交換条件になっていたことがありました。

　おやつのゼリーを食べさせてもらうとき、お母さんは盛んに「おいしい？」と訊いていますが、これはお母さんが作った自家製のゼリーだったのと、Yくんが初めてだったのでYくんにとって味がどうだったか、お母さんに気になったからのようでした。しかし、Yくんは最初の一口は慎重でしたが、すぐにおいしそうに食べます。「ンアー」とため息をつくような感じの声を出して、舌鼓まで打ちます。「作った甲斐があった」というお母さんの気持ちが伝わってきます。Yくんの舌鼓はお母さんの期待を映し返してくれているのです。周りの者にYくんが理解しやすい子どもだと受け止められるのは、一つにはYくんのこういう豊かな表現力のおかげです。

　お母さんがスプーンの上にゼリーを載せて、「プルンプルン」と揺らせて見せたのが効いたのでしょうか、Yくんはそれに触ろうと手を伸ばし、容器に指を突っ込もうとします。そしてゼリーに指を突き入れると、お母さんは何と「ジュボジュボジュボ」とYくんの行為にヴォーカル・マーカーを与えてそれを映し返します。その直後に「お手手洗ってから」というのはやや手順が前後している感じですが、そこがまた、Yくんのしようとすることはたいてい受け入れてきたこのお母さんの優しいところでしょう。お母さんは手を拭いてからだと盛んにYくんに言いますが、手順前後を解消することはできません。最初はこのゼリーがどんな感触か、Yくんの触りたい気持ちも分かると思って、触るのを許したけれども、こんなにズボズボ指を入れるんじゃあダメ、というところでしょうか。

　そこでお母さんはYくんにスプーンで食べることを提案します。しかしこれにもYくんは応じません。とうとうYくんは容器ごと吸い込むかたちで食べ始めました。それが気に入ったらしく、Yくんはカメラの方を見て満足そうな笑顔をみせます。Yくんはもっと幼いときから何か満足することや嬉しいことがあると、観察者の方をよく見ます。観察者はYくんにとって、たいていの場合よく映してくれる鏡だからです。ここから、スプーンから食べさせたいお母さんと、容器から直接食べたいYくんとの綱引きが始まります。Yくんは手の熱でゼリーが溶けた汁をすするばかりだという判断がお母さんにあったのでしょう。お母さんはYくんがもっている容器からスプーンで一さじ掬うと、それをYくんの背後から食

べさせます。スプーンが口のところに来ると食べるというこれまでの習慣的なパターンから，Yくんは思わずそれを受け入れますが，すぐに吐き出します。お母さんはせっかく食べさせてあげたのにどうして，という思いから「なーに，何で出すの」と気色ばみます。これまでの流れを見ていた観察者には，Yくんが食べさせてもらうのでなく自分で食べたがっているとみえたので，「自分でそうしないといけないのね」とYくんの気持ちを代弁します。するとお母さんは，「へー，そうですか，そうですか」と半分冗談，半分本気で言います。あなたが食べられないから私が食べさせてあげようって言っているのに，というニュアンスです。そこで，「口に入っているの？」とか「食べさせてあげようか」という一種の「嫌味」を言うことになるのです。「そんな食べ方ではお汁を吸うばかりで，ゼリーは食べられないでしょ，だからお母さんが食べさせてあげようか」と言いたいのでしょう。しかし，この提案をYくんは「ン，ン」という声で拒否します。ここはまさにお母さんの思いとYくんの思いがズレるところで，しかも，主導権はいまや完全にYくんにあります。このせめぎあいはYくんの勝ちというところでしょうか。そうこうしているうちに，ゼリーの本体がYくんの口の中にまとまって入ったらしく，Yくんは「ンアー」と満足そうな声を出して舌鼓をうちます。それは自分で美味しいゼリーを食べたというYくんの満足の舌鼓に聞こえました。

　お母さんは自分の意図通りにスプーンから食べさせることができませんでしたが，Yくんが自分でゼリーを食べようとしたことはよかったと思っていますから，ここでは文字通り負けるが勝ちなのでしょう。お母さんが譲ってYくんが自分でするのを支えることが，これからのYくんの主体としての育ちを押し進めることになるのです。

(4)　友達への誘いかけの始まり

　生後半年ごろから，アパートの上と下に住む関係で，YくんとHちゃんはお母さんたちも一緒にどちらかの家に行き来して遊ぶようになりました。最初はものの取り合いをするだけの関係でしたが，次第に一緒におやつを食べるようになり，お互いに笑顔をみせ，存在を認め合っている様子が現れてきました。しかし，相手のしていることに影響されることはあっても，なかなか相手を遊

第3章 乳幼児期における相互主体的な関係

びに誘うということはありませんでした。けれども誕生日を過ぎてこの時期になると，ようやく一緒に遊ぶことを楽しめるようになり，相手を遊びに誘う動きが出てきました。

エピソード 4 「Hちゃんも一緒においで」（Y：1歳3カ月8日）

　　この日はHちゃん宅での合同の観察日です。YくんとHちゃんはひとしきり遊んだ後，Yくんは廊下を挟んで向こう側にある部屋に一人でしばらく行っていましたが，そっちから戻ってくるなりHちゃんの傍まで走り寄って，Hちゃんの顔を見ながら向こう側の部屋の方を指さし，自分から向こうの部屋に行きかけます。そうしてもHちゃんが何の反応もしないので，Yくんは少しHちゃんの方に戻ってきて，今度はHちゃんを指さして「アアン」と不満そうな泣き声になりました。Hちゃんのお母さんは「みんな（向こうの部屋に）行くよ」とHちゃんに声をかけますが，Hちゃんは座椅子のところから離れません。Yくんのお母さんは「Hちゃんも来るよ，おいでって」とYくんに誘うように促します。YくんはHちゃんの方に手を差し出しながら近づき，手招きするような手の動きを示します（写真a）。「お手手つないで」とYくんのお母さんが促しますが，Hちゃんがやはり何の応答もしないので，Yくんは後ずさりしながら，「ンアー」と思い通りにならない不満を声に出します。「おいでっていわなくちゃ」と観察者もおもわず声を掛けてしまいました。するとYくんはHちゃんの方に走りよって，そばの壁をどんどんと叩き，「ンアー，ウエーン」と泣きだしました。Yくんのその気持ちが分かるので，大人たちが笑ってしまい，Hちゃんのお母さんも「恋に破れた男みたい」と笑います。

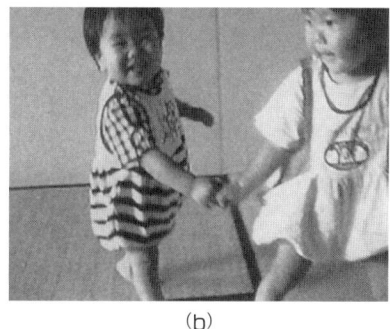

　　　　　　（a）　　　　　　　　　　　　（b）

エピソード4　Hちゃんも一緒においで

203

YくんがHちゃんをうまく誘えないので，Yくんのお母さんがHちゃんの傍に行って，「Hちゃんとお手手つないで」とHちゃんの片方の手を引きながらYくんを誘います。そこでYくんは手を伸ばしながら再びHちゃんに近づき，Hちゃんのもう片方の手を握りました。「お手手つないで」とYくんのお母さんは歌いながら，3人手を繋いで向こう側の部屋に行きかけます。「あー，いいなー」と観察者も声を掛けました。Yくんはもうにこにこ顔で，Hちゃんも笑顔になっています（写真b）。

〈考察4〉
　Yくんは自分だけ向かい側の部屋に行ったけれども，行ったのは自分だけで，大人たちもHちゃんも来ないので，向かい側の部屋から呼びに来たという流れだったようです。
　Yくんの表現は，Yくんの気持ちの動きとしては実に分かりやすいものです。まずHちゃんの側まで行き，そこからHちゃんの顔を見ながら行き先を指で指し示して「向こうに行こう」と誘い，もう自分は行きかけています。大人だったら「ああ，向こうに行くのね」とついて行けたでしょう。しかし，その身振りではHちゃんには伝わりませんでした。そこで，何で伝わらないんだとばかりにHちゃんを指さしながら，不満な声を出してHちゃんの方に近づきかけますが，顔はお母さんの方を向き，不満な声はお母さんに向けられています。大人たちは，こちらの部屋は普段使っていない部屋なので，できれば向かい側の部屋に行きたい気持ちもあり，Yくんの動きに合わせて向かい側の部屋に行こうとHちゃんを誘いますが，Hちゃんはすぐに乗ってきません。そこでYくんのお母さんも観察者も，YくんにもっとHちゃんを誘いなさいと促します。その言葉に促されるように，Yくんは手をHちゃんの方に差し出して誘うように手を動かしますが，やはり通じません。思いの通じない悔しさに，Yくんはとうとう泣き出します。そこで大人たちがなおもHちゃんを誘うように促すと，こんどは泣きながら走っていって，Hちゃんのそばの壁にどんどんと八つ当たりです。思いの通じなさに憤懣やるかたないという様子で，Yくんはウエーンと泣いてしまいました。
　Hちゃんのお母さんの「恋に破れた男みたい」という表現にも笑ってしまいますが，思いの通じないYくんの不満がよく分かります。そこでYくんのお母さんがHちゃんの手を引きに行き，そこでもう一度YくんにHちゃんとお手手をつなぎなさいと促すと，YくんはそこでようやくHちゃんと手をつなぎ，3人一緒に手をつないで向こうの部屋に行きます。その時には，Yくんはもうにこにこの笑顔です。

このエピソードでは，指差しと，訴える「ンアー」という音声や表情，誘う（呼ぶ）手招きに似た手の動き，および自分の意図が通じない苛立ちを表す泣きが，Yくんの表現レパートリーとして指摘することができます。しかも，指差しと音声や表情とが組み合わされて用いられているために，お母さんたちも観察者もYくんが何を訴えようとしているかが簡単に分かります。これらの「表現」は，何かを伝えるために完全に手段化されたものだとはまだ言えません。むしろYくんの中に生じた意図や「思い」がおのずから身に纏ったもののように見えます。ただしそれは，3，4カ月の泣きのように単に身体内部の要求が無方向に表出されるのとは違い，意図や「思い」の輪郭がはっきりしているのと，誰に向けられるのかがはっきりしています。

　しかしそのYくんの気持ちは，大人には間主観的に摑めるものの，まだHちゃんには伝わらず（摑めず），Yくんもどう伝えたらよいか分かりません。ここでは大人の助けを借りて自分の思いが叶えられ，Hちゃんと一緒に向かい側の部屋に行くことができましたが，しかしそれがYくんにはとても嬉しかったことが分かります。自分の思いが伝えられることで人と関わり合う喜びが増し，伝えられないときに悔しい思いをするのですが，そこでYくんなりに伝えようとしてあれこれの工夫が生まれているところに，他者を主体として受け止めることに通じる大事な面が現れているように思われます。

(5) 一緒に遊ぶことの意味

　この年齢から先，子どもは周りの大人や他の子どもと何かを一緒にして同じように身体を動かすことを楽しむようになります。歌を一緒に歌う，一緒に走り回る，一緒に幼児体操をする，等々ですが，このように一緒に身体を動かす遊びは，相手の存在を認め，共にその場を過ごすようになる上に，意外に重要な意味をもっているのではないでしょうか。

　エピソード　5　「一緒にくるくる回ろうよ」（Y：1歳5カ月10日）
　　Yくんは他の遊びをひとしきりした後に，何を思ったのか，部屋の真ん中で自

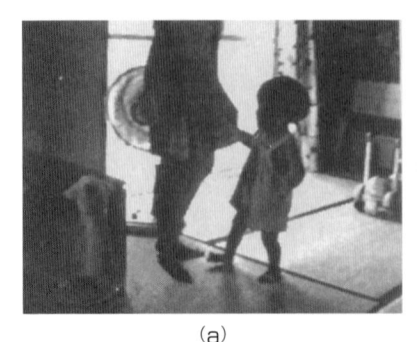

(a)  (b)

エピソード5　一緒にくるくる回ろうよ

分一人でくるくると回り始めました。お母さんはそれを見て「ぐるぐるぐる」と映し返していましたが、そのうちにYくんはよろめいて扇風機に体をぶつけてしまいました。「ごーんするよ」とお母さんが言うと、Yくんは「ンハハ」と笑います。そして笑顔のまま再びぐるぐる回りを続けます。何度もやって一休みしたところで、お母さんの方を指さして「ン，アア」と甘えたような要求の声（「魔法の声」）を出しました。「ん？　何？」とお母さんが尋ねます。「お母さんも一緒にやるの？　一緒にくるくるするの？」と尋ねるうちに、Yくんは「そうだ」とばかりに母親のスカートを引っ張ります（写真a）。そこでお母さんがくるくる回ると、Yくんは嬉しそうに自分もくるくる回ります。「お母さんも一緒ねー」と観察者も思わずそこでことばを添えてしまいました。「目が回る」といいながら、お母さんはYくんと一緒にくるくる回ります。そのうちYくんはどすんと尻もちをつきますが、笑って立ち上がり、またくるくる回ります。お母さんが回るのをやめた後も、Yくんは一人でくるくる回り続けます。

そのうちにお母さんがくるくる回りをしていないのに気づくと、お母さんを指さして「ンン」と言って催促します（写真b）。仕方なくお母さんはまたくるくる回りをしますが、じきに疲れて「お母さん，休憩」と休みました。するとYくんは例の「ンンン」という「魔法の声」を発して、なおも一緒にくるくる回りをしようと誘います。

〈考察5〉

　このエピソードは、自分から始めたくるくる回りの遊びにお母さんを誘い、一緒に遊ぶというパターンが現れています。これまではお母さんが回旋塔のようにYくんを振り回すことはあっても、このように一緒になってくるくる回るという

遊びはありませんでした。今回は，Yくんが自分でくるくる回って面白かったので，その遊びにお母さんを誘ったのでしょう。その誘いは，Yくんがくるくる回り始めたところで，お母さんも観察者も「目が回る！」「どすんするよ！」とYくんの遊びに力動感のあるコメントを加え，それを肯定的に映し出したことが一役買っていたようですが，もちろんそれまでにも，お母さんを指さして「お母さんも一緒に」と働きかけてきた経験が重要な意味をもっていたことは言うまでもありません。

　こうして，お母さんをくるくる回りに誘ってみると，お母さんのくるくる回るその様子がまた面白く，Yくんは愉快でたまらないと笑いながら，回り続けます。お母さんの動きの力動感と，自分の動きの力動感が通底する楽しさ，つまり，同じ動きを「一緒にする楽しさ」があるのでしょう。単純な遊びだとはいえ，一人でするのではなく，こうして他者が自分と一緒のことをしてくれると，さらに面白いし楽しいのです。お母さんは目が回るといって，すぐに休みますが，Yくんは「一緒に」を主張して休ませてくれません。Yくんがくるくる回りながら楽しそうに観察者の方にまなざしを送ってきたので，観察者は思わず「お母さんも一緒ね」と映し返してしまいますが，それがYくんにはまた嬉しかったようで，またくるくる回ります。自分が仕掛けて，それにお母さんが乗って「一緒に」が実現するのは，Yくんにとってそれまでの情動共有以上に面白く，また誇らしいことなのでしょう。

　「一緒に同じことをして遊ぶ」ということは，乳児期を脱して他の子どもたちと関わり合うようになるときに，子どもの世界に大きく入り込んできます。そこには同じ力動感を共有して子どもが周りの人と繋がる契機があると同時に，他者の気持ちを感じ取り，周りの人が自分と一緒だということを通して，私が私たちの一人でもあるという，主体であることのもう一つの面が育っていくための重要な基盤になっていることも見逃せません。このエピソードは，後の子ども同士の体を動かして遊ぶ遊びに通じているように思われます。

(6) 取り引きの始まり

　子どもの強い要求に仕方なく養育者が折れるとき，養育者は何かの交換条件を出すようになってきます。「〜したら，〜する（要求に応じる）」というパタ

ーンです。子どもがその条件をどのように理解しているかは難しいところですが，子どもの側からみれば「～してくれれば，～する」というように，自分の側も交換条件を出しているようなところがあって，そこにこの時期の子どもの「譲歩」の意味がありそうです。

エピソード 6 「おせんべいがほしい」（Y：1歳5カ月24日）

　　　トイレの後，Yくんはオムツを着けるのを嫌がり，お尻丸出しのまま，笑いながら逃げ回っています。Yくんを捕まえようとしたお母さんがYくんの足を踏むかたちになって，Yくんが「ンアー」と泣きかけます。「ああ，痛かった，痛かった，ごめんね」とお母さんはYくんをなだめます。お母さんと向き合ったところでYくんはお母さんに「マンマ」と言います。「マンマ，何？」とお母さんがYくんに訊き返すと，Yくんは台所の方を指さします。「あー，牛乳ね」とお母さんが言いますが，Yくんはなおも台所の方を指して「ンンン」と「魔法の声」を発します。「違うの」とお母さんは言い，「パン食べるの？」と尋ねます。するとYくんはお母さんの体を両手で押さえるようにして，またもや「ンンン」と「魔法の声」を発し，要求を出し続けます。「ん？　氷？」とお母さんが言いながらYを抱き上げると，Yくんは冷蔵庫の上の缶を指さします（写真a）。とうとうお母さんが折れて，冷蔵庫の上の缶に入っているおせんべいの袋を出し，「牛乳と一緒よ，オムツを替えてから」と言いました。Yくんは今度は仰向けにされても嫌がらず，おとなしくオムツを替えてもらいます。お母さんはオムツを替えながら「オシッコがでたら，オシッコが出たと教えてね」と言います。オムツを替えてもらったところでYくんは立ち上がり，自分から椅子に座って，おせんべ

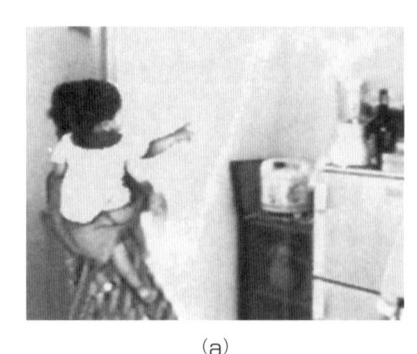

　　　　　　（a）　　　　　　　　　　　　　（b）

エピソード6　おせんべいがほしい

いと牛乳のおやつになりました。

　おやつを食べながら，テーブルの横に置いてある卵のケースを指さし，カメラの方を見て「パン」と言います（写真b）。お母さんにではなく観察者にそう告げた模様です。そこで観察者は「それはタマゴです」と訂正しました。「パンはこっち」とお母さんが食べさしのお皿の上のパンを示します。そこでYくんが再び卵のケースを指差したので，お母さんは「それはタマゴ」と言い，次にYくんがカメラを指さすので，観察者は「カメラ」と答えます。きれいにおせんべいと牛乳のおやつをたいらげたYくんは，椅子から降り，お皿から食べさしのパンを取ると「パーン」と言いながら，部屋の中をパンをもって歩き回りました。

〈考察6〉

　オムツを替えるのを嫌がって，お尻を出したまま逃げ回るYくんを捕まえたときに，お母さんは膝でYくんの足を踏むようなかたちになったため，Yくんが泣きかけ，お母さんが謝って機嫌をとりなそうとしました。たいして痛くもなかったのでYくんはちょっとむずかった程度ですが，そこで取り引きするかのように，「マンマ」とかなりはっきり分節された音声表現をします。最近では取り引きにお菓子を要求するのだそうです。この日もそういう展開になりました。Yくんの「マンマ」はお菓子の要求なのです。しかし，お母さんはとぼけて「マンマ，何？」と訊きます。本当は分かっているのに，朝食をまだきちんと食べていないという思いがお母さんにあるので，その「マンマ」を「牛乳」だとか「パン」だとか，お母さんが食べさせたいものを次々に挙げていきます。しかし，Yくんはお菓子が欲しいので，その都度，「ンンン」と甘えたようなトーンを含む，不満と要求の入り混じった声を発し，冷蔵庫の上の缶を指さし続けます。「違う，違う，ネェあれだよ」と翻訳できそうな訴求力の強い声で，この間のお母さんとのコミュニケーションではしょっちゅう使われる表現です。これがたいていは効を奏するので，私たちはこれを「魔法の声」と呼んでいました。

　お母さんは膝でYくんを踏みつけたかたちになってちょっと泣かせてしまったという気持ちもあって，仕方なくこの「魔法の声」に折れ，缶からおせんべいを取り出して与えることになりました。しかし，お母さんの方もただではお菓子にはしないとばかり，「牛乳と一緒」だとか，「オムツを替えてから」とお母さんも交換条件を出します。Yくんはこれをあっさり受け入れて，おとなしくオムツを替えてもらい，おやつになり，牛乳を全部飲むのです。

　そのような流れの中で，この頃盛んに事物の名前を知りたがったり，その名前を言ってみようとしたりするのを反映したやりとりが現れます。まずタマゴのケ

ースを指さしてＹくんはカメラの方を見ながら「パン」と言います。お母さんが台所の方に行っていたので，観察者が「それはタマゴ」と訂正します。そこにお母さんが戻ってきて，食べさしのお皿のパンを指さしながら，「パンはこっち」とお皿ごとＹくんの方に押しやります。Ｙくんはまた卵のケースやカメラを指さし，「タマゴ」とか「カメラ」と大人に言わせます。そしておやつが済むと，椅子から降りてパンを摑み，「パーン」と言いながら部屋を歩き回ります。観察者の方に笑顔を向けながら，「これパンだよ」「ボク，パンが言えるもん」という感じです。

　ほぼ１歳半のこの時期，お母さんとのコミュニケーションのなかにいくつか分節されたことばが入り込んでくるようになりました。しかし，この節で一貫して触れてきたように，その「ことば」のかたちを取った音声表現もさることながら，Ｙくんのイメージや意図がはっきりしてきたことが重要だと思われます。このエピソードでも，オムツ替えのときの交換条件としてお菓子をもらうのだというＹくんの「つもり」がはっきりしています。それがその後の一連のコミュニケーションをリードしているのです。イメージや意図が明確になるということは，「場の流れを摑める」「過去の経験との繋がりを作り出せる」ということにほかなりません。それらはお母さんも共有していますから，お母さんにはＹくんのちょっとした指差しと「魔法の声」で十分にコミュニケーションがとれるわけです。そのことが重要であって，ここに登場する「マンマ」という分節されたことばらしい音声表現は，よしんばそれが無かったとしても，そのコミュニケーションは全体として十分に流れたものと思われます。そして，そのコミュニケーションのなかにこれらの音声表現が混じるようになって，次第に子どもはことばの世界に参入していくことになるのです。相互主体的な関係に移行していく上で，子どもの側にこのような表現する力が（関係の中で）身についてくることが，背景的条件として重要な意味をもっていることが分かります。

　もうこの時期になると，養育者は一方的に子どもの気持ちに添うのではなく，大人の思いを伝えることも大切になってきます。その場合でも，一方的に大人

の思いを伝えるのではなく，子どもの思いを受け止めながら，大人の思いを伝えていくという駆け引きになるのが普通で，それによって子どもも，だんだんと大人と取り引きすることを覚えていくようになるのです。

　ここでも，Yくんとお母さんのやりとりは要求と譲歩の「駆け引き」を伴っています。Yくんはまだ自分で冷蔵庫の上の缶の中からお菓子を取り出すことはできませんから，お母さんを当てにしなければなりません。その意味ではお母さんに絶対的な弱味をもっているはずなのに，要求の主体として，何としても自分の「思い通り」を実現しようとして「魔法の声」と指差しを駆使します。お母さんはまだ子どもと正面からぶつかるわけではなく，基本的には子どもの意向を受け入れる対応になりますが，しかし1歳を過ぎる頃からは，ごはんをきちんと食べさせるとか，オムツを替えるなどの，ルーチンワークのなかで，お母さんの「都合」や「思い」もYくんに突きつけていかざるを得ません。こうして，厳しい対立ではないにせよ，お互いの思いが衝突し，そこに「駆け引き」が生まれることになります。そのなかで，Yくんは自分の要求を貫くためにはお母さんの言うことも聞かねばならないという「捩れ」をいまや僅かばかり経験し，Yくんとお母さんのあいだに裂け目が生まれ，それらが全体としてYくんの主体としてのありように合流していきます。Yくんは自ら交換条件を出して，自分の思いとは異なるお母さんの思いを受け止めていくことになるのです。

　ここでのYくんの「譲歩」は，お母さんの強い力の前に屈したというのではなく，むしろお母さんと一緒がいいという赤ちゃんの頃からの繋合希求性を背景にして，譲らされたというより，いつも譲ってくれるお母さんに今は自分から譲ったという雰囲気があります。「捩れ」が単なる力の論理ではなく，受け止めてもらってきた者が受け止める側に回るというこれまでの議論のなかに位置づけるべきものでしょう。もちろんその「捩れ」が本格的になるのは2歳以降です。ここではちょっとした交換条件でYくんを統制できるので，お母さんもまだそれほど困っていません。ただ，観察していると，その取り引きめいた「譲る―譲らせる」のやりとりが実に興味深く，「思いを遂げる―譲る」がセッ

トになっていることは，Yくんが主体としての輪郭を整えた一個の人格だという印象が次第に強まる感じがします。

(7) 養育者による子どもの気持ちの調整

1歳半を過ぎるころから，子どもの気持ちを養育者が願う方に向け直すことが簡単ではなくなってきました。そのようなときに，周囲に他の大人がいて，その人が養育者の肩をもつような態度を取ってくれると，その共同戦線の前に，子どもは自分を譲らざるを得なくなるようで，子育てを養育者が家庭のなかで一人でするのではないということが，そのようなことからも分かってきます。

エピソード　7　「べちゃべちゃして遊びたい！」（Y：1歳6カ月10日）

Yくんはお母さんにおしっこを告げ，トイレにおいてあるオマルでオシッコをして，それをトイレに流すという一連のトイレ行動をしました。その後しばらくして，向こうの部屋から「じゃーじゃーじゃー」というYくんの訴えるような声と，「Hちゃんと一緒にあっちで遊ぶの」とYくんをたしなめるお母さんの声が聞こえてきます。お母さんと一緒にみんなのいる方に戻ってきたYくんは，「アーン，アーヤ」と強くむずかります。Yくんのお母さんは「あー，いやだー」とYくんのむずかり声を映し返す感じで応じます。Yくんは子ども用の洗面器を手にもって，「ンアー」と泣き声を立てながら，洗面器を上下に振り（写真a），観察者の方を見て，助けを借りたいという顔つきになります。そのYくんに観察者は「もう夏じゃないよ」と応じます。Yくんのお母さんも「べちゃべちゃは嫌，

(a)　　　　　　　　　　　　(b)

エピソード7　べちゃべちゃして遊びたい！

寒いもん」と言います。Hちゃんのお母さんも「もう寒いよ」と言います。「じゃじゃじゃ，イヤー，じゃじゃじゃ，イヤー」とYくんは大声で泣きわめき，洗面器を振り回します。そこでYくんのお母さんは木製の自動車を出してきて「運転手さんはどこにいった？」とYくんの気持ちの方向転換を図りました。その「運転手さん」のことばにYくんの気持ちが紛れ，Yくんは運転手の人形を捜し始めました。そしてそれを見つけると，さっきの大騒ぎがなかったかのように，自動車の遊びをやり始めました（写真ｂ）。

〈考察7〉

　今はトイレの手順が面白くて，トイレに関しては比較的聞き分けの良いYくんです（実際には，しばらくしてトイレ行動への興味が減ると，自分でオマルに座ってすることをしなくなり，季節が寒くなることも手伝って，Yくんのトイレの自律は2歳の誕生日を過ぎてからになります）。この日もトイレのオマルでオシッコをし，自分で流していい子だと言ってもらいました。その後，Yくんはお母さんとお風呂場かどこかにいっていたようです。観察者がHちゃんの観察を続けているときに，向こう側からYくんとお母さんの押し問答が聞こえてきます。Yくんとお母さんはこっちに戻ってきますが，なおも押し問答が続きます。「じゃーじゃーじゃー」とか「じゃじゃじゃ」と聞こえるYくんの音声表現は，子ども用の洗面器を振り回しているところをみると，どうやら「水遊び」をしたいという要求のようです。トイレの水を流したことから水のイメージが膨らんだせいかもしれません。要求をお母さんに聞き入れてもらえないので，Yくんは「アーン，アーヤー」と聞こえる不満な声を発します。それに「あー，いやだー」とお母さんは応じますが，このお母さんの言語表現は，Yくんの要求が嫌だという自分の気持ちと，Yくんの音声表現の模倣（映し出し＝ミラリング）が重ね合わせられているように私には聞こえてきます。

　私たちの前に現れたYくんは，「ンアー」と泣き声を上げ，両手をバタつかせてなぜ聞き入れてもらえないんだという不満を露わにします。そして私たちの方に情けない顔を向けて，助け船を出してほしいと言わんばかりです。Yくんが水遊びしたい気持ちは分かりますから，「水遊びしたいね」と言ってやりたいところですが，しかしお母さんが駄目だといっている手前もあり，また実際この日は秋口とはいえ，そんなに暖かくなかったので，観察者は「もう夏じゃないよ」とお母さんの肩をもちます。Yくんのお母さん自身も「寒いもん」と言い，Hちゃんのお母さんも「もう寒いよ」と大人たちが口裏を合わせて取り合いません。大人たちがみんなで作り出したその場の雰囲気が，Yくん自身にもとても動かせそ

うにないと分かったのでしょう。お母さんとYくんとの関係だけだったら，もっと押し問答が続いたかもしれないところで，Yくんの方にもちょっとした気持ちのひるみがあったようです。そこでYくんのお母さんがすかさず，最近Yくんが気にいっているプラスチックの工事用の自動車の話題をもちだし，「運転手」はどこにいったのかなとYくんの気持ちの方向転換を図ります。Yくんの気持ちのひるみとお母さんの上手な誘いかけがうまく嚙み合って，Yくんは「運転手」を捜すことに気持ちを向け直し，こうして水遊びを要求する気持ちが紛れ，自動車の遊びにスライドしていくことになったのでした。

　このエピソードを振り返ってみると，居合わせた大人たちが共同主観的に作りあげる場の雰囲気がYくんの要求を押し戻すだけの力をもっていたこと，これが強く印象づけられます。もちろん，Yくん自身のなかに，お菓子の要求は頑張れば結局は通るとか，外に出る要求はお母さんとの関係でも通らないことがあるといったことを，すでにそれまでの無数の経験から自分の頭のなかに組み立てられていたと思います。だからこそ，この場の雰囲気と自分のいまの要求との兼ね合いで気持ちのひるむところがあったに違いありません。それゆえ，単なる外圧の強さだけが要求を引き戻したわけではありません。しかし，決して口裏を合わせたわけではないのに，大人同士のお互いの間主観的な気持ちの繋がりから，いつのまにかYくんの要求をまったく取り合わないという場の雰囲気が生まれ，その強い壁のような圧力が，Yくん自身の場を読む力と嚙み合って（Yくんがその雰囲気を間主観的に感じ取って），Yくんの「情動調律」の機能を果たしたのです。

　やや一般化していえば，1歳を過ぎる頃からの子育ては，ときにはこのように複数の親子でやったり，大家族のなかでやったりすることが必要になるということでしょうか。子ども―養育者の二者関係が中心になることはその通りだとしても，それが決して閉じた二者関係ではなく，このエピソードのように開かれた二者関係の中に他の人間が関与してくることが，重要な意味をもつように思われます。言い換えれば，相互主体的な関係に移行して行く上で，子どもと養育者だけの二者関係だけでは不十分で，共同体の共同主観や，その二者関係の外側にいる第三者が重要な意味を持ってくるということです。それは養育者を支えると同時に，周囲の人たちと共に生きるという面の子どもの育ちに大きな力をもっているといえます。

それにしても、そのちょっとした気のひるみに、さっとYくんの最近気にいっている自動車のオモチャをもち込むところに、お母さんの知恵が働いています。この方向転換に向けてのお母さんの誘いとYくんのそれへ乗りこそ、お母さんによる広義の「情動調律」にほかなりません。Yくんの気持ちを最近の興味あるものに誘い、その興味の強さによって水遊びを断念する不満な気持ちを覆い、それによって遊びの方向転換を図ることに成功するからです。ただし、先にも触れたように、その「情動調律」がお母さんの一方的な働きかけでなく、それに乗っていけるYくんの力や気持ちの動きと繋がってはじめて、結果的に情動調律になるのです。その意味で、このエピソードの最後の部分はお母さんが主導しているとはいえ、半ば共犯関係、相互行為に近いものだといえます。

　ともあれ、Yくんとお母さんの水遊びを巡るせめぎ合いのなかで、ここではお母さんの側がその意図を貫き通すことができました。しかし、それはYくんを頭から抑え込むことによってではなく、抑えつつも、Yくんのもう一つの興味に引き付けることによってです。それゆえ、Yくんの主体としてのありようが潰されたわけではありません。しかしもうしばらくすると、Yくんの思いの強さが簡単に興味をスライドさせるのを許さないようになり、いまのような場面でもしつこく水遊びを主張するようになってきます。お母さんがあれやこれやの手を尽くして他のことに誘っても、簡単には乗ってきません。周りが共同戦線を張ったぐらいではびくともしないほど、子どもの「こうするんだ」という思いが強固になり、それゆえ対立も厳しいものになってきます。その点からすれば、まだまだこの1歳半の時期は緩やかな関係だと言うべきでしょう。

第3節　1歳半から2歳頃の相互主体的な関係

　この節では、『保育を支える発達心理学』に収録したYくんのエピソードの中から、1歳半から2歳前後の時期に、子どもと養育者のあいだにどのような相互主体的な関係が成り立ってくるかをいくつかのエピソードを通して概観してみたいと思います。

(1) 大人の願いと子どもの思いがずれる場面

　この時期は子どもの思いと大人の願いがずれる場面が増えてきます。その場面で大人の側がどのように対応するかに，この時期の相互主体的な関係が浮き彫りになります。

エピソード　8　「バッタさん，かわいそう」（Y：1歳7カ月）

　　Hちゃんのお母さんがバッタを捕まえ，Yくんにもたせようとしますが，Yくんは少し怖いのか，手を引っ込めてしまいました。それでもYくんは，Hちゃんのお母さんが地面に放したバッタの様子をじっとみていて，そのうちバッタを捕まえようと何度か試み，何とか捕まえましたが，手の中で動くので驚いて手を開いた拍子に，バッタを逃がしてしまいました。そこで再挑戦してもう一度捕まえたとき，Yくんのお母さんは「やさしくね」とYくんに柔らかく摑むように言います。しかし，Yくんはギュッと握り締めるので，見ている大人たちは気が気でなりません。Hちゃんのお母さんもYくんのお母さんも，盛んに「そっと，やさしくねー，バッタ，なでなでして」と言います。Yくんもそのつもりなのだということは手の動きで分かるのですが，手の中で動くとやはりギュッと握り込んでしまいます。ぐったりしたバッタを指先でつまみ，手を差し上げて「オー」と捕まえた喜びを顔中に表しています。お母さんたちが盛んに「やさしく」「そっと，そっと」と繰り返しているうちに，Yくんはそのバッタを地面に落とし，それを今度は木切れでつつこうとします。そこでYくんのお母さんが手で制して止めました。

　　Yくんはこんどはバッタを摑んでテーブルの上に置きます。元気のないバッタはもうあまり跳びません。Hちゃんのお母さんがバッタが動けるのかどうか確かめようとして少しつついてみました。それを見たYくんは指でバッタを強く押そうとします。Yくんがバッタを押し潰してしまいそうに見えたお母さんたちは，「だめだめ」とそれを制止にかかります。Hちゃんのお母さんがそのバッタをさっと摑んで離してやると，バッタはピョンピョン跳ねて向こうに行きかけます。それをYくんはまた摑みます。そこでYくんのお母さんは，「バッタさん，自分でピョンピョンしたいって，バッタさんお家に帰る，バッタさんのお母さんが来るよ」などと，盛んにYくんがバッタを逃がす気になるように言ってやりますが，Yくんはその気になりません。それでもYくんのお母さんが「バッタさん，バイバイしてあげて」と言うと，Yくんはバッタを土の上に放し，バイバイの身振り

をします。けれども,またすぐにそのバッタを捕まえに行きます。しかし,このときはお母さんが「バイバイしてあげて」と強く言ったので,結局Yくんはバッタを草むらのなかに放してやりました。Yくんのお母さんは「バッタさん,バイバイ」と言いながら手を振りますが,Yくんは不満そうでバイバイをしません。そして草むらから出てきた別のバッタを捕まえようとしますが,今度はバッタの動きが早くて捕まりません。Yくんの不満な様子に,Yくんのお母さんはバッタを一緒に捜してやりますが,Yくんはそのうちに草むらのなかを独りで歩いて向こうへ行ってしまいました。

〈考察8〉
　草むらで小さなショウリョウバッタを見つけたときのエピソードです。Hちゃんのお母さんが捕まえたバッタにYくんは最初は少し怖くて手が出なかったのに,そのうち持ち前の好奇心がむくむくと頭をもたげてきて,こわごわでしたが何とか捕まえました。ところがYくんはいまにも握りつぶしそうなので,周りの大人たちは「そっと,そっと」とはらはらしながら声を掛けます。するとその発声のvitality affectがYくんに通じるのか,Yくんの手は確かにバッタをそっと包むような動きになりますが,手の中でバッタが動くものですから,Yくんはそっともっているわけにはいかなくなって,ついムギュッと強く握り込んでしまい,バッタはぐったりしてしまいました。Yくんはぐったりしたバッタの方が捕まえやすいので,つまみ上げたり,地面に置いたりして,バッタで遊ぼうとします。しかし,バッタがまだ生きて跳べるあいだに大人たちは何とか逃がしてやろうと考え,躍起になってYくんがバッタを放してやるように促しますが,Yくんはもっとバッタで遊びたかったようです。一瞬,大人の誘いかけに乗るようにバッタを放してバイバイしますが,やはり捕まえに行きます。ここではYくんのお母さんが強く出て,バッタを逃がしてやりましたが,Yくんにはそれが不満な様子でした。大人には生き物の命を大切にしてほしいという気持ちがあったのでしょうが,バッタが生き物だということをYくんは少しでも分かったでしょうか。

　ここでは,バッタを捕まえることに誘った大人が,子どものバッタを摑む様子を見て,草むらに返したいと思うようになり,その思いと,せっかくバッタに興味が湧いてきてバッタでもっと遊びたいというYくんの思いとがずれ,そのせめぎあいの収斂していく様が興味深いと思います。Yくんのその思いも,お母さんのその思いも,それぞれ独立した主体としての思いです。それがぶつ

217

かりあうわけですが，この場合には「生き物の命を粗末にしたくない」という大人の思いが強くあって，大人の側の思いに向けて調整されていきました。しかし，それは大人の正しいと思うことへの一方的な調整ではなく，ゴールはこうならざるを得なかったとしても，そのプロセスでは，「バッタさん，お家に帰る，お母さんが迎えに来る」等々の，Ｙくんにも分かりそうな理由をつけて，何とかＹくんがそういう気持ちにならないかと懸命になっている様子が窺えます。つまり，大人の思いの方向へＹくんを何がなんでも向かわせるというのではなく，Ｙくんが何とか納得するようにもっていこうとしています。それがＹくんを主体として受け止めながら，大人の思いを伝えるかたちです。さらにいえば，「バッタもお家に帰りたいと思っている」のだという箇所は，「生き物も主体である」ということを伝えているのだといってよいでしょう。ここではまだ「命が大事」ということを直接的に伝えることはできませんが，ともかく少々強引でも，「バッタさんが帰る」ことにしようという大人の側の主体としてのありようが，次第にＹくんに浸透し，Ｙくんが周囲を思い遣る主体になっていくための基礎になっているのです。

(2) 主体としてのありようと養育者の現前の有無

　大人のことばがかなり理解できるようになってきました。そのなかで養育者が子どもを言い含めて他の人とお留守番させる場面もでてきます。そのような場面で，子どもは養育者がいるときといないときとで人が違ったような様子をみせます。養育者がいる前では元気で意欲満々なのに，いなくなると借りてきた猫のようにおとなしくなるパターンが多いのは，どうしてでしょうか。そのような様子をみると，この時期のいかにも自信たっぷりな主体としてのありようの背後に，まだまだ後ろ盾が必要なのだということがみえてきます。

エピソード　９　「おばちゃんとお留守番」（Ｙ：１歳８カ月）
　　この日，出張帰りのお父さんを駅に迎えに行くお母さんが，Ｙくん宅の玄関前で観察者を待っていてくれました。お母さんの話ではこれからお父さんを駅に迎

えに行くので、その間、Yくんを見ていて欲しいとのことでした。そこで観察者はYくんと一緒にお留守番をすることになりました。二人で家に入ると、Yくんはテレビを見たり、オモチャのショベルカーを動かしたりして一人で遊んでいます。ときどきビデオを撮っている観察者の方に自動車やヌイグルミをもってきて、「これ見て」というような素振りをしますが、いつもの活発で元気でいたずらいっぱいのYくんと違って、今日はおとなしい感じで、何か熱中して遊んでいる雰囲気ではありません。遊んでいながらも気持ちここにあらずという感じです。

　しばらくそうして遊んでいるうちに、玄関の方で物音がして、お母さんとお父さんが帰ってきました。Yくんは物音を聞きつけるやいなや、玄関の方に走って行きます。そして体をピョンピョンさせ、ニコニコ顔で部屋に戻ってきて、テレビ台の下のガラス戸をバタンバタンと乱暴に開け閉めします。お母さんとお父さんが帰ってきて嬉しい気持ちが、体中にみなぎっている感じです。お母さんが観察者に「Yくんはどうしていましたか」と尋ねるので、観察者が「いい子にしてましたよ」と言うと、お母さんは今度はYくんに「いい子してましたか？」と尋ねます。そうするとYくんは笑いながら、「エンエンエン」と泣きまねをしました。

〈考察9〉

　Yくんはこの頃、ときどきですが、お母さんが用事のとき、少しのあいだ一人でHちゃん宅やAちゃん（5歳）宅に預けられることがあるそうです。そんなとき、どちらの家でもYくんはいつもとは違って、子ども同士で物の取り合いをすることもなく、おばちゃんのいうことをよく聞き、いい子をして仲良く遊んでいるそうです。この日も、観察者と一緒のお留守番をしながら一人で遊んでいました。しかし、その遊びは何か身が入らず、どこかいつものYくんらしくありません。お母さんの後ろ盾がないと、たとえ顔見知りの人と一緒でも、何かしら普段の自分ではおれないという印象です。これだけ何でも自分が自分がと主体性を際立たせているYくんなのに、やはりお母さんという存在が目の前にいないと、いつもの自分ではおれなくなるあたりに、この時期の主体としてのありようがあるといってもいいのかもしれません。つまり、元気いっぱいに自己発揮できるYくんは、お母さんの存在に支えられてこそそうできるということです。

　そういうYくんでしたが、お母さんが帰ってくると、もとの元気でいたずらなYくんに戻り、いつもの存在感を発揮し始めました。それを見て観察者もほ

っとしました。

　このエピソードで面白いのは，お母さんが「Yくんはどうしていましたか？」と観察者に尋ねて，観察者が「いい子にしてましたよ」と答えたのを聞いていたYくんが，お母さんがYくんにも「いい子してましたか？」と訊いたのに対して，「エンエンエン」と笑いながら泣きまねをしてみせたところです。このYくんの「エンエンエン」をどう考えたらよいでしょうか。

　お母さんは帰って玄関先に出迎えたYくんの様子から，Yくんが「いい子」していたことは分かっていたと思います。観察者に尋ねたのも，いい子していたかどうか心配だった，本当のところどうだったんです？　という問いかけではなく，いい子していたことは大体分かっているけれども，ただ確認したかっただけということのようでした。Yくんに問いを向けたときも同じ思いだったと思います。ところがYくんはニヤニヤ笑いながら「エンエンエン」といったのです。これはその笑顔からすればまさにYくんは冗談を言ったということでしょうし，実際，ふざけてそう言ったことは明らかです。しかし，本当は寂しかったことも事実で，大丈夫お留守番はできたけれども，気持ちは「エンエンエン」だったというのも本当なのかもしれません。

　あるいは，お留守番をしてお母さんが帰ってきたときに，『「エンエンエン」していなかった？』と聞かれる経験がしばしばあって，それがここにもちだされたのかもしれません。どこからこの「エンエンエン」が紡ぎだされてきたか確かなことは分かりませんが，ともかく，ニタニタしながら冗談めかして「エンエンエン」と言ったのは，現実と反対のことばを使って面白がっていることは間違いありません。まだ十分にことばを使えないのに，ことばと現実とのあいだにギャップがあることに気づいている感じがあって，これは言語発達の問題を考える上にも重大ですが，ともあれそれによって周囲の大人の笑いを誘うあたりは，Yくんがまだ2歳にならないとは思えないほど，一個の主体として生きていると思わずにはいられません。

(3) 子どもの方からの「お返し」

　この時期，自分の思いを叶えてもらって満足すると，養育者の側からの要求に「お返し」するかたちで応じる姿が見られるようになってきます。この微妙な動きのなかに，「相手の思いを受け止める」という，主体としての重要な面の育ちに通じるものがあるように思われます。

> **エピソード　10　「お母さんにもあげる」**（Y：1歳9カ月）
> 　　お父さんの遅い朝食のお相伴で，Yくんはお父さんの隣に座って，しじみ汁を一緒に食べています。自分の手でしじみ貝をお椀から一つずつ取り出しては，身をとって食べています（写真a）。しじみの身を全部食べてしまうと，椅子に座ったまま台所の棚の方を指さして，「アッ，アッ，アッ」と盛んにおやつを要求します（おせんべいの缶を指しているのです：写真b）。おせんべいはおやつの

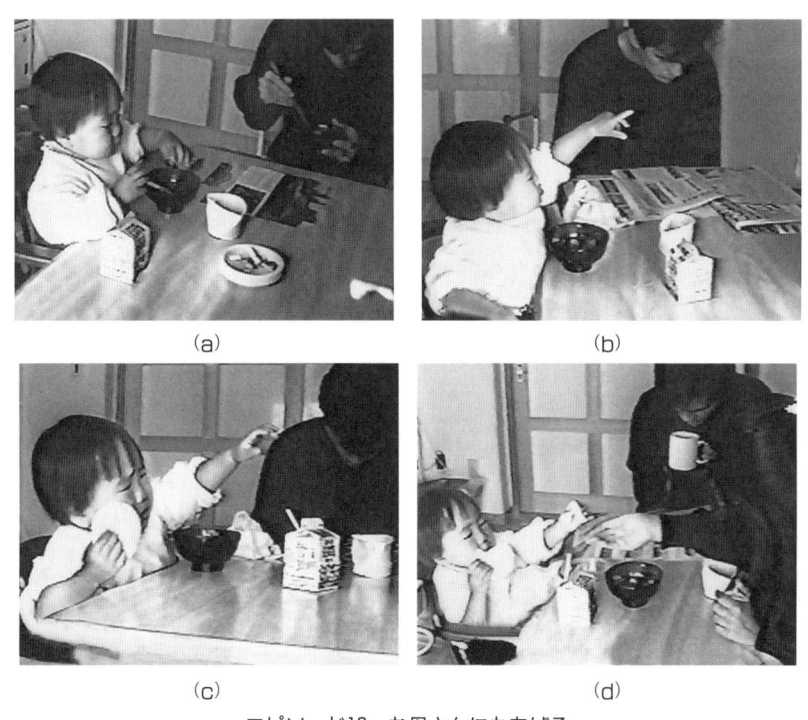

エピソード10　お母さんにもあげる

ときと思っているお母さんは、わざと「何が欲しいの？」「キュウイ？」「ティッシュペーパー？」とおやつ以外の別のもので応じようとするのですが、Yくんは気持ちが収まらず、体をくねらせ大きな声を出して強く要求を続けます。お母さんはとうとう折れ、しょうがないなあという感じで、「食べる？」とおせんべいを出してきます。Yくんがおせんべいに手を出しかけると、すかさず「汁も飲んで」としじみ汁のお椀をYくんの目の前に置き直します。Yくんが一口汁を飲んでいるあいだに、お母さんはおせんべいの袋を開け、2枚入っているうちの1枚をYくんに手渡しました。Yくんは1枚を手にして、「ふたつ」と言いながら、もう1枚欲しいと手を伸ばしてきます（写真c）。お母さんは「1枚でいいの」と言って取り合いません。「アッ、アーン、ン、ン、ン」とYくんは強い泣き声を出して椅子の上で反りくり返ります。それを見たお母さんは、Yくんの手のおせんべいを二つに割って、「ほら、こうすればふたつでしょう」と割り取った方をYくんのもう一方の手に持たせます。Yくんは不満そうにしていましたが、ふてくされながら、不承不承おせんべいをかじりはじめました。それを見たお父さんが、「何だそれ、食べるんだったら、もっと嬉しそうに食べろ」と声をかけます。

　おせんべいを1枚食べ終ったYくんは、また「ふたつ」と言って、もう1枚のせんべいを要求します。お母さんは「1枚、食べたでしょ」とか、「お父さんも、お母さんも、おせんべいないんだョ」などと言って、Yくんの要求を拒みますが、Yくんは大きな声でまたもや抗議します。とうとうお母さんが折れてYくんにもう1枚を与えると、Yくんはそれを自分で折って食べ始めました。お母さんが「お母さんにも、ちょうだい」というと、はじめは応じようとしませんでしたが、そのうち、一かけ折ったのをお母さんに手渡しました（写真d）。それからそのおせんべいを3回ほど折っては、そのつどお母さんにあげ、そして最後の一かけは自分で食べて、またもう一枚と手を差し出しておせんべいを要求しました。

〈考察10〉

　欲しいという気持ちを強く押し出して、何とか要求を通そうとし、また自分の要求通りでないと、不満一杯で、ふくれたり、すねたり、ごねたりし、Yくんはだんだん扱いづらくなってきました。今日もおせんべいが欲しいという要求を大きな声で強く要求します。何とかおやつではないものでごまかそうとしても、いまや簡単には引き下がりません。こんなに強く要求を出すYくんにお母さんは負けてしまいますが、しかし、ただYくんの要求に従うのではなく、たいていは交換条件を出してというかたちになっています。今日は、おせんべいをあげる代わ

りにしじみ汁を飲むということでした。Yくんも，おせんべいがもらえる，要求が通ると分かった瞬間，ちゃんとお母さんの要求を聞こうとするところが興味深いところです。しかし，しじみ汁を飲むのは明らかにおせんべいをもらうためであることがビデオからよく分かります。そして要求がエスカレートして二枚目をもらったときに，お母さんがちょうだいといったのに対して，無理をいってお母さんに譲歩してもらった，だからお母さんにも分けてあげようというような，ギブアンドテイクの感覚に近いものが生まれている点も興味深いところです。相互主体的関係とはまさにギブアンドテイクの関係だといっても過言ではありません。ここには，自分が受け入れてもらったように相手を受け入れていこう，自分が尊重してもらったように相手を尊重しようという，相互主体的関係の萌芽がかなり明瞭に現れているといえるでしょう。

ともあれ，これ以降，お母さんが制止したり拒否したりすると，わざとやってみたり，もっと要求を強めたりすることがこれからどんどんと増えてきます。拒否されたり制止されたりすると，かえって自分の意図が明確になるということでしょうか。お母さんとのあいだに対立を生み出すことによって，自己がより明確な自己になるという感じです。

(4) この時期にも大切な養育者の広義の情動調律

主体として世界に立ち始めたとはいえ，まだまだ養育者の後ろ盾は必要で，子どもの興味や関心の広がりも，養育者の応じ方ひとつで，しぼんだり，逆にひろがったりと大きくかわります。それだけまだ養育者の子どもの気持ちの調律が大事なのです。

エピソード 11 「わざと自動車を墜落させる」（Y：1歳9カ月）

　Yくんは机の上にオモチャのトラック，ダンプカー，ショベルカーなどを載せて，いろいろに動かして遊んでいます。そのうちに大きいトラックの上に小さなトラックを載せて，観察者の方にやってくると「おばちゃん」と言い，二段重ねになったトラックの方を指さします（写真a）。「わぁー，トラックが載ってる！」と言うと，Yくんは得意そうな顔をして，その上にさらにショベルカーも

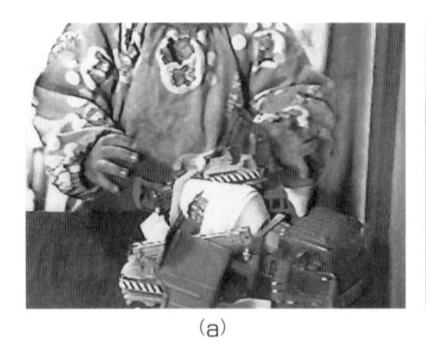

　　　　　　　(a)　　　　　　　　　　　(b)
　　　エピソード11　わざと自動車を墜落させる

載せようとします。けれども，うまく載らなくて落ちてしまいました。Yくんは不満そうな顔をしてお母さんの方を見ます。お母さんが「できるよ，やってごらん」と励ますと，Yくんはもう一度やろうとします。今度は何とか落ちずに載りました。「あっ！　3階だ！」と，お母さんが感心したように言います（写真b）。そうしているうちに，上のショベルカーが落ちてしまい，何度かまた載せようとしますが，今度は二段目のトラックも落ちてしまい，なかなかうまく載せられないでいます。何度試みてもうまくいかない事が続いていると，今度はYくんは机の上にあったトラックやショベルカーを次々に畳の上に落とし始めました。お母さんが「そんなことをすると，こわれるよ」と言うと，Yくんは「コワレルー」と言いながらわざと次々に落とし，下に落ちたのを拾い上げるとまた次々に落としました。

　それから，人形やヌイグルミを投げたり，人形同士をぶつけたりしています。お母さんはそれを見て，「痛いよー，けんかしないで」と言いますが，Yくんはわざとよけいに人形同士を乱暴に衝突させました。

〈考察11〉
　机の上にたくさんの乗り物のオモチャが載っています。Yくんはトラックにトラックを載せる遊びを思いつき，何とか二段重ねにしたところで，得意げに観察者に見せに来ます。そこで「載ってる！」と驚いたようにいってもらって得意そうです。三段目を載せようとして載らないときに，お母さんの方を見たのは助け舟を出して欲しいということなのか，ちょっと気持ちがひるむとまずはお母さんということなのか，その辺は確かではありませんが，ともあれそこで「もう一度やってごらん」と励まされました。再度挑戦して，ちょっと引っかかった感じで

うまく三段重ねになったところで，お母さんはすかさず「3階だ！」とYくんにもわかる表現で映し返しました。まさにYくんが「3階だ」と思った瞬間のことばかけです。これはニューソンのいうヴォーカル・マーカーだといってもよいし，成り込みによることばかけだといってもよいものです。つまり，Yくんのしていることをお母さんが認めていることを伝えているのです。ともあれ，こうしたお母さんのことばかけによって，Yくんは自分の行為がお母さんに肯定的に認められていると受け止めることができ，その事態がさらに光り輝いて，さらなる興味を掻き立てることになるのでしょう。

　ところが，かろうじて載った状態だったので，上に載ったショベルカーが落ち，さらには上に載ったトラックまでも落ちてしまいました。そこで何度も元に戻そうとしますが，最初のようにはなかなかうまくいきません。うまくいかないことが面白くないことは表情に明らかです。そうしているうちに，こんどはもっと簡単な机から畳の床に自動車を落とす遊びにスライドさせました。乗り物が机を動いていって墜落する様は，いまの自分の面白くない気持ちのウサを晴らすものだったのかもしれません。壊れるからとお母さんが制止しても，さらにその遊びをやめない様子は，それが面白いからやっているというよりも，せっかく面白かったのにうまくいかないという子どもらしい憤懣が現れているように見えました。つまり，うまくいかないで苛立つ気持が，車が落ちるという破壊的でスリリングなところを面白がる気持ちに繋がっているようにも見えました。

　これまでは，うまくいかないことがあればお母さんに向けてその憤懣を爆発させていましたが，いまや自分の遊びのなかで，遊びの形を変形させていくなかで解消するという主体としての力が大きく弾力を増してきているとみることもできますが，それでもまだお母さんの支えがいるのです。

(5)　都合の悪い場面をどのように切り抜けるか

　言い出した手前，簡単に引っ込められないとか，やりだした手前，引っ込みがつかないといった，大人の世界にもよくある対人関係場面に，この時期の子どもは徐々に巻き込まれていきます。その事態をまえに，自分なりに何とか考えてその事態を切り抜けようとするところにも，この時期の主体としてのありようが現れてきます。

エピソード 12 「おモチを焼かないで食べる」（Y：1歳9カ月）

　Yくんはテーブルに座ってバナナを食べています。そのうちに台所の方を指さして，お母さんに「おモチ」と言いました。お母さんは「おモチ食べたいの？いま，おイモを焼いているのに」と言いながら，用意していたおイモをストーブの上に載せます。それでもYくんはなおもおモチの入った箱を指すので，お母さんはおモチを一つ取り出し，「じゃあ，チンしてあげる」とオーブンに入れかけると，Yくんは「ンー」と言って手を伸ばし，すぐにも欲しいという様子を示しました。お母さんが「焼いて，やわらかくしないと食べられないョ」と言うのですが，Yくんは「ンー」となおもすぐに欲しいと催促します。お母さんは「このまま食べるのおいしくないョ」と言いながらも，Yくんがあまり強く要求するので，Yくんにおモチを手渡しました。Yくんはそれをかじり始めます。お母さんと観察者は，「Yくん，おいしい？　かたいでしょ，食べられないでしょ？」と言いますが，Yくんは首を振ってニヤニヤしながら，なおもかじっています。そのうちにニヤニヤしながら立ち上がると，観察者の方にきておモチを差し出してきます。観察者が「おばちゃん，いらない，焼いてないおモチ，おいしくないから，いらない」と言うと，Yくんは自分でかじってみて，また差し出してきます。そこで観察者が「Yくん，おいしくないでしょ，焼いたらおいしくなるよ」と言い，またお母さんも「焼いて，バターを塗って，黄な粉まぶしてあげるから」と言うと，Yくんはやっとおモチをお母さんのところに持って行き，焼いてもらうことになりました。

〈考察12〉

　Yくんはバナナと黄な粉をまぶしたおモチが大好きで，バナナの後，いつものおモチを食べたいと思ったのでしょう。Yくんは「おモチ」が欲しいと要求します。その要求の強さに負け，お母さんはおモチを一個Yくんに渡しますが，その様子を見ると，どうせ食べられないと思っていたようでもあります。ところがYくんは生のかたいおモチをかじり始めます。お母さんが「焼かないとおいしくない，食べられない」と盛んにいいますが，Yくんはなおかじろうとします。かじってみて，いつものおいしいおモチではないことに気がついたYくんは，それを観察者の方に差し出してきます。ニヤニヤして，「やっぱり，ボクいらない，オバチャン食べて」という感じです。観察者は「いらない，おいしくない」と拒みます。さらにもう一度かじってまた差し出してきます。再度観察者が拒んだところで，お母さんが「焼いて，バターを塗って，黄な粉をまぶしてあげる」と交換条件を出してきたのが決め手になり，ようやく焼いてもらうことになったのでし

た。

　「焼かないとおいしくない」という大人の説得よりも，まずは「おモチが食べたい」という自分の思いの方が先行して，一連の行動が生まれましたが，Yくんは大人の提案にすぐには方向転換ができません。しかし，納得がいくと方向転換ができます。このような様子を見ると，Yくんの自分（私）がしっかり育ってきたと同時に，他者の提案を自分が納得するかたちで受け止めることができるようになったという点で，主体としての両面の育ちに向かって一歩踏み出していることが窺えます。単に大人の提案に自分の気持ちを譲ったのではないのです。

(6)　1歳代後半のまとめ

　1歳代は徐々に赤ちゃんぽさが抜けて，子どもらしい感じになっていく時期です。これはお母さんの言うことや，周囲の人たちがしていることや，その場の状況が理解できるようになってくるという意味だけではありません。乳児期のように，笑顔で映し返されて安心したり，一緒に微笑み合って嬉しかったりというように，主に対人関係のなかで肯定的な経験をするだけではもはやなくなっています。それまでの対人関係のなかで培ったそういう安心感が背景として働いているにしても，もはやそれ自体を求めるのではなく，事物を操作して面白い，いろいろな身の回りの事象が面白いという気持ちが出てきています。さらに自分から面白いことをみつけ，さらには自分から面白いことをしかけるなど，子ども自身がその事態を自ら創り出そうとしています。ある意味では，遊びが本来の遊びの意味を獲得してきたともいえるでしょう。ふざける，わざとやってみる，などがこれです。そして制止されたり，拒否されたりしたことをわざとやってみたり，自分の要求をどこまでも通そうとしたり，また本当に自分が納得するまで自分の主張を曲げなかったりして，養育者やお友達と衝突することが増えてきました。これは周囲の人にはやっかいなことですが，それまでの他者と地続きの自分が，周りとぶつかることを通して自他のあいだに次第に裂け目が入り，そのことによってかえって自分の意図を自分のものとして意識するようになったことの現れだといえます。これは対人関係が営めるようになるために，そして一個の主体として育つために，避けて通れない道程だと

いえます。

　しかし同時に，子どものなかに他者が大切だという感覚が培われていくことも重要です。時に対立するからこそ自分が主体として際立つのだとはいえ，やはり養育者にはこれまでのように自分を主体として支えてもらわなければなりません。大人の側についていえば，時には子どもと対立しつつ，しかし基本的に支え認めるという，二重の対応が絶対に必要です。この時期の子どもは，要求を膨らませて養育者にぶつかり，それを受け入れてもらって嬉しかったり，時には拒否されてふくれたり，怒りをぶつけてすねたり，方向転換して甘えて気持ちを収めたり，やきもちを焼いたりと，とても重要な感情を経験しながら，大人の思いに気づき，それを受け止めていくようになります。また，お友達とも仲良く遊んで一緒に楽しいという気持ちを確かめ合ったり，時には意地悪されたり，逆に意地悪をしたり，自分の要求が通る相手を泣かせてしまって相手の気持ちに気づき，子どもなりに複雑な感情を経験しながら相手を一人の人間と感じ始めています。それらも，これからの主体としての育ちに大きな意味をもつことはいうまでもありません。

　けれども，まだまだこの時期は，最後は養育者（重要な他者）の手で気持ちを収めてもらう必要があるようです。そして養育者にしてもらうと，してもらった分だけお返しをするという，ギブアンドテイクの感覚がほんの少し芽生えかけているようです。これもやはり，自己が他者から切り分けられつつあることの現れなのですが，ここではまだ，他者（養育者）はYくんの気持ちを常に支えてくれる人だからこそ，「あげよう」という気持ちになるのでしょう。そして甘えも，養育者と切り分けられた自分を少し意識するからこそ，そのあいだを埋めようとしてそうするのでしょうし，そして埋め合わされて養育者に自分の気持ちを収めてもらうことが心地よいと意識されると，養育者が自分にとって大切な人だということがなおいっそう鮮明になってゆくのでしょう。こうして，自分の方から養育者を喜ばせるというようなことも起こってくるのです。

第4節　2歳代前半の相互主体的な関係

これまでにも見てきたように，主体という概念は，いざそれを捉えようとするとツルリと抜け落ちてしまうような，捉えるのが難しい概念です。それは，輪郭があるようでいて周辺からぼやけていくものであり，生成し変容するものでいて「である」と固定される面をもつのであり，自らに閉じられる面をもちながら周囲に開かれているものであり，自分を周りに押し出す面をもちながら，周りから押し込まれる面をもち，他者へと通じる面をもちながら他者から切り分けられる一面をもつものであり……というように，それは隅々まで両義的です。その両義的な両面性を視野に入れつつ，周囲との関わり合いのなかで，主体としての輪郭がしだいに際立つところを，2歳代のエピソードを通して可能な限り取り押さえてみたいと思います。

(1) 主体としてのありようを支える依存の意味

エピソード　13　「何かあったらお母さん」（Y：2歳0カ月）

　Yくんは，先日見てきた神楽大会のときの鬼や大蛇のシーン（ヤマタノオロチ伝説にちなむお神楽）を思い出したのでしょうか，犬のヌイグルミを使って鬼の舞いをしています。そのうちにお母さんが「Yくん，鬼が火を投げるのがあったね」と言うと，Yくんはすぐに舞の手を止めて本棚のところに行き，本を次々に

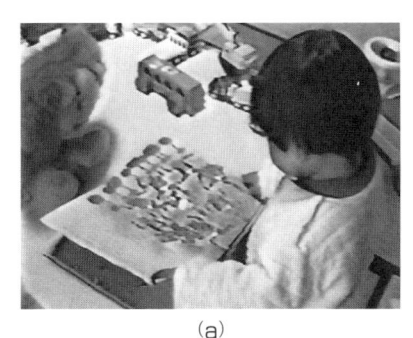

(a)　　　　　　　　　　　　　(b)

エピソード13　何かあったらお母さん

取り出します。それから「あっ，あった」と1冊の本を手に取ると，それをこちらにもってきます。そしてその本のページをめくって鬼がタイマツをもって集まってきている絵のところを開けます（写真a）。そうしておいて，それからまた犬のヌイグルミのところに戻り，犬のヌイグルミが火を投げる真似をします。お母さんはライオンのヌイグルミを手にもつと，Yくんの犬のヌイグルミが火を投げる振りをするたびに，「イタイヨー」と痛がって見せます。ひとしきりその遊びをしたあとで，Yくんが「ライオンも（火を）投げて」と言います。お母さんがライオンに火を投げる振りをさせると，Yくんは犬のヌイグルミをもって「イタイヨー」と痛がり，次にはそのヌイグルミを「イタイヨー」と言いながらお母さんの体に押しつけて，撫でてもらおうとしました（写真b）。

〈コメント〉

　Yくんは先日，おじいちゃんに連れて行ってもらったお神楽を大変興奮しながら見ていたとお母さんが言っていました（Yくんはお母さんがお仕事のときに，おじいちゃんによく鬼のお神楽やオロチ退治のお神楽を見に連れていってもらっていました）。大蛇が火を口から吹きながら激しい太鼓の音に体をくねらせて大きく動くそのお神楽は，見物する大人をも引き込む強い力をもっています。ですから，Yくんにもよほど印象が強かったのでしょう。

　その強烈なイメージが喚起されたのか，今日はいろいろなヌイグルミを使って，そのお神楽のときの動きを再現している模様です。ちょうど犬のヌイグルミにお神楽の動きをさせていたとき，お母さんが「鬼が火を投げるのがあった」とことばをかけました。するとYくんはお母さんのそのことばに「こぶとり爺さん」の絵本をイメージしたようです。たくさんある絵本のなかから「こぶとり爺さん」の本を探し出してきて，ページをめくります。すると，確かに，鬼がたいまつの火を投げる場面のページがありました。

　Yくんはそのページを開けたまま，手にもっている犬のヌイグルミがたいまつの火を投げるという遊びを始めました。そこでお母さんはライオンのヌイグルミを手にもち，たいまつの火が当たってライオンのヌイグルミが痛がるという遊びの流れを創り出しました。するとYくんは「火を投げる―当てられる」の役割を交代させ，今度はライオンが火を投げ，Yくんのもっている犬のヌイグルミに当たって犬のヌイグルミが痛がるという遊びの流れにもっていきます。そして痛い思いをしたヌイグルミは，お母さんに撫でてもらってまた元気になるということのようでした。

　どうやら，傷ついたり，痛い思いをしたりして難儀な目をみても，お母さんに

甘えに行けば，最後はお母さんがよい具合にしてくれるというパターンがあるようです．Yくんにとって，お母さんは安全基地，最終的にはいつもよい具合にしてくれる人なのでしょう．

　このエピソードにはいくつか興味深い点があります．一つは，Yくんにイメージの世界が広がりつつある様子が鮮やかに見て取れる点です．それは，Yくんに思い浮かんだイメージにリードされながら遊びが展開されていく様子，また大人の投げかけることばによってYくんにイメージが容易に喚起される様子に窺うことができます．二つには，「火を投げる」と「火を当てられる」のそれぞれの役割がYくんとお母さんのあいだで交代するところです．両方の役割ともYくんにとって興味深いからこそ，この役割交代が可能になるのだとは思いますが，相手のしていることを自分もしてみたいと思うということは，相手の立場に立つという間主観性の条件に繋がる面があり，ひいては相手の立場を尊重するという相互主体性の問題にも通じる面があります．その意味で，お母さんが上手に作り出した役割をYくんがやってみたがるということは極めて重要な意味をもつといえます．

　しかしながら，「火を投げる―当てられる」の役割は交代できても，当てられて痛がる者を慰めたり直したりする役割はまだYくんにはできないようで，それはやはりお母さんでなければならない様子です．そしてそこにこの時期のYくんの主体としてのありようがあるのでしょう．Yくんにとって，自分はお母さんによくしてもらう人，お母さんは自分によくする人であり，Yくんはまだ人によくしてあげたことがありません．人を抱えたり慰めたりするというのはYくんの行為のレパートリーの外という感じなのでしょうか．

　あるいは次のようにも考えられます．つまり，個々の行為イメージは再現できても，個々の行為イメージを統合した特定の人の役割イメージがまだ頭の中に十分には組み立てられていないために，お母さん役がまだできないようなのです（行為イメージは1歳半頃から出来上がりはじめるようで，例えばお母さんが「抱っこだなー，ねんねんねん」と言ってやったときに，1歳半のYくんは犬のヌイ

グルミを抱っこしてネンネさせる振りをしていました。その振りは確かにお母さんが普段してみせる行為イメージの一つが喚起されて生まれたものですが、それはまだお母さんの役割イメージの中に統合されるに至っていません。お母さんの役割イメージが成り立つには、どうやらそれを構成する個々のお母さんの行為イメージが積み重ねられ、それらがいったんYくんの頭の中に中心化されて、お母さんの役割イメージとして統合されるのでなければならないようで、その中心化され統合されるところにさらにことばが絡んでくるようなのです。この点についてはまた別の項で改めて議論してみなければなりません）。

　三つ目に、Yくんとお母さんの遊びの中では、ヌイグルミの人形たちがさまざまな役割を担わされていて、それがYくんやお母さんのいわば「分身」のように機能しているところも興味深い点です。その意味では、ヌイグルミは単なる人形なのではなく、人の相貌をまとった存在、そして時にはYくんやお母さんの身代わりになるような存在だといっても過言ではありません。それは、一方では「自分」がいろいろな人形のなかに偏在する可能性をもつということであり、他方ではその人形の経験（痛がる経験、助けられる経験、等々）がある意味で自分の経験の代理性を帯びるということでもあります。お母さんは人形に「良い子」を演じさせて、その人形を褒め、Yくんにもそれを真似るように促すことがしばしばあります。あるいはYくんの乱暴な振る舞いを直接叱って正すよりは、Yくんの乱暴な振る舞いの犠牲になるヌイグルミをお母さんが慰撫してやることで、相手が嫌がっている、相手が可哀想ということを伝えながら、同時にYくんにそうするのはイヤというお母さんの気持ちを伝えることもしばしばあります。要するに、人形に擬人的、代理的な機能を担わせるのです。

　お気に入りの毛布を「移行対象」と呼ぶなら、ここでのもう一人の自分でもあり、かつまたもう一人の他者でもあるような人形やぬいぐるみは、「移行自己」「移行他者」と呼ぶこともできるかもしれません。要するに、もう一人の自分（自己）でもあるような人形が遊びのなかに入ってくることによって、子どもは人形をもう一人の自分として自分を外から見る契機を手にすることができます。他方では、その人形は自分以外の他者にもなり得るので、そのときに

はその人形を通して他者の思いや感情に気づく契機を手中にすることができます。さらに，そのような自己にも他者にもなりうるその人形を通して，子どもは自己と他者が入れ替わるような経験も手中にできるということになるでしょう。それが間主観性や相互主体性へと通じていることはいうまでもありません。

最後に，このエピソードでは，何気ない人形での遊びを通して，Yくんがお母さんをどのようにイメージしているかが把握できる点も，興味深い点です。その意味で，これは文字通りのドールプレイだといってもよいでしょう。実際，これまで「重要な他者」や「安全基地」と呼ばれてきたことが，このドールプレイに滲み出ている感じがします。重要な養育者（ここでは母親）は安心感や信頼感の源泉とみなされてきましたが，何かがあればお母さん，あるいはいざというときにはお母さんというYくんの思いは，火を当てられて傷ついたヌイグルミをお母さんの体に押し付けに行くというというYくんのヌイグルミの扱いに，見事なまでに表現されているように思います。もちろん，このときにはまだお母さんにはなれないのですが，いずれそのようなお母さんの振る舞いを自分のなかに取り込むことができるようになるときがやってきます。そのとき，Yくんはお母さんの立場が理解できるようになり，対等で相互主体的な関係にもう一歩近づくことができるのだといえるでしょう。

⑵ どうしても子どもの言い分に応じられない場合もある

どれほど子どもの思いを受け止めても，時と場合によってはそれに応じてやれないことが養育者にはあります。そして，これからの時期は，そのようなときに，子どもの思いを受け止めながらも，養育者の気持ちをしっかり伝えることが必要になってきます。

エピソード　14　「もっと一緒に遊びたい」（Y：2歳1カ月）

　　私たちが駐車場に車を止めると，団地の公園でYくんとHちゃんがすでに遊んでいました。Yくんは雨は降っていないのに，傘をさしてHちゃんのキュッキュッと鳴るつっかけを履き，Hちゃんはお母さんの大きなつっかけを履いて，あち

(a)　(b)

エピソード14　もっと一緒に遊びたい

こち動き回っています（写真a）。そのうちYくんはHちゃんのつっかけを脱いで砂遊びを始めました。しばらくして裸足で砂場から出てくると，歩きにくいのかお母さんに「ボクのクツ」と言います。そこでお母さんはYくんをベンチに座らせて「ここで待ってて」と言い聞かせ，家に靴を取りに行き，新品の靴をもって戻ってきました。そして，「これ，おばあちゃんが買ってくれた靴よ」とYくんの前に靴を置きますが，Yくんは「それじゃない」と言って履こうとせず，自分の靴を履きに裸足で家に帰ろうとします。Hちゃんもそれに一緒についてきて，二人で階段を上がったり降りたりして遊んでいましたが，そのうちに二人とも下に降りてきました。そしてYくんはいつのまにかまたHちゃんのつっかけを履いています。

そこにHちゃんのお母さんがやってきて，Hちゃんに「おばあちゃんの家に行くから，そのつっかけ（お母さんのつっかけ）を脱いで，お靴に履き替えて」と何度も声をかけます。ところがHちゃんは知らん顔です。Hちゃんのお母さんは車に妹のMちゃんを乗せ，Hちゃんのつっかけを履きかえさせようとHちゃんの手を引っ張ったところ，Hちゃんは転んでしまい，大声で泣き出しました。Hちゃんのお母さんは盛んに「さあ，おばあちゃんのところに行こう」と促しますが，Hちゃんはそれに耳を貸さずに，大通りの方に向かい，Yくんもその後を追いかけて，二人で大通りの方に行きかけました。

Yくんのお母さんがそれを止めようと追いかけていって，Hちゃんに「あぶないよ」と声をかけます。Hちゃんは大通りに出る少し手前のところで何とか止まりましたが，Yくんはなおも強引に大通りに出ようとします。そこに車が通り掛かったので，Yくんのお母さんが急いで駆け寄ってYくんの腕を摑んで強く引き

戻そうとしたところ，Yくんは転んでしまい，Yくんは「ウアー」と大声で泣き始めました（写真b）。そして起き上がるとまた大通りに出ようとするので，Yくんのお母さんは一方の手でHちゃんの手を引き，もう一方の手で何とかYくんを止めようとしてYくんと手を繋ごうとするのですが，Yくんはお母さんの手を振り払って手を繋ごうとせず，またひと悶着になりました。HちゃんもHちゃんのお母さんに強く「危ないでしょ！」と諫められ，とうとう泣き出してしまい，二人して大声で泣きわめき始めました。Yくんのお母さんがHちゃんの手を引いて団地の公園の方に戻りかけると，Yくんは泣きながら二人の後をついていきました。

〈考察14〉

　この頃は，ほぼ毎日のように，YくんとHちゃんは朝ご飯がすむとお互いの家を行ったり来たりして遊ぶようになりました。そして，サヨナラのときいつも大泣きになってしまいます。この日，Hちゃんはお母さんに「今日はおばあちゃんのところに行くから」と言い聞かされ，Yくんもお母さんから「Hちゃんがおばあちゃんのところにゆくまでしか遊べないよ」と言い渡されていました。一緒に遊べなくなるという思いからでしょうか，二人とも親が提案したり制止したりするたびに，何だかんだと抵抗しています。Hちゃんはお母さんのつっかけを履き替えるのがイヤ，Yくんはおばあちゃんに買ってもらった靴を履くのがイヤ，という具合で，大人たちは手を焼いています。そこにもってきて，今度は大通りへの飛び出しです。特にYくんは，大通りの自動車を見に行くとき，いつもは用心深く道路の端っこに身を寄せて自動車を見ているのに，今日は自動車が通っている大通りに出ていこうとして，お母さんと揉み合いになりました。お母さんは今日ばかりはYくんがどう抵抗しようともがんと壁になって押し止めます。Yくんは腕を引っ張られて転んだ腹いせもあるのでしょうが，道の縁でひっくり返って不満な気持ちを露わにします。しかしお母さんは取り合わず，団地の方にYくんを押し戻してからは，Hちゃんの手を引いたままYくんと大通りのあいだに立ちはだかります。Yくんはそこで寝転がって地団太踏んで泣くことになってしまいました。

　この頃，急速に言語理解が進み，お母さんと子どもという二者関係のなかでは，ことばを使って今日の予定を言って聞かせると，ある程度は聞き分けてくれるようになりました。Hちゃんに対する「今日はおばあちゃんのところに行

くから」という言い聞かせも，Hちゃんとお母さんだけの関係であれば，けっこうすんなりと聞き分けたでしょう。Yくんもお母さんに「大通りは車が通るから危ないよ」と言われると，ちゃんと聞き分けることができるようになっていました。しかし，そこに仲良しの友達が入ってくると，その種の聞き分けのよさはそのまま実現されるというわけにはいかなくなるようです。

　特に一緒に遊べないことが分かって面白くない気分が溢れ出ている今日のエピソードのような場合には，大人の提案がみんな腹立たしく感じられるようで，大人の言い分を聞き分けようとする（よい子の）自分が背景に退いてしまい，逆に聞き分けたくない自分（自分の思いを押し通そうとする自分）が仲良しの存在によって強化されるように見えます。こうして，お互いの「聞き分けたくない自分」が仲良しの存在によって強められると，普段は自分勝手に出て行かない大通りにさえ出て行こうとし，しかも制止を振り切って出て行こうとさえするのです。

　このエピソードで興味深いのはそこです。つまり，YくんはYくんなのですが，Hちゃんという存在によって，お母さんと二人だけのときのYくんではなくなってしまうというように，Yくんは比較的容易に他の存在によって浸透され，他の存在の思いと共鳴してしまうところがあります。大人でも，自分が必死に抑えていたある思いが，他者が抱えている思いによって触発されて引き出されてしまうことがありますが，それにとてもよく似ています。この事実は，私たちが決して自分の中に閉じ込められておらずに周囲の他者に開かれていることを示すものだといえます。今日のこのエピソードをみていると，親しみのある間柄では，自他の思いが容易に混交する様が見て取れる気がします。一個の自己，一個の主体とはいっても，決して閉じてはいないのです。そのことが間主観性の問題や相互主体性の問題に通じていることは明らかです。

　もう一つこのエピソードで重要なのは，普段は譲歩してくれる大人たちも，動かせない都合があるときには強い態度を取ること，そしてそのような強い大人の壁が子どもの「思い通りに事を運べないことがある」ということを身をもって体験していく重要な機会になるということです。このあと，Hちゃんがお

ばあちゃんのところに行ってしまうと，Yくんはしばらくはふくれていました。お母さんは頃合を見計らってYくんの気持ちの転換を図り（観察者とお茶の時間をすることになりました），結局Yくんは一人で遊ぶことになったのでした。こうした気持ちの調整は，これから頻繁に生じ，それを通して，子どもも養育者もお互いに思い通りに行かない局面の乗り越え方を次第に身につけていくことになるのです。

　このように，Yくんの思いとお母さんの思いが真正面からぶつかることがこれから増えてきますが，かえってそれを通して，お互いにそれぞれの思いを抱えた主体であることを認め合う素地ができ上がっていくのだといえます。

　最後に，このエピソードではYくんもHちゃんも何かしら面白くないという気分にずっと捉えられ，それが尾を引いていますが，それは後にことばで自分の気持ちを表現できるようになったときと対比して見ると，今の時点では「もっと一緒に遊びたい」とか「サヨナラするのはいやだ」と言語的にストレートに表現できないことも一役買っている感じがします。ことばにして不満を吐き出せば，大人にも分かりやすいし，子どもにも自分が何で面白くないのかが分かるわけですが，それができないから，何かしらもやもやした不満がずっと尾を引いてしまうのではないでしょうか。その意味で，これからことばの果たす役割の重さが次第に増してくるといえます。

(3)　誰かの役割を取ることの意味

　この頃になると，何かの役割を取るごっこ遊びに近いものがみられるようになります。これはイメージの世界に開かれていくこととして理解されることが多いようですが，相手の立場にたつ，相手の気持ちになるという点で，主体としての育ちにとっても重要な意味をもってきます。

エピソード　15　「事故遊びから治療遊びへ」（Y：2歳1カ月）
　Yくんはいつものように車を何台も並べ，「コワレルー」と言いながら車同士をガツンと衝突させ，「ここ，事故だよ」と言って遊んでいます。そばで見てい

| (a) | (b) |

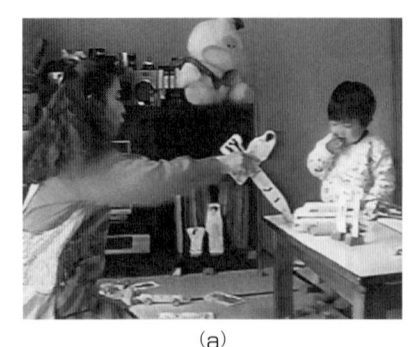

エピソード15　事故遊びから治療遊びへ

たお母さんが，「じゃあ，ケガした人を病院へ運ばなくちゃ」と言いました。Yくんがケガをしたヌイグルミや人形を次々にお母さんのところに運ぶと，お母さんは注射器のようなかたちをした厚紙で，注射をして治療しました（写真a）。しばらくその遊びをした後で，お母さんが「Yくんも注射したら？」と言いますが，Yくんは「いやだ，お母さんが」と甘えた声を出して，自分は注射をする人になろうとしません。そのうち女の人の絵を描いた厚紙を「これHちゃん」と言って持ってきて，「ケガした」と言い，お母さんに差し出します。お母さんがそれに注射をしてやると（写真b），Yくんはニヤニヤしながらその人形をお母さんのエプロンの下に入れてしまいました。

〈考察15〉
　車同士を乱暴にぶつけるのは，最近，Yくんが気に入っている遊びです。周囲の人から「そんなことをするとこわれるよ」と言われているので，「コワレルー」と言いながら強くぶつけるのです。お気に入りのクレーン車など，何台もクレーンの部分が壊れてしまっていますが，Yくんにはこの遊びが止められません。お母さんもあきらめ顔です。Yくんが「ここ，事故だよ」といったのに触発されたのか，お母さんが提案して，「怪我をした―治療する」という遊びにスライドしました。治療するとは，ここでは厚紙でできたロケットを注射器に見立て，その先端で怪我をした人に触れるということのようです。

　最初はお母さんが治療する人でしたが，お母さんはそこで役割を交代してYくんにも注射をする役割を振ろうとしました。しかしYくんはお母さんが提案する「注射をする人」にはなれません。何しろYくんは注射が嫌いで，病院で白衣の先生を見ただけで泣いてしまうのだそうです。ごっこ遊びなのだから，注射をす

る人になってもよさそうですが，今のYくんにはそれはできないというところのようです。

　Yくんは女の人の顔を描いた厚紙を「Hちゃん」に見立て，そのHちゃんが怪我をしたといって，お母さんに注射をしてもらいます。そしてその注射のあとで，YくんはHちゃんに見立てた厚紙の切抜きをお母さんのエプロンの下に忍び込ませますが，どうやらそれは「甘える」気分と「慰めてもらう気分」を表している様子で，怪我をしたり，注射されたりした人は，甘えた顔をしてお母さんのところに行くことができるということのようです。

　やんちゃをいい，自分を強く押し出せるYくんでありながらも，やはり怪我や注射のあとではお母さんに慰めてもらわなければならないというように，まだまだ脆弱な「主体」であることには変わりありません。いろいろな役割を取るようになったといっても，お母さんとすっかり役割を交代できるかといえば，まだそうではないわけで，ここにもYくんとお母さんがまだ完全に対等になったわけではないことが窺われます。つまり，注射する人は治療する人なのですが，Yくんは注射をする人にはなれず，また自分にとって厭なことをする人にもなれずに，それを回避しようとしています。この気持ちは，これからの対人関係を築く上に重要だと思われます。

(4)　自己主張ややんちゃの様子

　この時期は自己主張が強くなり，何でも「いや」を連発するいわゆる反抗期の始まりの頃でもあります。少し気持ちが崩れると，なかなか立て直せないときもあります。このような子どもの様子をどのように受け止めるのか，単に「聞き分けがない」と受け止めるのではない対応が求められるところに，養育者が悩む事情もあるのでしょう。

エピソード　16　「いやだの連発」（Y：2歳3カ月）

　Yくんは部屋のなかで自動車を動かしたり，本を出してめくったりして遊んでいるのですが，いつになく何かイライラした感じで落ち着きがなく，お母さんが

「Yくん，オシッコでしょ」と何度も言うのですが，「ナイ」「デナイ」と言って，いっこうにオシッコに行きません。途中でHちゃんが遊びに来ましたが，Hちゃんが興味をもったものを次々に取り上げては，部屋のなかをウロウロしています。そして，しゃがんで遊んでいるうちに「オシッコでた」と言い，なおも遊び続けようとします。お母さんが「ほら，やっぱりー」と言いながら，Yくんのパンツが濡れているのを見て，「Yくん，パンツを脱いで，履き替えなきゃ」と言いました。しかしYくんは，「イイの」とパンツを脱ごうとしません。そのうち濡れて気持ちが悪くなったのか，自分からパンツを脱ぎました。そこにお母さんが着替えのパンツをもってきましたが，今度は頑としてパンツを穿くのを拒みます。お母さんに逆らってばかりのYくんです。

〈考察16〉

　Yくんは，オシッコのときは，「オシッコ」といいながら自分でパンツを脱いでトイレでするというように，排泄のしつけはほとんど自立しているのですが，この日はお母さんが何度も促すのにもかかわらず，「ナイ」「デナイ」と否定し続けているうちに，トイレに行くタイミングを失ってしまったようで，とうとう失敗してしまいました。結局は濡れたパンツが気持ち悪くて，自分でパンツを脱ぐことになりましたが，今度はお母さんが出してきたパンツをなかなか穿こうとしません。

　普段は自然にできることでも，ちょっと機嫌が悪いといろいろなものに八つ当たりしてしまって，うまくできない様子です。「いつもはできるのにどうして？」と親は思ってしまいますが，この時期の幼児をみていると，本当に気分しだいというところがあります。「虫の居所が悪い」というのはこういうことをいうのでしょうか。そして一旦「機嫌が悪い」「人に言われたことをしたくない」という回路が作動してしまうと，そこからなかなか立ち直れなくて，次々に悪循環を生んでいくというのが，この2歳代前半の特徴といえば特徴でしょう。「いや」を言い始めると何に対しても「いや」を言いたくなってしまい，本当は自分のやりたいことにまで「いや」を言ってしまうことさえあり，まさに「いやだの連発」になってしまうのです。こうした言動は，周りの大人には「わがまま」や「反抗期」と映りますが，そのように周囲のすべてに「×」をつけてまわりたくなるところにこそ，この時期の子どもが他者の思いを跳ね除け，他者の思いと違う自分の思いにこだわって，自分を際立たせるかたちがあるというふうに見ておく必要があります。親の言うことに従わずに，ともかくまずは自分の思い通りに事を動かしたいというところに幼い幼児の主体性の発露があり，これを受け入れてもら

ったり，拒まれたりする経験を通して，しかし自分の主体としての存在が否定されているのではないと感じ取って，次第に周囲の思いを受け止める自分へと変貌を遂げていくことになるのです。

(5) 思うようにいかないことは見てほしくない

　子どもからやり始めたことが，どこかで行き詰ってしまうことはしばしばあります。そのような場合，たいていは子どもの遊びが変わるのですが，それを傍で見ていると，子どもがその行き詰まりのところでどんな気持ちになっているかが摑めます。そのとき，自分の思い通りに行かないことが単に面白くないのではなく，どうもそういう自分を見られるとバツが悪いといった気分になるようです。

エピソード　17　「ゴミ収集車ごっこ」（Y：2歳3カ月）

　中に何かが入った本物の紙のゴミ袋（当時この市では紙のゴミ袋が正規のゴミ袋でした）が部屋のなかにいくつも置かれています。お母さんは「最近，Yくんはゴミ収集車ごっこをするんですよ」と言っていました。Yくんは本物のゴミの袋の脇に，オモチャの小さなゴミ収集車を持ってきて置きました。お母さんがゴミ収集車がやってくるときの音楽を口ずさんで「ゴミを集めに参りました」というようにゴミ収集車の真似をします。Yくんは大きなゴミの袋と小さなゴミ収集車を見比べてしばらく思案していましたが，急に「見ないで」と言うなり（写真a），観察者の前でふすまをピシャッと閉めてしまいました。そこで観察者は

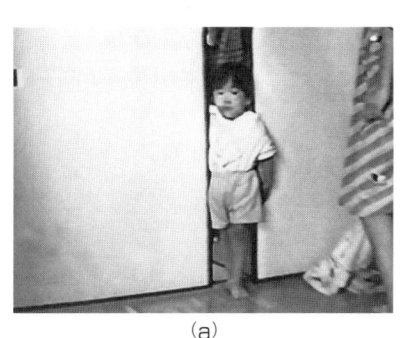

(a) 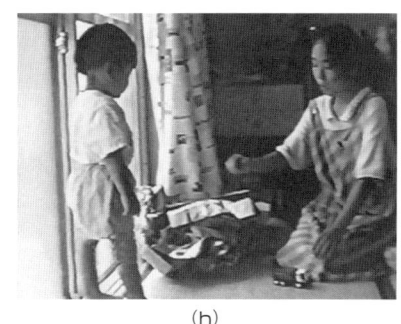　　　　　　　　　　　　　　(b)

エピソード17　ゴミ収集車ごっこ

「そこ，閉めてしまうと，おばちゃん，お仕事にならない」と言い，お母さんも「どうして？ 見てないよ」とふすまを開けますが，Yくんはまた「見ないで」とふすまを閉めます。観察者が「Yくん，意地悪しないで，おばちゃんも，一緒に遊びたいなー」と言うと，Yくんは「イヤだ，見ちゃだめ」と言います。そこで観察者が「寂しいなー」というと，今度はYくんは無言です。そこで観察者がもう一度，「Yくんが遊びにまぜてくれないなら，おうちに帰ろうかな」と言いますが，やはりYくんは無言です。観察者が「Yくん，じゃあ，帰っちゃうよ」とさらに言うと，Yくんはしばらく無言でしたが，「いいよ，見ても」と言ってふすまを開けました。

　Yくんは実物のゴミ袋の山と小さなオモチャの収集車を見て思案顔です。お母さんが「収集車，ちっちゃいね，ゴミ，入らんわ」と言うと，Yくんはオモチャの収集車のゴミ搬入口を触って，「ここ，ちいさい」と言います。お母さんが「そうだねー，ちいさいねー，どうしようかYくん」と言いますが，Yくんは無言です。お母さんが「どうしたらいい？」と聞いても，Yくんはどうしていいか分からない様子です。そこでお母さんが「じゃ，ゴミ，入れる真似だけするか」とゴミをつまんで入れる真似をしました（写真b）。そうすると，Yくんもゴミを入れる真似をして，何とかこの遊びは終わりになりました。

<考察17>

　本物のゴミの袋が3つほどありますが，オモチャの収集車はあまりに小さすぎて，とても運んで行けそうにありません。どのようにしてそのゴミの袋を持って行かせるか，Yくんは考えあぐねています。Yくんはそこで名案が浮かばない自分をさっきから見ている観察者を何か具合が悪いと感じたらしく，観察者の方に「見ないで」と言ってふすまを閉めてしまいました。ところが観察者は「見せてくれないのなら，お家に帰る」と揺さぶりをかけます。まだ一人っ子のYくんは，家に人が来て賑やかなのが好きなようで，いろいろな人たちの訪問をとても喜ぶそうです。ですから，「見せてくれないのなら帰る」という観察者の揺さぶりは，Yくんにとっては十分に都合の悪いことなのです。

　ここに，観察者に見られると具合が悪いという思いと，観察者に帰られるのはイヤだという思いがせめぎあいます。その結果，帰られるのはイヤだという気持ちが強くなり，見られると具合が悪いという気持ちを抑えて，結局は見られてもいいやというふうに折り合いをつけたのでしょう。

　ここではまだ，相手を配慮して自分の気持ちを譲るというところまではいっていないようで，自分の内部の二つのイヤを天秤にかけて，そっちよりはこっちと

いう具合に決着をつけている模様です。しかし，そのような自分の内部でのせめぎあいを収拾した結果に対して，周囲の大人は賞賛のことばを返したり，驚いて見せたりと，いろいろなかたちでYくんを映し返します。そのような周囲の人たちの反応が，周囲の人を思い遣る気持ちへとYくんを導いていくところもあるに違いありません。それはともあれ，観察者のここでの揺さぶりはYくんの痛いところをついた「奥の手」だったことは確かです。

　さて，二つの思いのせめぎあいに決着をつけてふすまを開けることにはなりましたが，しかし，ふすまを開けてもゴミの問題の解決にはなりません。あまりに小さい収集車を前に，お母さんもどうしたらゴミ収集車ごっこの遊びの行き詰まりがうまく解決するのか，名案が浮かびません。ゴミの袋に比べてオモチャの収集車が小さすぎると嘆息するばかりです。「どうしたらいい？」というお母さんの問いかけは，Yくんに向けられた問いというより，自分でもどうしてやったらいいか分からない，という気分の表明のような雰囲気です。思案の挙句にお母さんが手にした解決策は，「ゴミ，入れる真似だけするか」というものでした。しかしこれは名案で，これでYくんも納得です。二人でゴミを収集車に入れる真似をして，何とかこの難題を切り抜けたのでした。

　このエピソードでは，ふすまを閉められてしまった観察者が「おうちに帰る」という「奥の手」をつかってYくんを揺さぶりましたが，この後，この「奥の手」はYくんが取り込んで利用することになります。Hちゃんの家で遊んでいて自分の思いが通らないと，「おうち帰る」といったり，自分の家で余所の子どもと対立したときに，「帰ってもいいよ（おうちに帰ると言ってもボク平気だよ）」と言うようになるのです。

　また，このエピソードにも少し現れているように，この頃から，見られることを少し意識する気持ちが出始めたようで，人に見られていると照れたり，はにかんだり，恥ずかしそうにしたりという姿が見られるようになりました。簡単なジグソー・パズルなど別の部屋にもっていって完成させてから見せにくるという具合です。逆に，ときには人に見られている場面で，周囲から期待されることをしてみせて得意になるということもでてきます。自意識の意味での「見られる意識」ではまだないにしても，その萌芽のようなかたちが現れかけているといえるでしょう。他者のまなざしへの意識が跳ね返って自分を意識することになるという意味では，見られることの意識は主体として育つこと，特に他者を他者として（自分とは違う思いを持った主体として）意識し始めたということであり，同時に強く自分を意識し始めたということでもあります。

243

(6) 自分に都合のいい約束

　この頃になると，養育者は子どもに「〜は約束だからね」とか「約束よ」というようなことばをかけて，子どもの未来の行動にたがをはめるようになってきます。子どもに時間の観念が少し入ってきたことがそのような言動になるのでしょう。子どもはそれに次第に従うようになっていきますが，最初のうちはかなり自分に都合のいい「約束」になってしまうようです。

エピソード　18 「外にいきたいもん」（Y：2歳4カ月）

　この日は雨が降っていて，お外へ出ると言って長靴を履きかけるYくんに，お母さんは「いま，雨が降っているから，だめ」と言います。Yくんは玄関のドアを開けて外を見て，「雨，降ってないよ，やんでるよ」と言います。お母さんが「そう，でも下がビショビショで，濡れているからだめ，Yくん，水たまりに入るでしょ」と言うと，Yくんは「ビショビショでも，ぼく，水たまりに入らないもん」と言います（写真a）。そこでお母さんが「入らないって，約束する？」と言うと，「約束する」と言い，お母さんが「じゃあ，先に降りてて」（階下に）と言うと，「お母さんと一緒じゃなきゃいや」と言います。こうしたやりとりの後，Yくんは外に出てHちゃんと一緒に遊ぶことになりました。そして外にでてみると，やはりYくんは水たまりのなかに入り，ジャブジャブして遊んでしまいました（写真b）。

〈考察18〉

　この頃，Yくんは急に口が達者になってきました。お母さんがこう言えばああ

エピソード18　外にいきたいもん

第3章 乳幼児期における相互主体的な関係

言うというふうで,いっぱしの理屈をこねるのです。このエピソードでも,外へ出るというYくんに対して,お母さんは「外は雨だからだめ」というと,「雨,降ってないよ,やんでいるよ」と言い返します。そこでお母さんは「外がビショビショに濡れているし,Yくんは水たまりに入るでしょ,だからだめ」と言いますが,こんどは「ぼく,水たまりに入らんもん」と切り返してきます。言葉だけ聞いていると,お母さんとYくんが対等にやり合っているようですが,Yくんは長靴を履いて玄関ドアを開けたまま,やはりお母さんに出てきて欲しいのです。お母さんはYくんの「外に出たいし,でも自分ひとりでは嫌だし」という気持ちを摑んで,何とかYくんが外に出るのを止めたい気持ちでいます。ところがYくんは何としても外に出たい気持ちがあります。その両者の気持ちが玄関ドアをはさんでせめぎあっています。

とうとうお母さんが折れ,「水たまりに入らない」という約束で,お母さんも降りるから,先に降りていなさいということになり,Yくんは喜び勇んで階下に降りました。そして降りるなり,団地の空地にできた水たまりにジャブジャブと長靴で入り,そこにHちゃんもアパートから降りてきて,二人でジャブジャブやっているうちに,とうとう水たまりにしゃがみこんで,べちゃべちゃを始めました。観察者がカメラを向けても平気な様子です。そのうちにべちゃべちゃがエスカレートして,お母さんが降りてきたときにはYくんは水たまりの中に座り込んでいました。

どうやらせめぎあいは玄関ドアのところまでで,そこでYくんの思いが勝利を収めると,それからはもう一方的にYくんのペースでことが運び,お母さんもかたなしです。こういうYくんを見ていると,ようやく身につき始めたことばがYくんとお母さんの関係の調整に大きな役割を果たしていることが分かります。周囲の大人たちの使うことばを貪欲に取り込んで,自らがことばを操る主体になることが,自他のあいだを境界付け,自分を一個の主体として際立たせます。ここにはことばのプラスの面が現れています。つまりことばを使うことで大人と対等に対峙できるのです。逆に,ことばで自分の思いを表現できないと,相手との距離が取れなくなって,不満な気持ちが全体を覆ってしまいま

245

すが，このエピソードのようにことばで自分の思いを表現できるようになると，相手と距離が取れるようになり，また大人がことばの意味に反応してくれますから，自分の思いが塞がれた感じがなくなって感情の爆発にならなくて済みます。これからどんどん言語表現が身についてくると，その分，他者との感情の摩擦もそれほど頻繁でなくなるのです（このことは，保育園などで2歳前後で言語表現が十分でない頃に，子ども同士の噛み付きが頻繁に生じるのに，言語表現が十分にできるようになると噛み付きが減る現象にも通じています）。

　しかしながら，そこにことばの危うさもあります。スターンが「言語的自己感」(the sense of the self) のところでも触れていたように，ことばの意味の水準で「べちゃべちゃしないから」と言うことと，行為の水準で「べちゃべちゃしない」こととは，ここではまだ十分に繋がっていません。通常，このような状況下でお母さんはことばを通常の意味の水準で理解して対応しようとしますが，おうおうにして子どもの行為の水準とはずれてしまいます。もちろん，最初の「べちゃべちゃしないから」が嘘だといっているのではありません。嘘も方便で言ってみて，外に出さえすればべちゃべちゃしていいんだと思っているわけではないでしょう。しかし，お母さんとのことばのやりとりのなかでそのように言うということと，水たまりに入ったときにその場がそそのかすべちゃべちゃの行為をあえてしないこととは，子どもにとっては次元が違うということをここでは言いたいのです。それらが繋がりをもつには，これからこのような場面の後で叱られたり，注意されたりする経験を繰り返し経なければならないでしょう。

　この点に関してもう少し付け加えると，ここで大人のいう「約束」の意味がまだ十分に理解できていないままに，Yくんが「約束」ということばを使っているところは言語発達上，興味深いところです。どうやら「約束する」と言うと，自分の思い通りにことが運べるというのがここでのYくんの「約束する」の意味らしいのです。この後，お母さんが「約束する」と言ったのに，いい具合にしてくれなかった等の，大人が約束を破ったときの不満や否定的な評価から，約束を破ることがどういうことかがぼんやり分かり始め，そこから約束を

守ることの意味が次第に摑めてくるのです。つまり、「約束」の意味を理解するには、「約束する」「約束を破る」等の、対人関係のなかでそれが実行された結果をさまざまに経験することが必要だということです。相手の気持ちが分からないと、約束の本当の意味は分からないのだといってもよいかもしれません。

(7)　２歳前半のまとめ

　Ｙくんは、自分の思いを通そうとするところは１歳半から２歳の頃とさして変わりませんが、Ｈちゃんと遊ぶことが日課のようになり、一緒に遊ぶことが本当に楽しくなってきました。そしてときにはエピソード14のように、二人で一緒になって大人に対抗したりするようにもなってきました。またことばがだんだん達者になってきて、エピソード18のように、特にお母さんや周囲の人から取り込んだ言葉を、自分のことばとして切り返して使いながら、自分のつもりを強く主張するようになってきました。そういうＹくんの自己主張的な振る舞いのなかに、周囲の大人に対して自分も一個の人格として対等でありたいという気分が窺えます。そして自分の思いを制止されたり、気乗りのしないことを促されたりすると強い抵抗感を感じるようで、大騒ぎになることもしばしば見られるようになりました。

　そんなふうにいっぱしの主体として登場してきたように見える反面、対立する場面でも、Ｙくんの逆の気持ちをうまく刺激するような駆け引きに出ると、Ｙくんが自分からあっさりと納得してくれるようなところが見られたり、あるいは、自分の思うようにいかないと、甘えたりすねたりというかたちでお母さんへの全面的な依存に逃げ込んだりするところも見られたりします。要するに、強い自分と脆弱な自分が同居していて、主体としての「私は私」はまだまだお母さんの支えが必要です。

　また、自分が普段、周囲の人から言われていることをまず口にして言ってみたいというかたちでことばがＹくんに根付きはじめています。ことばの敷居を踏み越えた感じとでもいえばよいでしょうか。とりわけ周囲の人の使うことばを自分に取り込みながら、自分のものとして使うような姿には、大人と対等な

一個の主体であるという感じをもたずにはいられません。ことばは相互主体的な関係のなかから主体としての「私は私」に取り込まれ，それによってさらに相互主体的な関係が深まっていくのです。

　こうしたことばの発達に応じて，当然ながらイメージの世界も広がってきているのが分かります。そしてそれがさまざまなごっこ遊びや見立て遊びを生み出しています。しかし，この時期のことばのイメージは，まだ「いま，ここ」の自己の興味関心に縛られていたり，個々の行為イメージにとどまっていて，興味や関心から遊離してことばの意味そのものを操ったり，個々の行為イメージを統合した役割イメージに従うところまではまだ行き着いていないようです。一見したところではことばがかなり的確に使われているようですが，状況によって，またそのときの気分によってその意味が揺らぎ，ことばで自分を十分に自己調節できない面も残っています。

　さらに，人形やヌイグルミを交えたお母さんとの遊びがとても重要な意味をもつことが分かります。これについてはそれぞれのエピソードのコメントのところで触れたので繰り返しませんが，要するにその遊びを通して，自分がヌイグルミや他者に偏在しつつ，他者もまた自分の思いをもつ存在なのだということの理解に近づいていくのです。そうしたことが相互主体性の成立の一つの鍵となることは疑いを入れません。

　このように，2歳代になると，周囲の人の思いと自分の思いがぶつかったときに際立つかたちで，Yくんの主体としてのありようがより一段と輪郭を持ち始めた感じがします。自己の中核ができてきたという感じでもあり，また一個の主体だという感じでもあります。第1章で示したヤジロベエの図でいえば，主体であることの左半分がかなり明瞭になったといってもよいでしょう。つまり，相互主体的な関係のなかで主体としての自分を際立たせ，それによってさらに相互主体的な関係が深まりをみせていっているのが分かります。

第5節　2歳半から3歳過ぎにかけての相互主体的な関係

　この頃，Hちゃんとはお互いに何も言わなくとも相手の気持ちがある程度分かるようで，ほとんど衝突しないで遊ぶようになってきました。ことばの世界もますます広がり，ごっこ遊びのなかでYくん自身がいろいろな人になって遊んだりもします。Yくんと大人の駆け引きがだんだん面白くなり，Yくんも大人が使う駆け引きを自分も使ったりするようになって，直接人を叩いたり，かんしゃくを起こしてわめきちらすことが少し収まりつつあるようにみえます。そして時には周りの思いを受け止めることができる面もみられるようになってきました。

(1) イメージの世界と役割取得

　イメージの世界が膨らみ，ごっこ遊びやいろいろな役割取得が可能になってきますが，そのなかでいろいろなことを自分なりに考えられるようになってきます。そこに主体としての育ちをみることができます。

エピソード　19　「薬を飲ませる病院の先生になって」（Y：2歳6カ月）

　　Yくんはお母さんとことばを交わしながら，あるイメージを共有して遊ぼうとしているところです。Yくんは「ガーガ（小さなドナルドダックの人形のこと），ポンポン痛い，これ飲む」と言って何やらレゴブロックのようなものを手に持っています。それにお母さんが「お薬，飲むんだ」と応じます。Yくんが「いま（お薬）包んであげる」と言いながら流し台の下から袋を取ってきます。それにお母さんが「お薬，包むんだ」と応じます。そこでYくんは「ここは病院だよ」といいます。それにお母さんが「じゃあ，この人だれ？」とYくんを指さして言うと，Yくんは「病院の先生」と言って，また何かを取りに行きました。そして戻ってくると，「ガーガ，ゴクン，ゴクン，ゴクン」と小さなドナルドダックの人形に薬を飲ませる真似をします。さらに「ガーガ，ポンポンが痛い，ポンポンが痛い，ゴクン，ゴクン」と続けます。そこでお母さんが，「ガーガ，お薬飲まないとお腹痛なおらないよ，先生に飲ませてもらいなさい」とYくんの後押しを

します。Yくんは「グーグー」といいながら，ドナルドダックの人形を手で押さえつけて，口に薬を押しつけました。

　それをみてお母さんが「あー，苦い，苦い，お薬飲むの，イヤダよー」と応じると，Yくんは「キュー」と言いながらドナルドダックを押さえつけて薬を飲ませようとします。お母さんが「先生，摑まえてください，ガーガが逃げます」というと，Yくんは「グー」と言いながら，懸命に薬を飲ませました。それから落ちていた鎖を持ってきてお母さんにその一方の先をもたせ，反対の先をガーガにくっつけました（点滴のつもり？）。それからYくんは「はい，いいですよ，薬持って，帰って下さい」と言いました。

〈考察19〉
　2歳過ぎの頃はお医者さんになれなかったYくんでしたが，この頃はお医者さんになることができるようになった模様です。お母さんはYくんが「ここは病院だよ」と言ったのを受けて，本当にお医者さんになることができるのか確かめたい気持ちもあったのか，盛んにYくんがお医者さんの振る舞いをする遊びにもっていこうとしています。Yくんも病院の先生がガーガにお薬を飲ませるという遊びのイメージがはっきりしたのか，これまでは自分に厭なことをする病院の先生になれなかったのに，病気のガーガに自分が薬を飲ませ，また同時に自分がポンポンの痛いガーガの役もやっています。お母さんもガーガにお薬飲まないと治らないよと声をかける役になりながら，お薬が苦いと訴えるガーガになったり，あるいは病院からガーガが逃げると言ってみたり，いろいろな役を演じています。こうして，二人のあいだで「病院で薬を飲ませてもらうお腹の痛いガーガ」というおおよその遊びのイメージを共有しながら，それぞれがいろいろな役を演じ，その遊びが膨らんでいく様子がわかります。

　一つのことばに触発されてあるイメージが喚起され，それがまた次のイメージを喚起してそのイメージに合致したことばを生むというように，ことばを介在させてイメージがどんどん膨らむ様子がみてとれます。Yくんが病院の先生になれるのも，お腹が痛い―厭なお薬を飲ませられる―でもお薬を飲むとお腹痛が直るという，一連の流れのイメージをYくんがしっかり摑めるようになって，お医者さんイメージがはっきりしてきたからだと思います。ここに，Yくんが急速にことばとイメージの世界に参入しつつあるのが分かります。それと

同時に，Yくんのなかで広がるイメージに沿いながら，お母さんがうまく合の手を入れて，Yくんのイメージがさらに広がるように支えているところも興味深いところです。

それでも，Yくんの頭のなかで急に別のイメージの遊びにスライドしていくと，もはやお母さんが再び前のイメージに引っ張っても，それに戻ることは難しく，どんどん別の遊びにスライドしていくというのも，この時期の特徴でしょう。

それにしても，自分をほかの誰かとみなすとか，お母さんをお母さん以外の人とみなすなどいう遊びは，よく考えてみると，いろいろな役割を交換し，いろいろな人物に想像の上で成り得る状態に達していることを示すものであり，この時期の遊びのもつ重要性が際立つ感じがします。それはまた相互主体的な関係のなかで間主観的に相手の気持ちが摑めるようになったことと深く繋がっています。

(2) 気持ちを収めるための交換条件

これはこれまでにも何度も登場した相互主体的な関係の現れの一つですが，この年齢になると，相当に複雑な気持ちの動きが現れてきます。

エピソード 20 「テロロを一回したら」（Y：2歳7カ月）

　　Yくんは団地の公園で遊んでいるところです。Hちゃんのお母さんにそばの木立から伐採された杉の枝を取ってもらってYくんがお神楽をやりかけたとき（写真a），Yくんのお母さんが仕事の打ち合わせで30分ほど外に出かけることになりました。いつもはお母さんがそのことをYくんに言い聞かせてから出かけるのですが，今日は言い聞かせるのを忘れていたようで，車に乗り込むとエンジンをかけました。その音をききつけるなり，テロロ（お神楽のこと）をやりかけていたYくんは，杉の枝を放り出し，大声で泣きながらお母さんの車のところに走って行きました。お母さんは車から降りながら「ごめんね」と謝り，「すぐ帰るから」と言い聞かせるのですが（写真b），Yくんは泣き止みません。「じゃあ，Hちゃんにサヨナラして，会社までついてくる？」とお母さんは訊きますが，Yく

んはこれも聞き入れません。

　Yくんはお母さんの手を引っ張って砂場のところに行くと，杉の枝を捧げてもち（写真c），お母さんが「テロロ，テロロ……」とお神楽のメロディを口ずさむのに合わせて，Yくんはお神楽をひとしきり舞い（写真d），最後のメロディのところで，膝をついてひれ伏すようなお辞儀をしました（お神楽の最後のシーン）。そこでお母さんは「さあ，おしまい，鬼さんサヨナラ」と言い，「ね，すぐ帰ってくるからね」とその場を離れ，車に乗って出かけました。

〈考察20〉

　Yくんのお母さんはYくんが生まれてからも，以前のお仕事を不定期で続けています。乳児期にはおじいさんとおばあさんに預けていましたが，最近はHちゃん宅やAちゃん宅に預けることが多くなりました。Yくんもことばの理解が進んでからは，お母さんが丁寧に言い聞かせれば，顔なじみの近所のおばちゃんやお友達と一緒にお留守番ができるようになってきていました。ところが今日はお母

エピソード20　テロロを一回したら

さんがついうっかりして、Yくんにお出かけのことを言い忘れたために、Yくんはお母さんが急に車に乗っていなくなる様子にびっくりして、大泣きになってしまったのでした。そして、お母さんに「テロロ」をつき合ってもらって、何とか気持ちが少しほぐれると、お母さんのお出かけを納得したようです。それでもお母さんとの別れはニコニコしてバイバイというわけにはゆかず、ちらっとお母さんの車の方を見たきり、「テロロ」の杉の枝を抱えたまま、難しい顔をして一人公園のなかをウロウロしていました。お母さんがちょっとお出かけするというのは納得しているのですが、でもお母さんがいないことにまったく平気というわけではまだなさそうです。まるでお母さんという後ろ盾がいなくなると、自分が目減りしてしまうかのようで、いつものような元気がなくなってしまうのです。ここらあたりにも、Yくんがまだまだ閉じた自分ではないことが窺えます。しかしそれでも、お母さんがお仕事に出かけるということはYくんも受け止め、しばらくすると気持ちを持ち直し、Hちゃんのお母さんを時々頼りながら遊んでいけるようになってきています。

(3) 大人の振る舞いを取り込む

　ことばもそうですが、この時期は大人のすることに興味が湧き、それを自分で取り込んでいくことが目立つようになります。文字通りの「まねぶ」が生まれてくるのです。そして、そのように大人を取り込むと、自分が大きくなったような気分になるのでしょうか、何かしら誇らしげな様子を示します。子どもの内部に自ら「なる」ことへの動きが胎動している感じがあります。

エピソード　21　「お父さんになって」（Y：2歳7カ月）

　　Yくんがケロッピのカバンを手にすると、お母さんが「行ってらっしゃい」と声をかけて、「どこへお出かけ？」「だれ？　お父さん？」と尋ねます（写真a）。Yくんはそのカバンのショルダーを自分がいつも部屋で乗っている自動車にかけました。そこでお母さんが「おサイフもった？」と訊くと、Yくんは「まだ」と言います。お母さんが「お弁当は？」と尋ねると、Yくんは車の蓋をあけて「ある」と答えます。Yくんは車に乗って「カギは？」と言うと、お母さんも「カギ？　カギはどこ？」と言います。Yくんは観察者と目が合うと、自分を指さして「これ、お父さん」と言いました。そこでお母さんは「お父さん、これして」

とカギのつもりのものを渡します。Yくんはそれをカバンの中に入れ，車を動かします。お母さんが「ガーガもついて行きたい」と言うと，Yくんは「ダメ，たばこを買いに行く」と言って，少し車を動かし，壁のところでカバンを開けて，コインを入れる真似をします。するとおサイフからお金がこぼれます。そこでお金を拾ってカバンを閉めます。お母さんが「ガーガもあんなおサイフ欲しいな」と言うと，Yくんは「ダメ，お父さんの大事なの！」と言います（写真b）。お母さんは「ダメだって，お父さんの大事なカバンだって」とガーガに言い聞かせるように言いました。

〈考察21〉

　Yくんは最近，緑色のケロッピのショルダーバッグの中に，オモチャのお金の入ったおサイフやいろいろなものを入れています。お母さんが「行ってらっしゃい」「どこへお出かけですか」というように出かける場面をほのめかしたので，Yくんはお父さんのお出かけをイメージしたようです。そしていつもお父さんがするいろいろな振る舞いを取り込んで，まるで自分がお父さんになったかのように，振る舞ってみせています。「カギがない」とか「タバコ買いに行く」などせりふも，お父さんの真似でしょうし，ガーガがついていくというのに「ダメ！」と言うのもお父さんの真似に違いありません。

　Yくんがお父さんになったつもりのごっご遊びを観察したのはこの日が初めてでした。お父さんのように振る舞ってみたい気持ちは前からありながら，しかし，実際にはなかなかお父さんの振る舞いを取り込めずにいたのですが，この日の遊びのなかでは，お父さんがYくんのモデルになっているのがよく分かります。どうやらお父さんの大事なものには手を出してはいけないことも，もうすでにわきまえているらしいことが窺えます。そしてお父さんになったYくんを前に，お母

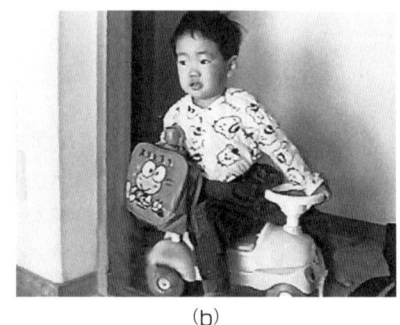

(a)　　　　　　　　　　　　　(b)

エピソード21　お父さんになって

さんはガーガがまるでYくんであるかのように扱って,「一緒について行きたい」とか「あんなおサイフが欲しい」などと言わせ,こうしてお父さんになったYくんに「ダメ」を言わせています。ここではお父さんになったYくんと,Yくんになったガーガがちょうど役割を交代していることになります。遊びのなかではあれ,このような役割交代を経験することを通して,相手の立場をわきまえ,相手を尊重する気持ちが少しずつ芽生えてくるのでしょう。ここでも,お父さんとYくんとの相互主体的な関係のなかで,Yくんがお父さんの気持ちを間主観的に摑めるようになったことで,お父さん役割を取れるようになっていることが分かります。

(4) 切り札となる交換条件

自己主張が強まり,自分の思いを頑として譲らない子どもを動かすのは並大抵ではなく,世の養育者たちは,この時期に喧嘩腰で対応をせまられることも希ではありません。そのようなときに,子どもの方から折れてくるような交換条件があればそれに越したことがないでしょう。養育する側に生きた知恵が求められます。

エピソード 22 「サンタさんが来ないのはいやだ」（Y：2歳8カ月）

お母さんが,Hちゃん,Hちゃんの妹のMちゃん,Yくんの3人分として3つのミニゼリーを出してきたところ,Yくんはそのうちの2つを取ってしまいました。そしてYくんはスプーンを2つ取ってきて,その一つをHちゃんに渡しました。お母さんは「Mちゃんにもあげて」と言いますが,「イヤ,ボクが食べるの」とゼリーを2つとも離しません。Hちゃんのお母さんが「Mちゃんも食べたいって」と言いますが,Yくんは相変わらず「イヤ」と言います。Hちゃんのお母さんが「さっきドーナツあげたのにー」と言うと,Yくんは「ボクのドーナツ」と言って,ドーナツのお皿をMちゃんの方に押しやりました。その様子をみていたYくんのお母さんは,「あ,サンタさんに言っとこう」「Yくんは悪い子です。Mちゃんにゼリーを分けてあげないから,サンタさん,プレゼント持ってこなくていいです」と電話でサンタさんに話をする真似をします。それを聞いたYくんはあわてて「だめ,くるんだよ,これ食べるからくる（Mちゃんがこのゼリーを食べるから,ボクにサンタさんがくる）」と大声で叫び,Mちゃんのお母さんに自

分の食べかけの方のゼリーを渡しました。
　しばらくして，お母さんが「サンタさんが来たらどうするの」と尋ねると，Yくんは「ミドリのトラック，ハーイってあげる（サンタさんがミドリのトラックをボクにハーイとくれる）」と言いました。

〈考察22〉
　Yくんはこの日もやはりMちゃんの分のゼリーを取ってしまって，分けてあげません。周囲の大人は何とかMちゃんにもと思ってYくんに声をかけます。またYくんのお母さんはMちゃんの気持ちを代弁してやります。しかし，Yくんは聞き入れません。ここまではいつものYくんでしたが，そこでお母さんは，もうすぐクリスマスでサンタさんからのプレゼントを楽しみにしているYくんに対していい手を思いつきました。サンタさんに電話をして，意地悪なYくんにはプレゼントを持ってこなくてもいいと伝えようというわけです。この手は効果覿面で，Yくんはあわてて食べかけのゼリーをMちゃんに譲ることになり，自分はいい子をしているから，だからサンタさんが来ると言うはめになりました。
　サンタさんがお空からいい子かどうか見ているという設定は，神様も，閻魔様も，おまわりさんも，怖い存在ではなくなってしまった現在では，自分がいい子をしているかどうかを超越的な存在が見ているのだということに子どもが気づいたり，いずれは自我や超自我が育まれていくのに繋がったりする有効な設定だと思われます。つまりこの設定は，今の自分を外側から見る他者の視点に気づかせ，自分にとって大切な人の目を意識させることに繋がるものですが，それも相互主体的な関係のなかで，子どもが自分を調節していく上に重要な意味をもちます。ここでは，ゼリーを独り占めにしたいし，けれどもサンタさんがプレゼントを持ってきてくれなくても困るし，その両方を天秤にかけて，やはりサンタさんにプレゼントをもらうためには，ゼリーをMちゃんに譲ろうというように，Yくんなりに考えて，自ら譲ろうとするところが興味深い点です。
　YくんがMちゃんに譲ろうとしないとき，往々にして大人は譲ることが正しいことで，独り占めすることは悪いことだというように，善悪の規範を教え込むことが大事だと考えがちですが，大人の力で強引に規範に従わされるのでなく，自分を譲るとかえって自分に都合のいいことがあるということに子ども自身が気づくようにもっていき，その結果として相手の子どもに譲れるようになるというのは，規範が子どもに身につく過程について極めて重要なことを示唆しているよう見えます。「サンタさんが来ないよ」というようにYくんの気持ちをくすぐったり，あるいはYくんが意地悪をしたMちゃんをYくんのお母さんが慰めてやって，

Yくんがやきもちに近い感情を経験したりするというのは，強引に規範を示すよりも，Yくん自身が自分で考えて自分の行為を修正していく上で有効だと思います。規範に力づくで従わされるのではなく，むしろ主体的に規範を取り込んでいく可能性が開かれるからです。

　最後のところで，「サンタさんがボクにミドリのトラックをハーイってくれる」と言うべきところが「ミドリのトラック，ハーイって，あげる」と表現されているのは，主語の取り違えというよりは，Yくんがサンタさんになったつもりで言っていると考えれば，それほどおかしな表現ではありません。つまり，間主観的に相手の気持ちが掴めるようになったので，相手の立場に容易に自分を置くことができるようになったのだともいえるでしょう。この時期にしばしば見られる主語と目的語の取り違えといわれている現象も，その意味ではもう少し慎重に検討しなおしてみる必要がありそうです。

(5) 自分で統制できない相手への対応

　自分のイメージを共有してくれない自分よりも幼い相手に対して，子どもがどう出るかは興味深いところです。仲良しとはある程度うまくやれるようになっても，簡単に気持ちを共有できない相手に対しては，ついつい乱暴な動きになりがちですが，そこに周りの大人がどのように入るかは，相互主体的な関係の成り行きとしても重要です。

エピソード　23　「Mちゃん，抱いて」（Y：2歳8カ月）

　　Hちゃんの妹のMちゃんがYくんの遊んでいるオモチャの工事現場のところに寄って行って手を出しかけました。Yくんは「だめだよ，来ないで」ときつく言います（写真a）。お母さんが，「Mちゃんにも代わりの車あげたら」とYくんに言いますが，Yくんは「イヤだ，ボク，いじわるだもん」と拒みます。Mちゃんはちょっと離れたところでじっと見ていて，しばらくするとまた寄って行きます。Yくんは「ダメだから，工事だから，あぶないから」とMちゃんが近づかないように手で制止し，また「あぶない，あぶない，きらい」と言います（写真b）。

　　しばらくしてMちゃんはまたもや，Yくんがしているようにミニカーを工事現場のところに乗せようとします。そこでYくんはまた「ダメ」とMちゃん押さえにかかります。それでもMちゃんはYくんのいないスキに，何度も工事現場に近

(a) (b)

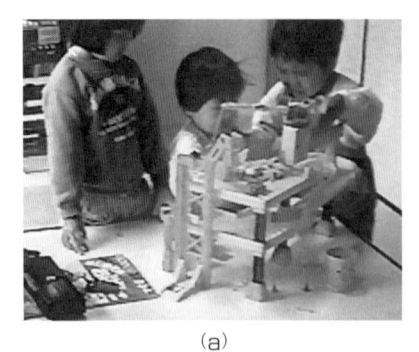

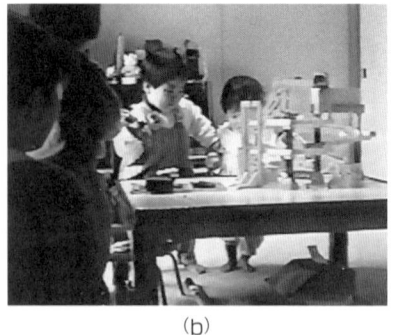

エピソード23　Mちゃん，抱いて

づこうとし，それをYくんが見つけるたびに，またMちゃんを押さえにやってきます。そうしているうちに，Yくんは何かを取りに行こうと思ったらしく，Mちゃんが工事現場に近づかないように，Mちゃんのお母さんに「(Mちゃんを) 抱っこして」と言い，MちゃんをMちゃんのお母さんの方に押しやろうとします。Mちゃんは泣き声をあげて抗議します。そこでYくんのお母さんはMちゃんに「YくんのいないあいだにMちゃん遊んでいいよ」とYくんに聞こえよがしに言いました。

〈考察23〉

　Hちゃんの妹のMちゃんはYくん宅でもオモチャを使ってだいぶ遊べるようになりました。この頃，YくんはHちゃんにはもう「ダメ」と言うことはほとんどなくなり，仲良く一緒に遊べるようになりましたが，MちゃんにはYくんのお気に入りのものをなかなか触らせてあげられません。ところが，MちゃんはYくんの気に入っているオモチャほど触ってみたくなるようです。Yくんにしてみれば，Mちゃんは自分のイメージ通りに動いてくれないし，Mちゃんにオモチャを使わせれば壊されてしまうという思いがあるのでしょう。今日も大事な工事現場をMちゃんに触らせたくなくて，盛んに「ダメ」を言い，そこにMちゃんを近づけまいとしています。「代わりのものを貸してあげたら」と大人が提案しても，「ボク，意地悪だもん」と減らず口を叩き，それでも工事現場に近づくMちゃんに，「ダメだから，工事だから，あぶないから」といっぱしの理由をつけて，近づけまいとしています。ここでも，ことばがかなり自在に使われ，ことばで相手をある程度制止することができるようになった分，以前のように，直接叩きに行ったりすることは少なくなりました。

それでも，Mちゃんが工事現場を触らないように自分が見張っていると，必要なものを取りにいけません。どうやら「ダメ」「あぶないから」というだけではMちゃんを制止できないようです。そこで，Mちゃんのお母さんに「(Mちゃんを) 抱っこして」と頼むことになったのでした。ここでも，「ダメ」や「工事だから」や「あぶないから」というYくんの言語表現は，自分がしょっちゅうお母さんやお父さんに言われていることを取り込んだ表現であることは明らかです。かつて自分が自分の思い通りにことを運ぼうとしたときに，両親から「ダメ」や「工事だから」や「あぶないから」と言われてきたに違いありません。つまり，親と自分の相互主体的な関係の中で取り込まれたことばが，いまMちゃんとの関係の中に引き写されていくのです。

(6) 自分をコントロールする外部からのことば

 自分がお父さんやお母さんからいわれていることが，これからゆっくり時間をかけて規範や分別になっていくのですが，その過程で，自分のなすべきこと，あるいは自分がしてはならないことを他の人に言わせるという不思議な現象が往々にして見られます。

エピソード　24　「お母さん，ダメって言って」（Y：3歳0カ月）

 　Yくんは畳の上にオモチャの通行止めの札を置いて，ショベルカーとダンプカーとトラックを並べています。工事現場をイメージしている様子です（写真a）。自分は運転手さんで，工事をしたり，車を動かしたりしています。そして棚から大きなドナルドダックのヌイグルミを「お父さん」と言いながら下ろしてきて（写真b），お母さんに押し付け，そのそばに小さなドナルドダックの人形（ガーガという愛称で呼ばれている）をもってくると，工事現場に近づけながら，「お父さん，近づいたら，ダメって，言って」とお母さんに要求しました（お父さんドナルドダックが，子どものドナルドダックを叱ることをイメージしている様子です）。そこでお母さんは「近づいたら，ダメ」と言います。Yくんはなおもガーガを工事現場に近づけながら，「そんなに近づいちゃ，ダメ，って言って」とまた言うので（写真c），お母さんは「そんなに近づいちゃ，ダメ」と言います。Yくんは今度は「つかまえにきて」と言い，お母さんはお父さんドナルドダックをガーガに近づけて，ガーガを押さえ込んでしまいました。

(a)　　　　　　　　　　　　(b)

(c)　　　　　　　　　　　　(d)

エピソード24　お母さん，ダメって言って

　それからYくんはガーガをロープを張った工事現場の中に入れ，またお母さんに「入っちゃ，ダメって，言って」と言います。そこでお母さんはまた「入っちゃ，ダメ」と言います。それなのに，Yくんはガーガをトラックの荷台に載せてしまいます。お母さんが「あっ，トラックに乗っちゃった」と言うと，Yくんはロープをはずしてトラックを動かし始めました。そしてなおもトラックを動かしながら，大声で「お父さん，たすけてーと」と言います（写真d）。お母さんはお父さんドナルドダックを近づけながら，「大変だ，トラックが砂と間違えて（ガーガを）運んで行っちゃった」と言うと，Yくんは「運転手さんが間違えたんだよ」と訂正しました。

〈考察24〉

　この頃になると，Yくんは要求を出してもそれが簡単に通らないとき，駆け引きの末，大人からの説得を何とか受け入れるようなところも少し出てきました。このエピソードは，お父さんと工事現場を見に行ったときのことを再現しているのでしょうが，その時の自分を小さなドナルドダックに重ね（写真bでお母さん

が手に持っているガーガのこと)、お父さんを大きなドナルドダックに重ねて、もっと工事現場に近づきたい自分をお父さんが止めるという想定で、そのお父さん役をお母さんにさせ（お母さんがもっている大きなドナルドダックにさせ）、自分を止めてと要求しています。まるで、近づいてはいけないはずの工事現場にもっと近づいて、乗ってみたかったトラックに乗ってみるという自分の願望を、ごっこ遊びのなかで実現しているようにも見えます。遊びの世界なら許されると考えたのでしょうか。それでも、してはいけないことをしてしまったら、とんでもないことが起こるとでもいうかのように、動き始めたトラックに乗っているガーガに「たすけてー」と言わせる羽目になりました。そこでお母さんが「大変だ、トラックが砂と間違えてガーガを運んで行っちゃった」と言うと、トラックが間違ったんじゃなくて、運転手さんが間違えて子どもをどこかに運んでいこうとしているんだと訂正しました。いけないことをすると、そういう間違いが起こるとでもイメージしているのでしょう。

　3，4歳頃によく「……してって、言って」とか「……しちゃダメって、言って」と親に言わせようとすることがあります。ここでのYくんはその典型的なパターンを見せてくれています。こうしたYくんの遊びを見ていると、これはしてはいけないと禁じられていることがぼんやり分かる一方で、でもしてはいけないことを何とかしてみたいという気持ちも動いていて、その狭間で子どもの気持ちが揺れているのがよく分かります。いずれは自分の内部から「それはしちゃダメ」という内なる声（超自我の分別）が聞こえてくるのですが、そこに至るまでの過程で、まずは自分の行為への禁止や制止が外部からの声（お父さんやお母さんの「ダメ」）によって作動することに始まり、次に、このエピソードのように、「……しちゃダメって、言って」というふうに、自分がお母さんにそれを言わせるかたちで自分の行為にストップをかけることがあり、最後に、そういう外部の声や擬似「外部の声」が内面化されて、超自我の働きになるというような過程が考えられるかもしれません。

　つまり、もうすでに自分のなかに「〜しよう」「〜してはいけない」という自分で自分を調整する主体の一部が育ち始めているということではないでしょうか。自分の行動を自分でコントロールするようになる前に、まずは自分の方

から親に言ってもらって自分をコントロールしていこうとするステップにYくんが来ているように見えるのです。このようなところに，自分の欲望を制止する親など重要な他者を自分の内に取り込み，それによって自分で自分をコントロールする萌芽，つまりは相互主体的な関係のなかで主体の二面性が育っていく萌芽を見出すことができるように思われます。

(7) 2歳半から3歳のまとめ

　Hちゃんと遊ぶときは，よほど欲しいもののとき以外は物の取り合いにもならず，お互いに相手のすることを認めて，各々が自分の遊びをするようになりました。こうなった裏には，物の取り合いになるとYくんの方が力が強く，結局は取ってしまうというように，YくんとHちゃんの力関係が定着してしまい，HちゃんがYくんとぶつからないようにして遊ぶようになったということがあります。しかし，Yくんの方も，それまでのように滅多やたらとHちゃんのもっている物に手を出さなくなり，Hちゃんがしていることを尊重しているふうでもあります。事実，Yくんの大事な「工事現場」にHちゃんが触っても，Yくんは何も言いません。HちゃんとYくんは，お互いに何を大事にしているのか，何をしようとしているのかをそれぞれに受け止めながら遊んでいるという感じになってきました。

　またHちゃんの妹のMちゃんに対しても，Yくんにとって大事なオモチャでなければ，Mちゃんが好きなように遊んでも，Yくんはほとんど何も言わなくなり，YくんなりにMちゃんの存在を受け止めている様子です。しかし，大事なオモチャはやはりMちゃんには触って欲しくないようです。自分が思うようにはMちゃんがしてくれない，自分のイメージしていた遊びが壊される，自分と一緒に遊ぶ人ではない，ということなのでしょうか。周りの大人から「Mちゃんは赤ちゃんだから，壊しても仕方ない」と言われて，ある程度はMちゃんのありようを受け止められるようにはなってきたものの，やはり，「壊されたらイヤだー」という思いが前面に出てしまうのでしょう。

　他方，大人に対しては，Yくんはしっかり自分の気持ちをぶつけてきます。

そして大人の側は，そういうYくんの気持ちを受け止めながら，Yくんが納得できるようにYくんの気持ちにつき合い，その上でいろいろな駆け引きに出るようにみえます。しかし，大人とYくんのあいだの駆け引きに見え，大人からの説得や条件提示にYくんが納得して自分の気持ちを収めているというふうに見える場合でも，実は必ずしもそうではありません。大人とYくんの駆け引きに見えるやりとりのなかで大切なのは，Yくんがそこで自分を納得させる理由を見つけたということでなく，自分の気持ちが大人に受け止められているということがYくんに分かり，Yくんがその大人の気持ちを受け止める結果，説得に応じる気になって，自分の気持ちを自ら方向転換していっている点です。つまり，Yくんの気持ちは分かるけれど，今はそうできないのだという大人側の気持ちがYくんにようやく分かりかけてきたということなのです。ここで大切なのは，子どもの自己主張を単なる我が儘として大人の側が冷たく突き放したり，無視したりして，我が儘を言わせないようにしていくのではなく，Yくんを主体として受け止める大人の対応のなかで，Yくんは自分が主体であることが認められていると感じ，自分が主体であることを信じ，周囲の人を主体として受け止め始めているということです。またことばの意味も，そのような相互主体的な関係のなかで間主観的に相手の気持ちが分かることに基づけられているのです。

　この時期，Yくんの遊びは，自分がお父さん，お医者さん，工事用車両の運転手さんになってそれぞれの役を演じたり，自分の役を小さいドナルドダックのガーガにやらせて，いろいろ面白い動きをしたり，言ったりするような，ごっこ遊びが多くなりました。このように，他の人の役になって遊ぶようになると，少し自分を外からみる目ができてくるようです。ことばの世界やイメージの世界のなかで他の人の役割を担うとき，その役割の人の目で自分自身を見ることができはじめてきたようなのです。つまり，常に自己としての自分のみでなく，そういう自己を見つめる自分ができ始めたと言えばいいでしょうか。このことが，この時期，自分の気持ちが他の人の気持ちとぶつかるときに，自分の思いが叶わないことを自分で納得したり，他の人の気持ちを受け止めるよう

になったりすることに密接に重なっているようにみえます。

　またこの時期も，2歳から2歳半の時期と同様，周りの人たちのすることや，周りの人の言語表現，あるいは見てきたことなどを，どんどん遊びのなかに取り込んだり，実際に自分で口に出して言ってみたりしています。たとえば，周りの大人の言う「そんなことすると，帰ろうかなー」「意地悪だなー」「ケチンボだなー」などといった言語表現を，今度は自分が駆け引きに使ったり，言い訳に使ったりするのです。ここにも，生きる主体としてのYくんのありようが窺えます。自分が周りの人たちに対して直接ぶつかるのでなく，できるだけ受け止めてもらえるように，大人が使っていた説得のことばや戦略を使っていく姿が見出されます。これからますます手強くなってゆくYくんですが，同時にそのやりとりを大人の側も楽しめるようになっていくのです。

終章　相互主体的に生きることの難しさ

〈はじめに〉

　これまでの議論から分かるように，相互主体性の概念に行き着くことによって，ようやく「育てる」ことの本質が見えてきました。「育てる」とは，あれこれの身辺の世話でも，あれこれの力をつけるために働きかけることでもなく，子どもを主体として受け止めることを通して，子どもが少しずつ主体として育っていくのを支え，見守るというのがその基本です。しかしながら，昨今の子育て事情はもちろん，保育や学校教育の現状は，全体としてこの「育てる」ことの本質を取り逃がしていることは明らかです。そのことについてはこれまでのところでも何度か触れてきました。大人の都合や願いを前面に押し立てて，それを「子どものため」と思い込み，早い発達を期待するなかで「させる」働きかけを強め，大人の敷いたレールをひた走りに走らせることが「育てる」ことであるかのような錯覚が，養育者にも保育者にも教育者にも広がっています。残念ながら，そのことに警鐘を鳴らしても，今の文化動向を一挙に動かすことは到底叶いそうにありません。しかしそれでも，子ども一人ひとりが自分の思いをしっかり表現することができ，しかも周囲の人の思いを尊重していけるような主体に育つことは，その子どもが将来，次の世代を主体として育てていくことができるためにも是非とも必要なことです。

　現状を振り返れば，「主体として育っていく」というところに，いくつもの落とし穴が待ち構えているのを見ないわけにはいきません。周囲にいる大人の「主体として受け止める」ところが十分でなければ，主体の中核部分の「私は私」が育ちません。その結果は，自分を前に押し出せないか，周囲を顧みない自分勝手かの両極の負の状態を導きます。また，「なる」の芽を摘むような大

人の「させる」対応の過剰も問題です。たとえ乳児期の丁寧な受け止める対応によって，子どもに「私は私」の面が育ち始め，「なる」の芽が芽吹き始めても，発達を急がせる大人の過剰な「させる」対応によってその芽が摘まれてしまえば，表向きは聞き分けがよくても，しかし主体としては抜け殻のような子どもになってしまいかねません。現に，自分を前に押し出せない子ども，自分勝手に振る舞う子ども，聞き分けのよすぎる子ども，抜け殻のような子ども，等々，負の状態の気になる子どもが増え続けているのです。これらの気になる子どものいずれの場合も，相互主体的な関係の営みがどこかで破綻している結果であることは明らかです。「育てる」あり方の不調は，直ちに「育つ」ことの不調に繋がります。しかもそれは世代から世代に引き継がれる可能性さえあるのです。このことを考えるとき，一人の子どもの順調な成長は，まさに相互主体的な関係の営みによって可能になると考えなければなりません。

ところで，「育てる―育てられる」という関係は，3歳前後までであれば，第3章でみたように，主要には子どもと養育者の関係を中心に取り押さえることができます。しかし，子どもの年齢が上がるにつれ，その関係はさらに大勢の人をそこに巻き込むようになり，その複雑な対人関係全体が，相互主体的な関係を編み上げていくかたちになります。その分，そこに不調が生まれる可能性も高まると見なければなりません。

そこでこの短い終章では，私が最近経験した二つの事例を紹介し，それを考察するなかで，この相互主体的な関係の不調が子どもの育ちにどのような影響を及ぼすことになるのかを明らかにしてみたいと思います。一つは保育の場で出会った事例であり，もう一つは学校教育の場で出会った事例です。なお両方とも登場人物が特定されないための配慮から，事例の展開の本質をはずさないかたちでいくつかの変更を加えていることを予めお断りしておきます。

第1節　保育の場の気になる子どもの一例から

この節では，保育の場で出会った一事例を取り上げてみます。この事例は，

終章　相互主体的に生きることの難しさ

まず保育園の側から気になる子どもがいるから相談に乗ってほしいという依頼があってその園に出向き，その後，その園の企画した子育て相談会の際に，母親からいろいろと話を聞くことのできた事例です。

(1) 主訴の概容：夜に眠れずに，保育園で元気のないRくん
〈家族構成〉
　Rくんは5歳の男児で，上に小学校2年生のお姉ちゃんがいます。両親は40歳手前の年齢で，お父さんは朝早く家を出て，夜10時以降に帰るという厳しい仕事，お母さんは朝9時から夕方5時まで自宅付近の会社の経理の仕事に就いていて，父方の祖母が別棟に同居して自宅の畑を管理する傍ら，家事の補助をするという生活で，大都市圏近郊ではいまや少なくなった複合家族です。保育園の園長先生の話によれば，父方祖父は早くに亡くなり，父親は長年，母一人子一人でやってきたのだそうで，同居しないわけにはいかないと父親は語っていたといいます。

〈主訴〉
　保育園の先生からの主訴は，午前中ぼーっとしている感じがあり，他の子どものように遊びに打ち込めない，何かおどおどしている感じで，何をするにも「こうしていい？」と保育士に訊かないとできない，絵画などの作品の内容が暗いというものでした。特に発達上の問題は感じられないけれども，母親から聞いた話では夜になかなか寝付けずに，12時過ぎまで起きていることがしばしばあるとのことで，それが保育園で午前中ぼーっとしている理由ではないかと保育園の先生は語っていました。お姉ちゃんもこの保育園出身だそうで，小学校に通うようになって大分元気になったけれども，保育園時代はRくんに似て線が細く，保育者にまつわりつく感じであまり活発に遊ぶ方ではなかったそうです。お姉ちゃんはこの保育園が開いている学童保育に来ていますが，Rくんと一緒に遊ぶことはなく，たいていは室内で漫画を読んでいるとのことでした。

〈保育の場の様子〉
　保育園を訪れた折にRくんを保育の場でしばらく観察しましたが，他の子ど

もに比べて明らかに表情が暗く，その点は大変に気になりました。しかし，軽くことばをかけても応じるし，エネルギッシュではないけれども自分なりに遊んでいるようにも見えました。保育者が課題を提示したときにはそれにしっかり取り組む様子がみられ，観察時間中に友達とトラブルになることもなく，表情の暗さを別にすれば，「おとなしい子ども」という印象以上のことはないように思われました。ただ絵本の読み聞かせの時間に，他のほとんどの子どもが先生の絵本読みに引き込まれて，目を輝かせて聞き入ったり，自分の考えを口にしたりしていたのに，Rくんは絵本の世界に入り込めないようで，膝を抱えて座ったまま，膝の辺りを触ったり，爪を嚙んだり，何か乗れない気分でいるようでした。

〈お母さんとの面談〉

　子育て支援の一環で子育て相談の日が設定され，その日一時間あまり，私はRくんのお母さんからRくんが夜眠れないのをどうしたらよいかという相談を受けました。お母さんは何か睡眠障碍のようなものがあるのではないか，だとすれば心配だとして相談にやってきたようでした。

　お母さんの第一印象は一言で表情が冴えないという感じで，その冴えない感じはRくんに似ているという印象でしたが，話は流暢で，要領よく周辺の出来事を話し，特にこちらが合の手を挟まなくても，どんどん話していく人でした。家族構成や仕事のことなど，前段のプロフィールに述べたことが手際よく語られました。

　それから主訴に入り，Rくんのことが気になりだしたのは，夜寝付けないこともそうだけれども，ある時「お母さんはRのことを本当に好き？」と尋ね，「大好きだよ，私の宝物だと思っているよ」と答えると，「お姉ちゃんとどっちが好き？」と尋ねたり，「Rが寝たらお母さんどこかに行く？」と尋ねたり，妙な質問を何度もぶつけてくるので奇異に思ったことが発端だったと言います。そのうちに，ついさっき歯磨きしたばかりなのに，30分ほどして「お母さん，Rは歯磨きしたかな？」と尋ねるようになり，他にもいろいろなことを「〜した？」と尋ねることが増え，さらに「Rは着替えるのが遅いからごめんね」

終章　相互主体的に生きることの難しさ

「Rはお風呂に入るのが遅いからごめんね」と，何かにつけて謝ることがあって，いつも早く早くと自分がせかすからこうなのかと気にしているうちに，夜に眠れない状態が続くようになってしまった，ということでした。

　そこで就寝の前後の話をもう少し詳しく聞かせてほしいとこちらが求めると，夕食と入浴を済ませて大体9時頃に就寝し，およそ30分は絵本を読むのに付き合い，9時半頃に寝ていたのが，最近はそれからぐずぐず言って，なかなか寝付かない。そのうちに自分が苛々してきてしまって，「もう寝なさい！」と強く言ってしまうことが重なっているということでした。ちなみに，お母さんの平均的な一日のスケジュールは，6時半に起床して7時に子どもたちを起こして登校・登園の準備をさせ，朝食を摂り始める頃に父親が起きてきて，朝食に合流し，父親が8時過ぎに家を出て，それから上の姉が登校し，大急ぎで朝の片付けをして9時前にRくんと一緒に登園するということでした。そして午後5時半から6時のあいだに保育園にRくんと学童保育の姉を迎えに行き，買い物と夕飯の準備をして，7時半頃から3人だけの夕食（祖母は別棟で別に食事を摂るとのこと）をし，8時半頃から入浴して9時に子どもたちは就寝，10時過ぎに父親が帰ってきて一人だけの夕食になり，それを片付けて，自分が就寝するのは夜12時を回るというのが凡その一日のスケジュールのようでした。

　そこだけを聴くと，共働き家庭によくあるごく普通の生活リズムで，特に大人の生活が乱れて子どもの生活リズムが狂っているという様子でもありません。

　その話をじっと聴きながら，お母さんが何かに苛々しているらしいことが伝わってきます。話のなかではRくんを「大好きだよ，宝物だよ」と言っているけれども，その応接の様子からは，Rくんが大事だというお母さんの思いがRくんに届いているのだろうかという疑問が湧いてきました。

　お母さんの話はなおも続き，「自分がもっとRに向き合って，いろいろ遊んでやったり，話を聞いてやったりしなければならないのだろうけれど，何か自分は苛々してしまって」と次第に自分が苛々してしまうことに話が及び始めました。できるだけ苛々しないで今は絵本読みの時間だからと思って読んでやっているけれども，Rが絵本の中の登場人物などに絡めてあれこれ話し，それに

受け答えしているあいだに，だんだん苛々が募ってきて，「もういい加減に寝なさい」とつい言ってしまうとか，父親の帰りが遅くて後片付けでばたばたしているからRが気になって寝付けないのではないかなどとも話しました。

そこで一段落したところで，「共働きをしている家庭では，平日になかなか子どもに向き合って時間を過ごすことは難しいけれども，『あなたのことを大事に思っているよ』という親の思いはたいてい子どもに届くものなのに，なぜRくんにはそれが届いたという感じにならないのだろうか」と水を向けると，「自分が苛々しているからかな」と独り言のようにつぶやいた後で，「そういえば，食事の準備や後片付けの際に，Rが傍にまつわりついてごちゃごちゃ言ってくる時があって，そういうときに，いまお母さん忙しいからと，遮る感じになっていたと思います……何かをしているときに傍にこられると，余計に苛々してしまうんです」と語り，「そういう私がいけないんでしょうね」と涙声になります。

そこで，子育て以外のことで何か苛々する事情は思いつかないだろうかと尋ねてみました。夫とのことや同居の義理の母のことが話の中にほとんど出ていないことが気になっていたからです。

そうしたところ，「私の苛々はそうですね……結婚したときからです……Rの姉が保育園に通っていたときからこの苛々はずっと続いていました。最近は私も眠れなくなって，毎晩お酒を飲んだり，薬を飲んだりしている状態です……苛々の原因は分かっているのですが……苛々のはけ口は今のところお酒です」と話して，苛々の出所については話を濁しました。

一回限りの短い子育て相談では，お母さんの悩みの深いところまで話を聞かせてもらうことはできませんでしたが，相談を終わる際に，Rくんの寝つきの悪さはおそらく何らかの不安から来ていて睡眠障碍とは思えないこと，お母さんが大事に思っているということがRくんの心に届くように，添い寝ではなく，しばらくRくんと一緒にお母さんも寝るようにしてみればよいのではないか，他には，用事をしながらでもよいから，お母さんがどっしりした構えになって，子どもの話を聞いてあげられるようになるとよいがと伝えて，その相談を終わ

りました。

〈その後〉

子育て相談会の後，保育園の園長先生とRくんについて話し合うことができました。園長先生は，お父さんからもお祖母さんからも話を聞く立場にあったようです。そこで私は，どうもRくんはお母さんの不安な気持ちや苛々に共振して自分も不安になっている様子であること，お母さんの不安が収まって，どっしりした構えで子育てができるようになれば，Rくんの不安も鎮まり，睡眠も正常に戻る可能性が高いことなどを話したところ，園長先生から意外な話が入ってきました。

お祖母さんの話によれば，お母さんは家事がてきぱきできない上に，何かをやりだすと他のことは眼中にない状態にふっと入ってしまって，外から声をかけても気づかない様子になるそうで，何かおかしい，だからRがあのようになってしまったのだと言っているのだそうです。嫁がこのままでは息子（父親）が可哀想だというのがお祖母さんの考えのようです。またお父さんの話では，妻は義母と同居するのは嫌だから一緒にアパートに移って家族4人で暮らそうと言うが，私は母に独りで育ててきてもらった恩があり，母と別居しなければというのであれば離婚するしかないと，一時期は真剣に離婚を考えていたとのことで，最近はその話が少し一段落したけれども，お父さんもRくんの今の状態はお母さんに原因があると受け止めているらしいとのことでした。

(2) この事例の考察

外から幸せそうに見える家庭であっても，一皮向けば何かの軋轢や葛藤を抱えているのが家族関係であり，その点からすればRくんの家族もそのようなごく平凡な家族の一つなのかもしれません。しかし，本書でこれまで見てきたように，「お互いに主体として受け止め合って共に暮す」のが本来の家族であり，しかも「育てられて育つ」子どもにとって，両親との相互主体的な関係が不可欠であることを思うとき，いまのRくんの家族の問題はなかなか深刻です。そしてその家族関係の営みにほころびが見えるとき，それは必ずや子どもの主体

としての育ちに滲み出てきてしまいます。

〈睡眠の乱れ〉

　お母さんは当初，Rくんの睡眠の乱れを「睡眠障碍」という障碍の結果ではないかと思っていたようですが，どうやらそれは「そう思いたい」ということだったらしいことが話を聞くにつれて分かってきました。それにRくんの園での様子を見る限り，「障碍」からは遠いように思われました。大人の生活リズムの乱れが子どもの生活のリズムを乱しているのではないとすれば，Rくんの睡眠の乱れはまず不安からきていることがほぼ予想されるところです。お母さんの不安や苛々はしっかりRくんに伝わり，Rくんも不安になっている様子です。それが園での冴えない表情に表れ，お母さんの愛情を確かめなければ落ち着かない気分に繋がり，お母さんのお酒や薬を使わなければ眠れないという状態に共振してRくんまで眠れなくなってしまったというのが，この睡眠の乱れの意味だったのではないでしょうか。

　主体として受け止めてもらうところが崩れると，普段の主体としての「私は私」のところが機能しなくなって，元気が無くなり，自分を押し出せなくなります。Rくんがさまざまな場面で確認を求める動きに出るのは，自分にいま自信をもてないからですが，そうなるのは，お母さんの不安な気持ちが間主観的に伝わってきて落ち着かなくなるから，あるいはお父さんやお祖母さんがお母さんのことをよく思っていないことが間主観的に伝わってくるからだと思われました。Rくんは，一見したところ「お母さん思いの優しい子ども」に見えますが，それはおそらく，お母さんの思いに共振することでお母さんとの繋がりを懸命に維持しようとしている結果ではないでしょうか。つまり，自分が主体として生きているというより，むしろお母さんの思いを生きてしまっているのだといってもよいかもしれません。お母さんの話を聞いただけでは分かりませんでしたが，お母さんがお祖母さんの言うとおり人に比べて家事が遅いというのが本当なら，Rくんの「着替えるのが遅くてごめんね」「お風呂に入るのが遅くてごめんね」というのも，何かお母さんの思いと響き合うものを感じます。主体として生きることを阻害された子どもが母子共生的に生きようとしている

とさえ見えるのです。

〈お母さんの苛々の源泉〉

　私との面談ではお母さんは口を濁していましたが，園長先生の話からすると，この家族の大人同士の関係は極めて錯綜していて，そこにお母さんの苛々の源泉があることはほぼ間違いなさそうです。古典的な嫁姑問題の横糸と，母―息子（祖母と父親）のエディプス問題の縦糸が複雑に絡み合い，一昔前ならば嫁の泣き寝入りで事が収められていたとしても，現代はそうはいきません。園長先生の話では，お母さんの側は離婚などまったく考えてはおらず，もっぱらお姑さんと別居すれば苛々の問題は解決すると考えているらしいとのことでした。ところが，お父さんはいざとなれば妻よりも母を取る構えのようで，夫婦がお互いに相手を主体として受け止めることも，お互いに支えあうこともできずにいるようです。また，嫁姑のあいだも同様です。どうやら，子育てをするお母さんが夫や姑の支えを失い，それによって子どもを主体として受け止めることが難しくなっているのをRくんが敏感に感じ取っているというのが，この事例の基本的な構図ではないでしょうか。

　このお母さんの苛々がどうすれば解消されるのか，なかなか展望が開けて来ません。外部から見る限り，お父さんがこのしこった局面を打開する鍵を握っているようには見えますが，そこから先はまさに家族という密室の中の出来事で，部外者の入り込む余地はありません。ただ，今のお母さんを誰かが何とか支えていく必要があることだけは確かです。

〈Rくんのこれから〉

　Rくんのこれからを考えるとき，改めて保育の場の役割が見えてきます。子どもは誕生以来，家庭を中心に相互主体的な関係のなかで育っていきますが，あるときから，保育の場に入るようになり，そこで保育者との関係，他の子どもたちとの関係のなかで次第に主体としての両面を身につけていくようになります。最近の子育て事情の下では，家庭と保育の場が一緒になって一人の子どもを育てていくというのが当たり前になってきました。そんななか，Rくんのように家庭環境が複雑な事情の下にあるケースはいまや珍しくなく，その分，

保育の場に子どもを育てる大きなウエイトがかかるようになってきたといってもよいかもしれません。もはや保育の場は，単に子どもを預かる場でもなければ，子どもたちが群れて遊ぶだけの場でもなく，さまざまな家庭的な事情を抱えた子どもたちが，それぞれ主体として育っていく場なのです。

　ですから，いまRくんが家庭で安心できず，お母さんの不安をいろいろな面で引き受けてしまうのだとすれば，そこから出発するしかありません。少なくとも保育の場はそれに気づいて，Rくんが主体として育っていけるように，まずは保育者がRくんをしっかり主体として受け止め，保育者との信頼関係を強め，Rくんが外界や友達に興味を広げていけるようにもっていくことが差し当たり必要だと思います。また園としても，お母さんのつらい状況を受け止めて，しっかり話を聞くなど支えていくことが大切でしょう。園長先生との話し合いでそこまで話を詰められたことはRくんにとってもよいことだったのではないでしょうか。

　もしもそのような事情が分からなければ，Rくんは少し表情が暗いだけの，特に気に留める必要のない子どもとして片付けられ，いまの大変な気持ちをしっかり受け止めてもらい損ねていたかもしれません。その点，Rくんの様子がおかしいことにいち早く気づいて，それを取り上げた保育者は大事な役割を果たしたといってよいでしょう。

　振り返ってみて，Rくんのような本来は何の心配もいらないはずの子どもが，家庭環境の問題で心の成長が難しくなるケースが増えてきていることを残念に思わずにはいられません。Rくんのご家庭も，Rくんの様子に気づくことをきっかけに，大人同士がお互いの大変さを分かち合い，受け止め合っていく方向に関係を軌道修正できればと願いたいところです。

　これまでは相互主体的な関係というときに，主に子どもと養育者のあいだの二者関係を中心に議論を進めて来ましたが，この事例などをみると，その相互主体的な関係を他の相互主体的な関係が取り巻いて，全体として動いていく様子が見えてきます。相互主体性の議論は，本来，この事例に見られるような錯綜した相互主体的な関係を取り上げていくところにその真意があるのです。

第2節　軽度発達障碍と診断された子どもの学校生活

　次に取り上げるのは，アスペルガー障碍の診断を得ている子ども（Sくん）の学校生活場面です。いま，特別支援教育の新しい枠組みが動き始め，軽度発達障碍という範疇に含まれる，アスペルガー障碍，高機能自閉症，ADHD等の子どもたちへの教育のあり方が問われるようになってきました。これまでこれら軽度発達障碍の子どもたちは従来の特殊教育の対象外におかれ，通常学級に在籍しながら，特定の時間を通級教室に通うというかたちの教育を受けてきました。しかしながら，30人を超えるクラスの中で，軽度発達障碍の子どもたちが通常のかたちで授業を受けることは決して容易ではなく，クラス担任は複雑な思いでこの子どもたちの指導に当たってきていたに違いありません。いま，特別支援教育の発足とともに，これら軽度発達障碍の子どもたちの障碍特性がさまざまに語られ，それまで「集団適応性に乏しい」「理解力が乏しい」「気ままな行動がある」などと思われてきたことが，その子どもの真面目さの不足や努力不足の結果ではなく，障碍の特性に由来するものだという認識が定着し始め，特に「親の育て方が悪いからこうなる」式の理解に対しては，それが間違っているという認識が広がりはじめてきました。そして，そのような子ども一人ひとりの教育的ニーズに応えることが，今始まった特別支援教育の目的なのです。

　障碍特性についての知識は通常学級担当の教員にも共有され始めてきたとはいえ，ではそのような障碍を抱えた子どもを実際にどのように教育していけばよいかに関しては，必ずしも明確な方向性があるわけではありません。ある人たちは障碍の特性に応じた指導プログラムを考案し，それに沿って指導することが，子どもが混乱なく学校教育に適応できるようになるのに必要だと主張します。これに対して，それは短期的には効果的だけれども，果たしてそれがその子の長い生涯にとって意味あることなのかどうかと疑問視する立場もあり，学校現場としては悩むところです。

私は軽度発達障碍の子どもも，一個の主体として育つ点では他の子どもと変わらないという立場に立っています。この子どもたちは，おそらくはその基礎障碍によって，主体としての両面が育ちにくいのは事実です。しかし，彼らは彼らで独特の感受性（鋭さと鈍さ）をもち，人との関係を求めておりながら周囲の人との関係のもち方が難しいという捩れが，彼らの学校での困難と結びついているように見えます。こういう子どもが学校でいまどのように扱われているのか，また一個の主体として育てるという見地から，学校の場ではどのように相互主体的な関係が営まれているのか（あるいはその観点がなぜ学校という場に馴染まないのか），その辺りのことを一つの事例を通して考えて見たいと思います。

(1) アスペルガー障碍と診断されているＳくん（小学３年生）の学校生活
　以下は，お母さんとの面談から聞き取ったことと，また学校現場でのＳくんの様子を何度か観察させていただいた結果と，スクール・ボランティアのかたちで現場に参加している学生の観察資料とを参考にしてまとめたものです。
　〈プロフィール〉
　Ｓくんは某地方都市に親子３人の核家族で生活しています。お母さんの話によれば，赤ちゃんの頃に，何か扱いにくい印象はあったけれども，赤ちゃんとはこういうものかという思いで，さして気になりもせずに乳児期を過ごしたそうです。1歳半を過ぎて，よその子がことばを話し始めているのに，Ｓくんには全然その気配がなかったので，ことばはどうなのだろうと少し心配していたら，2歳頃から急にことばを話しはじめてほっとしたそうです。ところが，ほっとする間もなく，3歳から保育園に出かけたところ友達とのトラブルが絶えず，他の子どもが集団に適応できるようになった後も，一人だけ集団の流れに乗れず，保育者から特別な目で見られるようになっていったようです。自分の気に入らないことがあると他の子どもと衝突し，相手が悪いと言い立てて周りの話を聞かないとか，人の物を壊しても平気でいるとか，いつものパターンで保育が流れないと混乱してパニックになるといった状態で，お母さんは保育者

にSくんは変わっているといわれ，他の保護者からのクレームもあったそうです。心配したお母さんは市の子ども家庭センターに連れて行き，そこでアスペルガー障碍の疑いがあると言われて大変に驚き，某病院の小児精神科の医者に診てもらったところ，アスペルガー障碍であると診断されて大変ショックを受けたそうです。少し癇の強い子ども程度に思っていたのに，そのような聞いたこともない診断名がついてとにかく驚き，また落ち込んだとのことでした。

　それ以来，○○母子通園施設に週2回通って療育を受ける傍ら，保育園に障碍の事情を話して配慮をお願いし，何とか就園にこぎつけたということでした。保育園では特に行事が苦手で，なかなかみんなと一緒のことができないようでしたが，それでも名前を一番に呼ばれることは好きで，逆に一番に呼ばれないときは非常に悔しがり，なぜ一番でないのかしつこく保育者に尋ねたということでした。

　就学してからも，Sくんはなかなか学校や授業に馴染めず，気に入らないことがあると校庭に走り出て，教室に戻らないこともしばしばありました。ちょうど特別支援教育の考え方が入りかけていた頃だったので，学校側としては入学して間もない頃でもあり，1年生のあいだは特に強い規制をしないでSくんを見守っていたそうです。そして教室を飛び出したときは，たいてい砂場で一人で遊んでいたようです。2年生になって，学生ボランティアの人が教室に入ってSくんを個別にサポートをするようになり，それ以来，Sくんは大分落ち着き，算数の計算問題など，やり方が分かった得意なものには意欲的に取り組み，答えも間違わずに出せるようになりました。それでも，何か手順の分からないことはやはり苦手で，工作の作業などはやりたがらず，手順が分からずに苛々したときには工作の素材のボール紙を切り刻むなど，先生を困らせる場面もあったとのことでした。そして3年生になって担任の先生が変わった当初は再び飛び出しもあったけれども，担任の先生に慣れてきてからはそれも減り，先生の言うことも聞き分けられるようになって，かなり授業の流れに乗れるようになってきたといいます。

〈家庭での様子〉

　Sくんは一人っ子ということもあり，両親との3人家族で幼少のころから大事にされて育ってきたようです。お母さんの話によれば，今から思えば乳児期に何か歯車が嚙み合わない感じもあったけれども，小さい子どもはこんなものかと思ってそれほど気にしていなかった，ただ，いったん癇癪をおこすとなかなか気持ちを鎮めてくれなくて，仕方なく夜中に車に乗せてドライブしたこともあったと，幼児の頃の苦労話もしてくれました。

　家庭では雷がなると押入れに隠れるほど怖がり，また空が黒い雲で覆われると部屋に閉じ籠ってしまうそうです。図鑑や地図を見るのが好きで，新しい図鑑を買ってきたときなどはそれを見て一日機嫌がいいとお母さんは言っていました。知的な興味がいろいろあることや，自分からいろいろなことを話してくれるのはよいのだけれども，人の話を聞けないのが困る，思い込んでしまうと方向転換が利かないともお母さんは言っていました。

〈学校での様子〉

　学生ボランティアの話によれば，3年生になって担任の先生が変わった直後は，少し落ち着かなくなると再び校庭に飛び出すようになり，一人で砂場にいることが多くなって心配したけれども，2年生のときからボランティアをしている自分がSくんについて，その砂場の遊びに付き合っているうちに，次第に落ち着いてきて，嫌いな授業でも我慢して臨むようになり，先生の話も少しずつ聞けるようになってきたとのことです。

〈エピソード：図画の時間でのSくん〉

　そうして2学期を迎えたある日のことでした。その日は水彩絵の具で絵を描く授業でした。Sくんは習字は得意なのですが，絵は苦手なのかあまり気乗りがしない様子で，皆が絵を描く準備に入っても教室の隅で図鑑を見ていました。学生ボランティアの話だと，2年生の頃なら，図画工作の授業になるとたいてい教室の外に出ていたといいます。しかし3年生の秋になって，得意ではない絵を描く授業でも，どうにか教室にとどまって，飛び出す様子はありません。

　Sくんが授業の準備に入っていない様子に気づいた担任の先生は，「Sくん，

今は何の授業なの，Ｓくんは絵を描かないの」と少し強い調子で尋ねました。するとＳくんははっとした様子で「はい，描きます」と応えると，慌てたように絵の具とパレットをロッカーに取りに行き，筆を洗う容器に水を入れて大急ぎで絵を描く態勢に入ろうとしました。本当に慌てていて，図鑑を見ていたときの表情とは一変して表情がなくなり，必死の様子です。そして大急ぎでパレットに何色かの色を搾り出すと，筆につけて画用紙に塗りたくるようにします。Ｓくんの慌てた様子や混乱した気持ちそのままに，わけの分からない色が次々に塗り重ねられていきます。そして画用紙全体を何色かの色で塗りつぶすと，「描きました」と一人でつぶやくように言い，それをもって先生のところにもって行きます。先生が「最初からみんなと一緒のペースでやりましょう」と言うと，Ｓくんははっきり「はい」と返事をしました。

　他の子どもたちもほとんど絵を描き上げて，そろそろ筆やパレットを洗う子どもも出始めたとき，Ｓくんも学生ボランティアに促されて筆とパレットを洗いに行き，洗い終わった後，筆の水をしっかり切らないまま，パレットと筆をもって自分の席に戻りかけました。その途中，Ｎくんの描いた絵の上に，Ｓくんの筆の水が偶然ぽたっと落ちて，せっかくのＮくんの絵が滲んでしまいました。Ｎくんは「Ｓくん」と声をかけましたが，Ｓくんはまったく気づかずに自分の席に戻り，ほっとした様子です。そこでＮくんは先生のところに描いた画用紙をもっていって，「Ｓくんの筆の水が落ちてこんなになっちゃった」と言いました。

　それを見た先生は，「Ｓくん，ちょっとここにきなさい」と強い調子でいい，「筆の水を絞ってから席に戻ることといったのに，ちゃんと聞いていないから，筆から水が落ちて，せっかくＮくんが描いた絵がこんなになっちゃった……Ｎくんにごめんなさいと言いなさい」と言いました。Ｓくんは先生が話しているあいだ顔を真っ赤にして目に涙を浮かべていましたが，Ｎくんの手をとって「ごめんなさい」と謝るなり，声を上げて泣き出しました。

　後で担任の先生の話を聞いたところ，１学期は飛び出しがあったりして大変だったけれども，２学期に入って自分の指示に従うことができるようになった，

Sくんはもうたいていのことはみんなと普通にできるのだから，周りの友達のことも考えてという気持ちでしっかり叱ったということでした．Nくんに聞いてみたところ，Sくんが全然気づいていないみたいだったから，筆の水切りができていないよというつもりで，先生に言っただけだったのに，Sくんがあんなに叱られてしまって少し可哀相だった，言わなきゃよかったと言っていました．

(2) メタ観察

　Sくんは3年生の男子にしては小柄で線の細い感じの可愛らしい子どもです．図鑑に夢中になっている様子は，周囲をシャットアウトして自分だけの世界に閉じこもっている雰囲気がありますが，それでもこれが面白いという興味が表情に表れていて，そこだけ見ると周りの3年生とそんなに違いはありません．観察場面ではアスペルガーの子どもによく見られる理屈っぽい話し方や，人の気持ちを引くだけの気持ちの乗らないぺらぺらしたおしゃべりといった調子の話し方はなく，入学した頃にしょっちゅう校庭に飛び出していた子どものようにはとても見えませんでした．

　けれども，絵画の授業が始まって，周りの子どもが絵の具やパレットの準備をし始めているのに，それが目に入らないかのように図鑑に夢中になっている様子は，確かに他のクラスメートとは違うことを認めないわけにはいきません．

　特にこの場面で気になったのは，先生に促されて絵の具やパレットの準備をするときの慌てた様子や，さっきまでと打って変わって表情がなくなってしまったことでした．それから絵を描き上げるまではまるで別人がやっているような感じで，「それをするのは他ならぬ自分である」という行為主体の感じがまるでないのです．画用紙を塗りつぶしてはいても，それがSくんという主体がしている行為とはとても思えませんでした．つまり，これをするのは自分だ，自分はこう描きたい，自分はこういう色を使ってみたいというような行為の発動者の感じがないのです．

　それでも何とか画用紙を塗り潰し，みんなの作業ペースに追いつくと，そこ

でやるべきことはやったという雰囲気でたちまち終わりにしてしまいます。達成感などとは程遠く，何か義務的にやったという感じで，みんなと一緒に片付けの作業に入っていくのです。

　もちろん他の子どもの中にも，なぜか描くのは苦手という子もいて，周りの子どもの描くのを見てから描いたり，あちこちにちょっかいを出したりして，描くことに集中しない子も確かにいました。しかし，その子たちとはその苦手な感じの様子が明らかに違うのです。

　もしもそこで授業が終わっていれば，ともかくＳくんも絵を描いたということで済んだかもしれません。そして多くの学校ではそのようにして時間が流れていくのでしょう。しかしＳくんは筆の水を絞り忘れ，筆に含まれた水がＮくんの描いた画用紙の上に落ちるというハプニングが生じてしまいました。それを先生は強く咎め，Ｓくんは顔を真っ赤にして涙を溜めてＮくんに謝ります。けれども，その様子は健常な子ども同士のあいだに見られる通常の謝り方とは明らかに異なっていて，本当に大変なことをしてしまった，一大事を引き起こしてしまったというような雰囲気なのです。謝られたＮくんも当惑気味で，それほど謝られることでもないのに，といった様子でした。

(3)　この事例の考察
　〈授業とは何か〉
　このＳくんの事例に接して，学校とはどういうところなのだろうと改めて思わずにはいられません。確かに，健常な子どもたちの多くは，めいめいに自分らしさを発揮して，休み時間にふざけたり，授業では指示に従いながらも，何か自分なりの工夫を凝らしてやっている雰囲気がありました。しかし，その授業の展開そのものは，すでに定められたスケジュール通りに流れ，子どもはそれに乗るだけという印象を否めません。少なくとも授業場面のどこを取っても，子どもと教師のあいだで相互主体的な関係が動いているようには見えませんでした。ほぼ一方通行の指示が子どもたち全員に向かって出され，それに対してそれぞれの子どもの反応があるだけなのです。逆に言えば，３年生にもなれば，

先生の指示一つでクラス全体を動かせるということなのでしょうか。Ｓくんはといえば，先生の全体に投げかける指示がなかなか摑めない様子で，そのために自分の世界に閉じこもろうとしているようにも見えます。そして，自分だけが全体の流れから外れていることに気づいた瞬間から，Ｓくんは人が変わったように慌てふためき，表情を失い，何とかみんなと同じことをしなければと動き始めます。その様子は，自分がそうしたいという自発性の対極，つまり「みんなと同じことをしなければならない」という強迫観念に駆られた動きのようにさえ見えました。これでは授業がＳくんにとって意味あるものにならないのではないでしょうか。

　もちろん多くの子どもにとっても，授業は楽しいからやるだけではなく，やらなければならないからやるという面も確かにあるでしょう。遊び中心の保育と違うのはそこだともいえます。しかし本来，授業は子どもにとって，少なくとも「それをするのは自分だ」というように学びの主人公が自分であることを確認できる場であるべきはずです。そこが崩れれば，授業は単なる苦行でしかありません。もしかしたら，そういう苦行を強いられるだけの授業になってしまっているところが，不登校が増える理由の一つなのかもしれません。そしてＳくんのような子どもにとって，そのような苦行を強いられる場であったからこそ，入学の頃は盛んに教室を飛び出していたのでしょう。

　その点からすれば，授業場面から飛び出さなくなったということは，Ｓくんの成長の証なのか，訓化された結果なのかは十分に考えてみなければなりません。少なくとも，この絵を描く場面に限って言えば，Ｓくんが主体として生きているようにはとても見えませんでした。おそらく，砂場でいるときのＳくんの方がＳくんらしかったのではないでしょうか。

〈けじめ〉

　叱った場面について，担任の先生は後に，いまＳくんがせっかくいろいろなことに気づき始めているのだから，こういう場面をうやむやにしないで，けじめをはっきりつけるべきだと思って強く叱ったと言っていました。多分，これまで健常の子どもばかり教えてきた先生にとって，筆の水分を絞ってと指示し

終章　相互主体的に生きることの難しさ

たのだから，それを聞き分けて当たり前，それができなかったのは，その指示を無視したに等しいという思いがあったのでしょう。ここには，子どもはこうあるべきという教師集団の共同主観と思われるものに護られた，一つの価値観，つまり「教師の指示を子どもが聞くのは当然」という価値観があり，それに従わせることが指導だという教師集団の言い分があります。その延長線上にあるのが，大人の良かれと思うことを沢山させて，早くあるべき主体に「なる」のが子どものため，という発想です。おそらく，今の叱る場面における先生の出方は，多くの教師集団にほとんど自明なものとして共有されている対応の仕方なのでしょう。

しかし，Sくんは決して悪気があってしたのではなかったし，筆の水分を絞ってという教示も，もしかしたらSくんに十分には届いていなかったのかもしれません。今の特別支援教育でいうところの「障碍特性に配慮して」という流れに対しては，私自身，いくつか疑問に思うこともあるのですが，それでもSくんのような子どもにとって，他の子どもには言語的に簡単に通じる指示が，必ずしも届いていないということはあり得ることです。あるいは，よしんば指示が届いていたとしても，それにぴったり沿った対応ができない場合に，そこまで「けじめ」を示さなければならないものかどうか，やはり私には疑問です。Nくんが残念な思いをしていることに気づくようにもっていくという配慮は必要でしょうが，指示を守らなかったといって叱るのが「けじめ」なのかと思ってしまいます。

叱られた後の，Sくんの顔を真っ赤にして泣きながら謝る様子は，一面ではNくんに対する詫びる気持ちの表れだったでしょうが，他面では，何かわけの分からない事態に陥って混乱し，ただひたすら謝っているという感じもありました。おそらくこういう経験を潜り抜けることによって，何か不都合な事態に立ち行けば，とにかく「ごめんなさい」をいえばよいという，きわめて機械的な反応に導かれてしまうことになるのを危惧します。

保育の場であれば，たとえ一人の子どもの行為が相手に負の状態をもたらしたとしても，保育者ならお互いの言い分を聞きながら，それぞれの思いを相手

に代弁してやるなどして，もう少し丁寧な対応をするでしょう。なぜなら，そこに相互主体的な関係が生まれる契機が孕まれているからです。学校教育がもしも子どもを主体として育てるという発想をもっているなら，保育の場の対応と違う理由はどこにもないはずです。自閉症の子どもの養護学校の校長であった津守真先生が，自分の学校の営みを教育と呼ばずに「保育」と呼び続けたのは，おそらくその辺りに理由があったのではないかと思います。

〈学生ボランティアの位置づけ〉

Sくんにとって，学生ボランティアが教室に一緒にいることは大きな意味をもっています。これまで通常のクラスは公開授業以外はほとんど外部に閉じられていて，私たち研究の立場の者でもなかなか中を見る機会が得られませんでした。それが特別支援の枠組みのなかで，支援を要する子どもたちに学生ボランティアが支援に入ることになったのは，ある意味で画期的なことだったといえます。そして教師主導で動いていく教育の営みのなかで，ボランティアの存在のもつ曖昧さが重要な意味をもっています。つまり，教師サイドでもなければ，純然たる子どもサイドでもなく，その中間に位置してあいだをとりもつような存在，役割があるようで明確な役割が指定されているわけでもない存在というように，ボランティアの存在は徹底して曖昧かつ両義的です。おそらくそのことが，Sくんのような子どもには大事な点なのでしょう。教室を飛び出したからといって，連れ帰るのが役目であるわけではなく，一緒に砂場で付き合ったり，一緒にグラウンドを走ったり，一緒に校庭に植えられている樹の実を集めたりといった関わりも許容範囲にある中で，基本的には子どもの意図したことを支えるのがボランティアの役目です。見ていると，Sくんにとってはそこだけが相互主体的な関係にさえ見えてきます。

もしもこれから学生ボランティアが要支援の子どもに付くのが常態になるなら，それこそその支援の内容として，相互主体的な関係を築くことが念頭に置かれるべきなのかもしれません。というのも，担任の先生にとって，他の30人からの子どもの指導に当たっている現状では，Sくんのような子どもを丁寧に主体として受け止めて対応するのは難しいことだと思われるからです。

〈Sくんのこれから〉

　Sくんはこれからどんな主体に「なって」いくのでしょうか。保育時代や小学校時代にはマイルドな環境でそこそこ安定していたのに，中学校時代以降，次第に厳しく社会性が問われるようになって，気持ちの安定を欠くようになり，次第に行動障碍を呈するようになるというのは，自閉症の青年や若い大人の自閉症の人が辿るかなり一般的なパターンのようにみえます。しかし，それはなるべくしてなった結果ではなく，周囲の人たちの主体として受け止める受け止め方に問題があって，一人の主体として育つことが難しかったからそうなったと言わねばならない面が多々あるはずです。

　学校教育の中には「力をつける」という発想はあっても，「主体として育てる」という視点が多くの場合欠落しています。とにかく周囲に適応すること，全体の流れを乱さないことなど，社会性の習得が強調されるのです。何かを「させる」ことが教育だという発想は，当然ながら「させる」ことの手順を説いたプログラムを歓迎する構えに通じます。いま，多くの学校では軽度発達障碍の子どもに対して，特定のプログラムに従って対応するという流れになっていますが，そうなるのは，やはり「させる」ことが教育だという考えがその基底にあるからでしょう。その結果，子どもは嫌なことを嫌々させられるという構図から抜け出せなくなってしまいます。それが累積されていくなかで，子どもは次第に行動障碍へと追い込まれていくように見えるのです。

　Sくんがそのような流れにはまらないことを願い，障碍のあるなしにかかわらず，人と人の関係の基本は相互主体的な関係なのだというところに立ち返り，そこから教育のあり方を考え直す必要があります。そしてそれは，Sくんのような子どもに対してばかりでなく，実は健常の子どもたちにも言えることなのではないでしょうか。

第3節　まとめに代えて

　以上，二つの事例を紹介してきました。確かに両方の事例ともある意味では

例外的な事例です。しかし，よく考えてみると，健常のごく普通の子どもの場合も，その家庭環境や教師との関係は，多かれ少なかれ今見たことに通じる何らかの問題を抱えているのが常です。何も問題のない理想的な家庭などおそらくどこにもないし，また理想的な学校もなければ理想的な教師もいないでしょう。それでも多くの子どもが何とか両面性を備えた一個の主体に「なる」ことへと動いていくことができるのは，その子の直面する「問題」がある「ほどよさ」の範囲内に収まっているからでしょう。ところが，その「ほどよさ」の範囲を超え出てしまう場合があり，それがここに見た二つの事例に代表されるような場合だと考えることができます。

　翻って考えれば，相互主体的な関係は，それぞれにおいて自分の思いを表現する場合も，相手を受け止める場合も，常に「ほどよさ」を旨としています。それゆえ，相互主体的な関係が営まれているところでは，常に「ほどよさ」が実現されているといっても言い過ぎではありません。逆に，今の二つの負の事例は，相互主体的な関係が崩れ，子どもを主体として受け止め切れていない関わりになっている事例であり，それゆえに「ほどよさ」が欠落しているのだとも考えられます。

　第2章で議論したことを思い起こせば，「育てる」という営みの基本は子どもの「なる」に向かう芽を摘まないことにあります。Rくんの事例も，Sくんの事例も芽を摘まないような「育てる」営みであるとは残念ながら言えそうにありません。

　学校教育がみな今見たようなあり方をしているというわけではないでしょう。私が経験したある小学校の総合学習の授業は，本当に子どもの一人ひとりの教育的ニーズに応えるといってもいいほど，子ども一人ひとりの興味や学習の進度に合わせた教育になっていました。30人を超える児童数にもかかわらずです。そのような素晴らしい実践を目の当たりにしてみると，本来，教師のもっている創造性が生かされれば，子ども一人ひとりを主体として受け止める教育は可能であり，そのなかで，子どもが主体として育つことは十分に可能だと信じたくなります。そうすれば，世界共通テストでせいぜい何点か他国に下回ったこ

とをもって，学力，学力というような，今の低俗な学力向上談義に巻き込まれることもなくなるでしょう。学力を活かせる主体に育っているかどうかを議論することなく，ただ点数の上の学力を云々しても始まりません。

　しかし，そのような創造的な授業の展開には教師の側に大きな力が必要なのも事実です。マニュアルに従わなければ何もできないという創造性の乏しい教師には，単に授業を構成できないというだけでなく，相互主体的な関係を築くことも難しいのです。そうなると，容易なのはやはり決められたことを「させる」教育だということになってしまいます。

　また，世の親がみな「させる」対応に凝り固まっているわけでもないでしょう。我が子が大事という思いの中で，一時は周囲の流行に乗り遅れまいと「させる」働きかけに傾斜した親であっても，いずれはその誤りに気づき，軌道の修正がおのずと図られていくのが普通です。そこにある程度のブレはつきものですが，そのブレが「ほどよさ」の範囲に収まっている限り，子どもは少々の軋轢の下でも何とかそれを自分の力で乗り越えて，自分のなかの「なる」に向かう芽を伸ばしていくことができます。ただ，自分の力が弱い子どもや繊細な子どもの場合に，他の子どもなら耐えられる範囲のブレであっても，それに遭遇すると大きく影響を被り，負の結果を招くことがあり得るのです。

　ここに，大人の側も子どもの側もお互いに主体として生きることの困難があります。みな不幸を目指して生きているわけはなく，みな幸せを求めて生きているはずです。にもかかわらず，それぞれの「いま，ここ」における主体としてのありようは，正負両方にブレる可能性があり，それゆえに相互に相手を主体として受け止め合って生きることが難しくなるのです。

　しかし，おそらくそれが人生というものなのでしょう。幸せはその困難な日々の生活のなかに，時折訪れるものだと考える方が精神衛生のためかもしれません。そのことを踏まえながら，しかし一足先に主体として成長を遂げた大人は，やはり子どもを主体として受け止めて，子どもが主体として育つことを期待しないわけにはいきません。

参考文献

以下に掲げたのは，私の研究史に何らかの影響を及ぼした参考文献のうちの主要なものであり，本書の執筆に際して参照した文献一覧ではありません。

Agosta, L. (1984) Empathy and intersubjectivity. In Lichtenberg, J. et al. (Eds) *"Empathy I"* Hillsdale : The Analytic Press, 43-61.
Ainsworth, M. D. S. (1966) Object relation, dependency and attachment : A theoretical review of the infant-mother relationship. *Child Development*, 40, 969-1026.
Ainsworth, M. D. S. & Wittig, B. (1969) Attachment and exploratory behavior in one-year-olds in a strange situation. In Foss, B. (Ed.) *"Determinants of Infant Behavior"* New York Wiley.
Ainsworth, M. D. S., Blehar, M. C., Waters, E. & Walls, S. (1978) *"Patterns of Attachment"* Hillsdale, N. j. : Erlbaum.
Baltes, P. B. (1987) Theoretical propositions of life-span developmental psychology : on the dynamics between growth and decline. *Developnental Psychology*, Vol. 29, No. 1, 88-95.
Blankenburg, W. (1971) *"Der Verlust der natürlichen Selbstverständlichkeit."* Ferdinand Enke Verlag.（木村敏 訳 1978 『自明性の喪失』 みすず書房）
Bowlby, J. (1951) *"Maternal Care and Mental Health"*. Geneva : WHO.
Bowlby, J. (1958) The nature of the child's tie to his mother. *International Journal of Psychoanalysis*, 39, 350-373.
Bowlby, J. (1960) Separation anxiety. *International Journal of Psychoanalysis*, 41, 89-113.
Bowlby, J. (1969) *"Attachment and Loss. Vol. 1. Attachment"*. New York : Basic Books.（黒田実郎他 訳 1976 『母子関係の理論Ⅰ：愛着行動』 岩崎学術出版社）
Bowlby, J. (1973) *"Attachment and Loss. Vol. 2. Separation"*. New York : Basic Books.（黒田実郎他 訳 1977 『母子関係の理論Ⅱ：分離不安』 岩崎学術出版社）
Bowlby, J. (1975) *"Attachment and Loss. Vol. 3. Loss, Sadness and Depression"*.

New York : Basic Books. (黒田実郎ほか　訳　1980　『母子関係の理論Ⅲ：対象喪失』　岩崎学術出版社)

Bruner, L. S. (1990)　"Acts of Meaning." Harvard University Press. (岡本夏木・仲渡一美・吉村啓子　訳　1999　『意味の復権』　ミネルヴァ書房)

Buber, M. (1923)　"Ich und Du." Leipzig : Insel-Verlag. (田口義弘　訳　1967　『対話的原理Ⅰ』　みすず書房　5-179頁)

Cole, M., John-Steiner, V., Scribnen, S. & Souberund, E. (Eds.) (1978)　"L. S. Vygotsky, Mind in Society : The Development of Higher Psychological Processes". Cambridge : Harverd Unversity Press.

Condon, W. S. & Sander, L. (1974)　Synchrony demonstrated between movement of neonate and adult speech. *Child Development*, 45, 456-462.

Couter. J. (1979)　"The Social Construction of Mind." London, Mcmillan. (西阪仰　訳　1994　『心の社会的構成』　新曜社)

Danner, H. (1979)　"Methoden geisteswissenschaftlicher Padagogik." Reinhardt Verlag (浜口順子　訳　1988　『教育学的解釈学入門』　玉川大学出版部)

Deutsch, H. (1944)　"Psychology of Women". Vol. 1, 2. New York : Grune & Stratton.

Emde, R, N. (1983)　The prerepresentational self and its affective core. *The Psychoanalytic Study of the Child*, 38, 165-192.

Emde, R, N. (1989)　The infant relationship experience : dependent and affective aspects In Sameroff, A. J. & Emde, R. N. (Eds.)　"Relational Disturbance in Early Childhood". New York : Basic Books.

Emde, R. N. (1992)　Individual meaning and increasing complexity : contributions of Sigmund Freud and Rene Spitz to devekopmental psychology. *Developmental Psychology*, 28, 347-359.

Erikson, E. H. (1950)　"Childhood and Society". New York : Norton & Company. (仁科弥生　訳　1977　『幼児期と社会1．2』　みすず書房)

Fairbairn, W. R. D. (1941)　A revised psychopathology of the psychose and psychoneuroses. *International Journal of Psycho-Analysis*, 22, 250-279.

Fairbairn, W. R. D. (1952)　"Psychoanatytic Studies of Personality". London : Tavistock. (山口泰治　訳　1985　『人格の対象関係論』　文化書房博文社)

Fairbairn, W. R. D. (1954)　"An Object Relation Theory of the Personality". New York : Basic Books.

Freud, A. & Burlingham, D. (1943) "Infant without Families". New York : International Universities Press.

Freud, A. (1969) "The Writings of Anna Freud. Vol. V. Research at the Hamstead Child-Therapy Clinic and Other Papers."（牧田清志・黒丸正四郎　監修　牧田清志・阪本良雄・児玉憲典　訳　1982『ハムステッドにおける研究　上・下』　岩崎学術出版社）

Freud, S. (1901-1905) "Bruchstuck einer Hysterie-Analysis."（懸田克躬・高橋義孝他　訳　あるヒステリー患者の分析　『フロイト著作集Ⅴ』　人文書院　276-336）

Freud, S. (1905) "Drei Abbandlungen zur Sexaltheorie."（懸田克躬・高橋義孝他　訳　性欲論三篇　『フロイト著作集Ⅴ』　人文書院　7-94）

Freud, S. (1909) "Analyse der Phobie eines fünfjäringen Knaben"（懸田克躬・高橋義孝他　訳　ある5歳男児の恐怖症分析　『フロイト著作集Ⅴ』　人文書院　173-275）

Freud, S. (1916-1917) "Vorlesungen Einfühlung in die Psychoanalyse."（懸田克躬・高橋義孝他　訳　精神分析入門　『フロイト著作集Ⅰ』　人文書院　5-383）

Freud, S. (1919) "Trauer und Melancholie."（井村恒郎・小此木啓吾　訳　悲哀とメランコリー　『フロイト著作集Ⅵ』　人文書院　137-149）

Freud, S. (1923) "Das Ich und Es."（井村恒郎・小此木啓吾　訳　自我とエス　『フロイト著作集Ⅵ』　人文書院　263-299）

Gergen, K. J. (1999) "An Introduction to Social Construction." Sage Publications of London.（東村知子　訳　2004『あなたへの社会的構成主義』　ナカニシヤ出版）

Guntrip, H. J. S. (1971) "Psychoanalytic Theory, Therapy and the Self." New York : Basic Books.（小此木啓吾・柏瀬宏隆　訳　1981『対象関係論の展開』　誠信書房）

Hanson, N. R. (1969) "Perception and Discovery." Freeman & Company, San Francisco.（野家啓一・渡辺博　訳　1982『知覚と発見　上・下』　みすず書房）

廣松渉（1972）『世界の共同主観的構造』　勁草書房

廣松渉・増山奈緒子（1986）『共同主観性の現象学』　世界書院

Husserl, E. (1931) "Méditations Cartésiennes." Collin, Paris.（船橋弘　訳　1970『デカルト的省察』　中央公論社）

Husserl, E.（1950）　*"Die Idee der Phanomenologie."*　Haag：Martinus Nijhoff.（立松弘孝　訳　1965　『現象学の理念』　みすず書房）

Husserl, E.（1954）　*"Die Krisis der europäischen Wissenschaften und die transzendental Phänomenologie. Husseliana Bd VI."*　Haag：Martinus Nihoff.（細川恒夫・木田元　訳　1995　『ヨーロッパ諸学の危機と超越論的現象学』　中央公論社）

神田橋條治（1990）　『精神療法面接のコツ』　岩崎学術出版社

木田元（1970）　『現象学』　岩波書店

木田元（1984）　『メルロ・ポンティの思想』　岩波書店

Klein, M.（1932）　*"The Psycho-Analysis of Children."*　London：Hogrth Press.

Klein, M.（1934）　A contribution to the psychogenesis of manic-depressive state. In *"Contribution to Psycho-Analysis* 1921-1945.*"*　London：Hogarth Press.

Klein, M.（1957）　*"Envy and Gratitude: A Unconscious Sources."*　London：Tavistock Publications.（松本善男　訳　1975　『羨望と感謝』　みすず書房）

Klein, M.（1975）　*"Writings of Melanie Klein* Vol.3：*Love, Guilt, and Reparation and Other Works."*　The Melanie Klein Trust.（西園昌久・牛島定信　責任編訳　1983　愛，罪そして償い　『メラニー・クライン著作集3』　誠信書房）

Kohut, H.（1984）　*"How Does Analysis Cure?"*　The University of Chicago Press.（本城秀次・笠原嘉　監訳　1995　『自己の治癒』　みすず書房）

Laing, R. D.（1959）　*"The Divided Self."*　London：Tavistock.（阪本健二・志貴春彦・笠原嘉　訳　1973　『引き裂かれた自己』　みすず書房）

Laing, R. D.（1961）　*"The Self and Other."*　London：Tavistock.（志貴春彦・笠原嘉　訳　1975　『自己と他者』　みすず書房）

Leiter, K.（1980）　*"A Primer on Ethnomethodology."*　Oxford University Press.（高山眞知子　訳　1987　『エスノメソドロジーとは何か』　新曜社）

Lichtenberg, J. D.（1983）　*"Psychoanalysis and Infant Research."*　Hillsdale, N. J.：The Analytic Press.

Lichtenberg, J. D. & Kaplan, S.（1983）　*"Reflections on Self Psychology."*　Hillsdale, N. J.：The Analytic Press.

Mahler. M. S., Pine, F. & Bergman, A.（1975）　*"The Psychological Birth of the Human Infant."*　New York：International Universities Press.（高橋雅士・織田正美・浜畑紀　訳　1987　『乳幼児の心理的誕生』　黎明書房）

McMamee. S. & Gergen, K. J.（1992）　*"Therapy as Social Construction."*（野口祐

二・野村直樹　訳　1997　『ナラティブ・セラピー』　金剛出版）

Merleau-Ponty, M.（1942）　"La structure du comportment." Paris : Press Universitaires de France.（滝浦静雄・木田元　訳　1964　『行動の構造』　みすず書房）

Merleau-Ponty, M.（1945）　"Phénoménologie de la perception." N. R. F., Paris.（竹内芳郎・小木貞孝・木田元・宮本忠雄　訳　1967-1974　『知覚の現象学1・2』　みすず書房

Merleau-Ponty, M.（1960）　"Signes." Editions Gallimard. Paris.（竹内芳郎　監訳　1967，1972　『シーニュ1・2』　みすず書房）

Merleau-Ponty, M.（1962, 1964）"Les sciences de l'homme et de la phenomenologie, Les relations avec autrui chez l'enfant. Les cours de Sorbonne 1962. "L'Oeil et l'esprit." Gallimard, 1964.（滝浦静雄・木田元　訳　1966『眼と精神』　みすず書房）

Merleau-Ponty, M.（1988）　"Merleau-Ponty à la Sorbonne : résume de cours 1949-1952" Editions Cynara.（木田元・鯨岡峻　訳　1993　『意識と言語の獲得』　みすず書房）

森岡正芳（2002）　物語としての面接―ミメーシスと自己の変容―　新曜社

成田善弘・氏原寛　編著　（1999）　共感と解釈　人文書院

Noddings, N.（1984）　"Caring : A Feminine Approach to Ethics and Moral Education." University of California.（立山善康・林泰成・清水重樹・宮崎宏志・林共之　訳　1997　『ケアリング』　晃洋書房）

Ornstein, P. H.（1978）　"The Search of the Self-Selected Writings of Heinz Kohut : 1950-1978."（伊藤恍　訳　1987　『コフート入門』　岩崎学術出版社）

Piaget, J.（1936）　"La naissance de L'intelligence chez l'enfant." Delachaux et Niestle.（谷村覚・浜田寿美男　訳　1978　『知能の誕生』　ミネルヴァ書房）

Piaget, J.（1947）　"La psychologie de l'intelligence chez l'enfant." Almand Colin.（波多野完治・滝沢武久　訳　1960　『知能の心理学』　みすず書房）

Rogers, C. R.（1967）　"A Therapeutic Relationship and Its Impact." University of Wisconsin Press.（友田不二男（編）手塚郁恵　訳　1972　『ロジャーズ全集19-21』　岩崎学術出版社）

Spitz, R. A.（1945）　Hospitalism : an inquiry into the genesis of psychiatric condition in early childhood. The Psychoanalytic Study of the Child, 2, 53-74.

Spitz, R. A.（1950）　Anxiety in Infancy : A study of Its manifestations in the first year of life. *International Journal of Psychoanalysis*, 31. 138-143.

Spitz, R. A. (1957) *"No and Yes."* International Universities Press.

Spitz, R. A. (1965) *"The First Year of Life."* International Universities Press.

Stern, D. N. (1985) *"The Interpersonal World of the Infant."* New York：Basic Books.（丸田俊彦　訳　1989　『乳児の対人世界』　岩崎学術出版社）

Stolorow, R. D., Branchaft, B. &. Atwood, G. E. (1987) *"Psychoanalytic Treatment : An Intersubjective Approach."* The Analytic Press.（丸田俊彦　訳　1995　『間主観的アプローチ―コフートの自己心理学を越えて』　岩崎学術出版社）

Sullivan, H. S. (1953) *"Conceptions of Modern Psychiatry."* New York：Norton & Company.（中井久夫・山口隆　訳　1976　『現代精神医学の概念』　みすず書房）

Sullivan, H. S. (1953) *"The Interpersonal Theory of Psychiatry."* New York：Norton & Company.（中井久夫・宮崎隆吉・高木敬三・鑪幹八郎　訳　1990　『精神医学は対人関係論である』　みすず書房）

Sullivan, H. S. (1954) *"The Psychiatric Interview."* New York：Norton & Company.（中井久夫・松井周悟・秋山剛・宮崎隆吉・野口昌也・山口直彦　訳　1986　『精神医学的面接』みすず書房）

高橋勝・広瀬俊雄（編著）(2004)　『教育関係論の現在』　川島書店

田島信元（1992）　ヴィゴツキー理論の展開　東洋・繁多進・田島信元　編著　『発達心理学ハンドブック』　福村出版　第6章　114-137頁

Trevarthen, C., &Hubley, P. (1978)　Secondary intersubjectivity：Confidence confiding, and Acts of meaning in the first year. In Lock, A. (Ed,) *"Action, Gesture, and Symbol."* Academic Press.（鯨岡峻　編訳著　1989　『母と子のあいだ』　ミネルヴァ書房）

Trevarthen, C. (1979)　Communication and cooperation in infancy：The beginning of intersubjectivity. In Bullowa, M. M. (Ed.) *"Before Speech : The Beginning of Interpersonal Communication."*（鯨岡峻　編訳著　1989　『母と子のあいだ』　ミネルヴァ書房）

Wallon. H. (1934)　*"Les origins du caractere chez l'enfant."* Paris：Presses Universitaires France.（久保田正人　訳　1965　『児童における性格の起源』明治図書）

Wallon, H. (1945)　*"Les origins de la pencee"* Paris：P. U. F.（滝沢武久・岸田秀

訳　1970　『児童における思考の起源　上・中・下』　明治図書)

鷲田清一 (1999)　『「聴く」ことの力　臨床哲学試論』　TBSブリタニカ

Werner, H. (1957)　The concept of development from a comparative and organismic view. In Harris, D. B. (Ed.) *"The Concept of Development."* Mineapolis : University of Minesota Press.

Winnicott, D. W. (1965)　*"The Maturatinal Processes and Facilitating Environment."* London : The Hogarth Press.（牛島定信　訳　1977　『情緒発達の精神分析理論』　岩崎学術出版社)

Winnicott. D. W. (1971)　*"Playing and Reality."* London : Tavistock.（橋本雅雄　訳　1979　『遊ぶことと現実』　岩崎学術出版社)

好井裕明 (1999)　『批判的エスノメソドロジーの語り』　新曜社

私の研究業績リスト

序章で私の研究史を振り返ったこともあり，以下に私の研究業績リストを掲げます。これを眺めれば，私の凡その研究の流れが摑めるはずです。

(著書)

1986年　『心理の現象学』　世界書院

1989年　『母と子のあいだ』　編訳著（共訳鯨岡和子）　ミネルヴァ書房

1992年　現象学的人間理解への一試論　村瀬孝雄編『臨床心理学大系』第1巻第3章　金子書房　151-165頁

1992年　発達研究―その現象学的接近　村井潤一編『新・児童心理学講座』第1巻第6章金子書房　227-261頁

1992年　コミュニケーションの理解のために　『肢体不自由児のコミュニケーションの指導』第1章　文部省　1-36頁

1997年　『原初的コミュニケーションの諸相』　ミネルヴァ書房

1998年　関係が変わるとき　秦野悦子・やまだようこ編著『コミュニケーションという謎』第8章　ミネルヴァ書房　173-193頁

1998年　『両義性の発達心理学』　ミネルヴァ書房

1999年　『関係発達論の構築』　ミネルヴァ書房

1999年　『関係発達論の展開』　ミネルヴァ書房

2000年　『養護学校は，いま』　編著　ミネルヴァ書房　1-53頁

2000年　人とのかかわりと乳幼児期の心の発達　『新訂幼児教育法シリーズ人間関係』第2章　東京書籍　27-50頁

2001年　『保育を支える発達心理学』　鯨岡和子と共著　ミネルヴァ書房　1-60頁，135-205頁

2001年　人とのかかわりの育ちを見る視点　森上史朗編著『新・保育講座保育内容「人間関係」』第6章　ミネルヴァ書房　135-162頁

2001年　乳児期におけるコミュニケーションの発達　秦野悦子編著『ことばの発達入門』第2章　大修館書店　29-56頁

2001年　ともに生きる力を育む保育のあり方　岩田純一・河嶋喜矩子編著『新しい幼児教育を学ぶ人のために』　第2章第1節　世界思想社　59-72頁

2001年　発達臨床―発達心理学から　下山晴彦・丹下義彦編著　『臨床心理学講座』

　　　　第 5 巻　第 2 章　東京大学出版会　17-26頁
2002年　『〈育てられる者〉から〈育てる者〉へ』　NHK ブックス　日本放送出版協会
2002年　ゲシュタルト心理学：現象学と人間科学としての心理学　渡辺恒夫・村田純一・高橋澪子編著　『心理学の哲学』第 1 章第 4 節　北大路書房　129-143頁
2002年　『〈共に生きる場〉の発達臨床』　編著　ミネルヴァ書房　1-28頁
2003年　教師の専門性と園内研修 1・2　小田豊・神長美津子　編著　『新たな幼稚園教育の展開』　第Ⅴ部　東洋館出版社　231-254頁
2004年　『よくわかる保育心理学』　鯨岡和子と共著　ミネルヴァ書房　4-64頁，124-184頁
2005年　『自閉症の関係発達臨床』小林隆児と共編著　日本評論社 1-45，210-222頁
2005年　『エピソード記述入門―実践と質的研究のために』　東京大学出版会
2005年　『障碍児保育・30年―子どもたちと歩んだ安来市公立保育所の軌跡』　編著　ミネルヴァ書房　3-11頁
2005年　ウェルナー――比較発達論的全体心理学を目指して――　末永俊郎監修　河合隼雄・木下富雄・中島誠　編集　『心理学群像 2 』第37節　405-423頁

（論文）
1970年12月　見るということ　「島根大学教育学部紀要」第 4 巻　人文・社会科学編　31-50頁
1971年12月　命名作用と図形知覚の問題　「島根大学教育学部紀要」第 5 巻　人文・社会科学編　79-93頁
1972年12月　誘導運動における経験の問題　鯨岡和子と共著　「島根大学教育学部紀要」第 6 巻　人文・社会科学編　39-54頁
1974年12月　誘導運動知覚と概念的枠組　「島根大学教育学部紀要」第 8 巻　人文・社会科学編　5-14頁
1976年 9 月　Werner の発達論の展開　訳書『発達心理学入門』（ミネルヴァ書房）付録　552-568頁
1976年11月　メルロ・ポンティと心理学　「実存主義」（実存主義研究会編）第78号　98-106頁
1978年10月　現象学と心理学の接点　「現代思想」第 6 巻　臨時増刊号134-144頁
1979年12月　おとなから見た子ども　「島根大学教育学部紀要」第13巻　人文・社会

1981年12月　おとなから見た子ども（Ⅱ）「島根大学教育学部紀要」第15巻　人文・社会科学編　107-131頁
1982年12月　母子関係の諸相（Ⅰ）「島根大学教育学部紀要」第16巻　人文・社会科学編　89-106頁
1985年12月　発達臨床心理学の諸問題（その１）「島根大学教育学部紀要」第19巻　人文・社会科学編　87-99頁
1986年12月　発達臨床心理学の諸問題（その２）「島根大学教育学部紀要」第20巻　人文・社会科学編　25-45頁
1986年12月　初期母子関係と間主観性の問題　「心理学評論」Vol. 29, No. 4　509-529頁
1988年２月　愛着するということ　「教育と医学」第36巻第２号　慶應通信　23-29頁
1988年10月　初期母子関係の発達と愛着の問題　「島根大学教育学部紀要」第22巻　人文・社会科学編　27-43頁
1989年３月　Some consequences of the absence of attachment figure : the development of an institutionalized child and his reared environment.　Annual Report 1987-1988 Research and Clinical Center for Child Development. Faculty of Education , Hokkaido University.　33-47頁
1989年７月　初期コミュニケーション研究の一つの視座　「発達」第39号　ミネルヴァ書房　86-97頁
1989年11月　母親の関与の内実　「発達」第40号　ミネルヴァ書房　22-23頁
1989年12月　子ども理解と子ども―大人の間主観的関係　「教育と医学」第37巻12号　慶應通信　6-26頁
1990年６月　コミュニケーションの成り立ち　「教育と医学」第38巻第６号　慶應通信　13-20頁
1990年７月　コミュニケーションの成立過程における大人の役割　島根大学教育学部紀要　第24巻第１号　人文・社会科学編　47-60頁
1991年10月　コミュニケーションの発達とその障害　「肢体不自由児教育」540号　4-11頁
1991年11月　事例研究のあり方について―第１巻第１号の岩立論文を受けて　「発達心理学研究」第１巻第２号　148-149頁
1991年12月　自閉的傾向をもった子どもたちへの発達援助について　別冊「発達」第11号（発達障害と発達援助）ミネルヴァ書房　116-124頁

1992年2月　コミュニケーションとは何か　「はげみ」（日本肢体不自由児協会編）通巻556号　6-11頁
1993年6月　発達研究の現在　「児童心理学の進歩」Vol. 32　金子書房　1-29頁
1993年8月　セルフ・レギュレーションの萌芽　「現代のエスプリ」9月号特集：自己モニタリング　至文堂　25-26頁
1994年5月　小児心身症への対応　「日本医師会雑誌」Vol. 111, No. 10　日本医師会　1655-1658頁
1996年7月　現象学の視点―生き生きした発達事象に迫る　別冊「発達」第20号（発達の理論―明日への系譜）　116-134頁
1997年5月　発達研究と倫理問題　「発達心理学研究」第8巻第1号　65-71頁
1998年12月　関係発達論と原初的コミュニケーション　「乳幼児医学心理学研究」Vol. 7, No. 1　乳幼児医学心理学会　11-25頁
1999年1月　間主観的アプローチによる関係発達論の構築　京都大学大学院文学研究科学位申請論文
1999年4月　原初的コミュニケーションとその「発達」「教育と医学」第47巻第4号　慶應通信　4-12頁
1999年5月　初期母子関係研究におけるエピソード記述の諸問題　「心理学評論」Vol. 42, No. 1　1-22頁
2000年2月　教師の専門性と園内研修の在り方（1）「初等教育資料」No. 716号　文部省　92-98頁
2000年12月　教師の専門性と園内研修の在り方（2）「初等教育資料」No. 726号　文部省　86-92頁
2001年6月　対人的コミュニケーションの発達　「教育と医学」第49巻第6号　慶應通信　20-27頁
2002年3月　子どもの成長を見とる視座―子どもを主体としてみる　「教育研究」No. 1210　初等教育研究会　14-17頁
2002年10月　事例研究の質を高めるために―関与観察とエピソード記述の周辺　「スポーツ運動学研究」第15巻　日本スポーツ運動学会　1-12頁
2002年11月　世代間で引き継がれていく「育てる営み」「児童心理」No. 777　金子書房　17-22頁
2003年9月　関係の中で育つ人に向かう力　「教育と医学」第51巻第9号　慶應通信　4-11頁
2003年10月　子どもの発達を「個」から見ること，「関係」から見ること　「そだち

の科学」 創刊第1号 日本評論社 10-16頁
2004年9月 次世代育成の諸問題―いま，何を育てる必要があるのか 「教育学研究」 第71巻第3号 日本教育学会 14-25頁
2005年5月 何かがおかしい 「幼稚園じほう」第33巻第1号 全国公立幼稚園長会編 12-18頁
2005年12月 発達障碍の概念とその支援のあり方を考える 「教育と医学」第53巻第12号 慶應通信 4-12頁

(翻訳)

1974年 『シンボルの形成』(Wener, H. & Kaplan, B. "Symbol Formation." 1963) 浜田寿美男と共訳 ミネルヴァ書房
1976年 『発達心理学入門』(Werner, H. "Comparative Psychology of Mental Development." 1948) 浜田寿美男と共訳 ミネルヴァ書房
1982年 『ヒューマン・ディベロプメント』(Bower, T. G. R. "Human Development." 1979) ミネルヴァ書房
1992年 『親はどのようにして赤ちゃんを一人の人間にするか』(Kaye, K. "The mental and Social Life of Babies." 1982) 鯨岡和子と共訳 ミネルヴァ書房
1993年 『意識と言語の獲得』(Merleau-Ponty "Merleau-Ponty à la Sorbonne : résume de cours 1949-1952" Editions Cynara, 1988) 木田元と共訳 みすず書房

あとがき

　私たち（私と妻）は2001年に『保育を支える発達心理学』を著し，その第2章で，Yくんが生後1年から3歳過ぎまでのあいだ，お母さんや周りの人たちとどのように関わり合ったか，その関わり合いの変化を縦断的に跡付けてみました。そのときには紙幅の都合もあって，興味深い一つひとつのエピソードに詳しいコメントを付すことができませんでした。ですから，その著書を書き上げた時点で，早い機会にそれらのエピソードの考察を十分なかたちで提示する必要があると考えていました。また，それらのエピソードを考察する際に，それまでの間主観性を中心にしていた議論から相互主体性を中心にした議論にシフトする必要があることについても，漠然とではあれ考え始めていました。
　本書は当時のこの二つの懸案に答えるものに当たりますが，それから5年も経過してしまったのは，その間に他の何冊かの著書を準備する必要があったこともありますが，本書でも述べた通り，やはり私自身の相互主体性についての理解が十分でなかったからであり，またこの考えに踏み込むためには，どうしても「主体」という扱いにくい概念を自分なりに整理してみなければならなかったからです。
　主体や他者といえば，ラカン派の議論をはじめとして，古くから思想界を賑わせてきた扱いの難しい概念です。それに真正面から取り組むには少々気後れのする年齢になってしまったことも，他の著作に取り組むことを口実に，本書に取り組むのを一寸伸ばしに伸ばしてきた理由だったかもしれません。しかし，定年をあと1年後に控え，そうそう引き伸ばしてばかりいるわけにもいかなくなりました。そこで思想史的な難しい議論は脇に置いて，あくまでも観察される限りでの子どもや大人の様子と，自分自身の経験への反省を踏まえて「主体」概念を再考するという，かなり限定的な戦略を採ることにしました。そう

して出来上がったのが本書です。

　intersubjectivityというこれまた扱いにくい概念が，間主観性，共同主観性，相互主体性という三重の意味に理解できることをヒントに，これまでの私の研究史を間主観性，両義性，関係発達，相互主体性という4つの概念の時間的展開というかたちで整理してみること，そしてそのなかに再考された主体概念を差し挟み，間主観性の概念を再吟味し，「相互主体的な関係」という考えを前面に押し立てることによって，養育や保育や教育の実践と切り結ぶ土俵を作ること……これが本書の主旨であることは言うまでもありませんが，本書の冒頭でも述べた通り，やはり相互主体性の考えがこれまでの私の研究の missing ring だったといわねばなりません。

　それにしても，一人の人間が一個の主体として生きるということはどういうことなのでしょうか。私を含め，すべての人が一個の主体として生きているはずです。それぞれに主体として生きている人たちが寄り集まって生活し，そこに対人関係が生まれ，また「育てる―育てられる」という営みが生まれます。しかもそれが世代から世代へと循環していくのです。「人は関係の中で育てられて育つ」という当たり前のことを発達研究の基軸に据えてやっていこうという私の目論見は，ですから，一人の人間が一個の主体として生きるという問題を煮詰めることに帰着するはずです。

　定年を目前に控えて，いまさら至極当たり前の考えに回帰してどうなるのだといわれかねませんが，それでも，これからの仕事に少しは先鞭をつけることができたのではないかというのが，書き終わった今の心境です。本来なら，第3章の後に，保育や教育の場の相互主体的な関係を示すエピソードを多数取り上げ，相互主体性という概念が実践の営みと切り結ぶ上にも有効な概念であることを示す予定でしたが，紙数の都合もあり，またそれがこれからの仕事でもあるところから，私たちの次の仕事にまわすことにしました。

　思えば，全共闘運動が収束しかけの1970年に地方の国立大学に職を得て以来36年間，私は国立大学の教員として研究や教育に勤しんできました。その間，学会に所属はしても自分から進んで顔を出すことはなく，アカデミックな研究

会も組織せず，本当に妻と二人で現場の人の生き様に埋もれながらやってきたことになります。学会の時流を意識することもなく，ただひたすら事象のあるがままに迫ろうとしてやってきましたが，その分，風変わりな発達心理学を創ってこれたのかもしれません。私たちの試みは大河の流れに逆行する小船の趣きに見えますが，それでも臆することなく，この道を進むしかないと考えています。

　私の場合，1974年にミネルヴァ書房から翻訳出版された『シンボルの形成』が学問研究へのデビュー作でした。それから数えて32年間，私の（そして私たちの）著作や翻訳のほとんどはミネルヴァ書房の寺内一郎さんのお世話によるものであり，本書もその内の一つに数えられることになります。長年，編集の労をとっていただいている寺内一郎さんに，ここに改めて感謝申し上げる次第です。

2006年5月

鯨岡　峻

《著者紹介》

鯨岡　峻（くじらおか　たかし／1943年生まれ）

京都大学名誉教授
中京大学心理学部心理学科教授
京都大学博士（文学）
『心理の現象学』（世界書院）
『原初的コミュニケーションの諸相』（ミネルヴァ書房）
『両義性の発達心理学』（ミネルヴァ書房）
『関係発達論の構築』（ミネルヴァ書房）
『関係発達論の展開』（ミネルヴァ書房）
『養護学校は，今』（編・ミネルヴァ書房）
『保育を支える発達心理学』（ミネルヴァ書房）
『〈育てられる者〉から〈育てる者〉へ』（NHKブックス）
『よくわかる保育心理学』（ミネルヴァ書房）
『エピソード記述入門』（東京大学出版会）
『保育のためのエピソード記述入門』（ミネルヴァ書房）
『保育・主体として育てる営み』（ミネルヴァ書房）
『子どもは育てられて育つ』（慶応義塾大学出版会）
『エピソード記述を読む』（東京大学出版会）
『なぜエピソード記述なのか』（東京大学出版会）
『関係の中で人は生きる』（ミネルヴァ書房）
『子どもの心を育てる　新保育論のために』（ミネルヴァ書房）

ひとがひとをわかるということ ——間主観性と相互主体性——	
2006年7月10日　初版第1刷発行	〈検印省略〉
2024年9月10日　初版第8刷発行	
	定価はカバーに表示しています
著　者	鯨岡　峻
発行者	杉田　啓三
印刷者	田中　雅博
発行所	株式会社　ミネルヴァ書房
	607-8494　京都市山科区日ノ岡堤谷町1
	電話代表　(075)581-5191番
	振替口座　01020-0-8076番

©鯨岡　峻, 2006　　　　　　　創栄図書印刷・新生製本

ISBN978-4-623-04682-9
Printed in Japan

────── 鯨 岡 峻 の 本 ──────

書名	判型	頁数	本体価格
保育のためのエピソード記述入門	A5	256頁	本体2200円
エピソード記述で保育を描く	A5	272頁	本体2200円
子どもの心の育ちをエピソードで描く	A5	296頁	本体2200円
原初的コミュニケーションの諸相	A5	320頁	本体3500円
関係発達論の構築	A5	362頁	本体3600円
関係発達論の展開	A5	360頁	本体3600円
関係の中で人は生きる	A5	384頁	本体2800円
よくわかる保育心理学	B5	216頁	本体2400円
子どもの心を育てる新保育論のために	A5	298頁	本体2200円

────── ミネルヴァ書房 ──────

https://www.minervashobo.co.jp/